W0208362

Le temps en héritage

Georges-Patrick Gleize

Le temps en héritage

ROMAN

Albin Michel

22, rue Huyghens, 75014 Paris.

www.albin-michel.fr

ISBN 2-226-13354-2

1

La Houchane

L'année 1958 était entrée, en ce mois d'octobre, dans sa dernière longueur. Ici, en Ariège, sur les contreforts des Pyrénées, entre Barguillière et Plantaurel, au versant d'une soulane dominant une vallée qui se parait de couleurs rouge et or, était la métairie de la Houchane, encadrée de grands sapins noirs. C'était une de ces grandes bordes isolées, nichée dans son écrin de verdure, orientée au sud, bâtie en pierre de pays avec du mortier lié à la chaux. À l'étage, un balcon de bois, tanné par le soleil et le vent, courait sur l'un des côtés en façade, clôturant un séchoir. Flanquée d'une grange, entourée d'un jardinet où s'égaillaient selon les saisons chrysanthèmes, rosiers et dahlias, pourvue d'une courette aux pierres usées, la Houchane, sans être un bout du monde, s'enfonçait chaque jour un peu plus dans la solitude des terres abandonnées. On y parvenait, depuis le grand chêne de la route départementale, par un chemin empierré qui courait dans la lande. Le temps y palpitait au rythme de la terre, de ces gestes quotidiens et anodins qui faisaient encore la mémoire des hommes.

Hilda, la chienne, se coucha. Elle tourna en rond, accomplissant le mouvement éternel de ses ancêtres : comme les chiens des marais autrefois, elle écrasa les roseaux, se faisant un nid, puis, la tête entre les pattes, la queue recouvrant le museau, poussa enfin un long soupir de satisfaction. Seuls le son grave de la vieille horloge au balancier de cuivre, les craquements du feu de bois et le souffle de sa respiration ponctuaient le silence. Un jour maigre et triste pénétrait par la fenêtre de la salle. Dans une heure ou deux, il n'y aurait plus que la lampe pour dissiper les ténèbres. La pièce sentait la fumée et le tabac froid. Lustré par les années, le parquet brillait et quelques lames plaintives craquaient sous les pas. Au plafond, des saucissons baignaient dans la pénombre. La cuisinière noire dispensait une chaleur diffuse. La brume, précoce, passait par bancs. Elle jouait à cache-cache avec les arbres, masquait et découvrait la forêt toute proche au fil des sautes du vent. L'automne s'effilochait, en cette fin d'octobre tandis qu'au coin du feu un pot noir chauffait à la flamme. Le chat miaula dehors. Sébastien leva la tête et alla ouvrir la fenêtre. Souple, félin jusqu'au bout des griffes, Jason sauta et alla s'installer devant le feu. Sébastien regarda Paul, son petit-fils, et murmura comme pour lui-même :

— C'est pas tout... Faut que j'aille faire le souper ! Paul, occupe-toi du feu et ne le laisse pas s'éteindre surtout...

— Oui, grand-père...

— Appelle-moi Sébastien, comme tout le monde ici.

— Oui, Sébastien...

La vieille porte, patinée par les ans, laissa échapper un grincement quand Sébastien franchit le seuil de la maison. À l'aide des pincettes, Paul essaya de placer un morceau de bois sur les braises en un savant équilibre qui s'obstinait à ne pas vouloir tenir. Du regard, il embrassa l'ensemble de la pièce. Jamais il n'aurait imaginé un tel lieu, lui qui hier encore était un gosse des villes. L'électricité était chichement distribuée par une ampoule jaunâtre de quarante watts... Il y avait certes la radio, mais c'était un antique poste à lampe, qui avait dû être un chef-d'œuvre d'ébénisterie dans les années trente, loin des modernes plastiques. Perdu dans la montagne, le plus proche village était à trois kilomètres, à une bonne demi-heure à pied, en marchant d'un bon pas. La maison, la Houchane, c'était un immense cube entouré de bois et de landes que l'homme avait depuis longtemps désertés. L'homme peut-être, mais pas son grand-père, cet être qui lui semblait si étrange, presque anachronique, bourru, cet homme qu'il n'avait jamais rencontré avant ce jour.

À la mort de ses parents, il y avait déjà plusieurs années, Paul avait connu les services de l'Assistance publique et son monde était alors simplement peuplé de la figure de ses camarades et de celle de ses éducateurs. Maintenant, on lui avait dit qu'il allait retrouver une famille, du moins pour les week-ends et le temps des vacances, peut-être. Le reste de la semaine, ce serait le lycée, à vingt kilomètres de là, la ville, le monde civilisé. Dans un coin de la salle, de vieux journaux des années quarante n'en finissaient pas de s'entasser, témoins d'une histoire qui lui paraissait bien lointaine. Paul en prit un au hasard. Les nouvelles dataient de 1942 et Stalingrad était en état de siège... Il le reposa avec toute l'indifférence de ses quatorze ans !

Dehors, il entendit la voix de Sébastien. La porte grinça à nouveau et son grand-père entra, le béret vissé sur la tête, quelques bûches sous le bras et à la main un lapin fraîchement dépouillé, reposant sur un plat ovale. Sans un mot, fort de l'usage de la solitude, il disparut dans l'arrière-cuisine pour s'affairer.

— Tu veux que je t'aide ?

— Non, ça va... Souffle plutôt sur le feu ! Il y a un soufflet là, fit Sébastien d'un mouvement de tête.

À gauche, Paul découvrit le soufflet suspendu par un lacet de cuir usé. Quand il actionna l'objet avec la précaution de ceux qui ne savent pas trop, la lueur des braises rougeoyantes vint éclairer son visage. Sébastien s'avança vers l'âtre, le lapin dans une lèchefrite de terre. Il sortit d'un placard un antique tournebroche à clef et installa l'étrange appareil...

— Tu vois, je lui ai bourré le ventre d'herbes arrosées d'un peu d'eau-de-vie. Les bêtes, il faut les préparer avec ce qu'elles mangent. Tiens, par exemple, dans deux semaines, quand les grives, les draines, passeront, je les envelopperai dans une feuille de vigne, après leur avoir cousu le ventre rempli de grains de raisin. Et pour les faire cuire, c'est pareil. Avec les grives, je mettrai du sarment, de celui que j'ai taillé au printemps, tandis qu'avec un lapin ou encore mieux un lièvre, un de ces beaux capucins, il te faut faire un feu à base de noisetier, enfin pas trop, juste pour donner ce qu'il faut de parfum...

Sébastien se tut, comme s'il en avait trop dit. Ce garçon qu'il contemplait, c'était un peu de lui-même qu'il avait devant les yeux, mais c'était aussi en quelque sorte un étranger. Il n'avait jamais revu sa fille, Sylvie, après le divorce d'avec sa femme. Il l'avait bien cherchée mais elle l'avait emmenée loin de lui et il conservait le souvenir d'une enfant blonde, aux cheveux mi-longs, habillée d'une robe à carreaux rouges. Sa femme, Eugénie, s'était remariée et avait disparu du pays, du Sud-Ouest, et lui, solitaire, revenu par la force des événements, en 1940, dans cette ferme familiale de la Houchane à quelques kilomètres de Foix, il avait vieilli, ayant fermé la porte sur le monde des hommes, au fil des feux de bois qu'on allume et qui se meurent. Et puis, il y avait eu cette lettre quelques semaines auparavant. Cette lettre de l'Assistance qui l'informait de l'existence d'un petit-fils. Il avait hésité à le recueillir. Tant de temps avait passé depuis qu'il avait eu une famille... Son divorce en 1929, la crise si longue, le Front populaire et cette guerre où, en cette année 1940, sa vie avait basculé.

C'était si loin tout ça. Et il avait pensé à la terre, à cette terre qu'il cultivait à son tour, à cette terre inondée de la sueur de ses ancêtres, à ce capital de savoir et de sagesse qu'il lui fallait transmettre et dont il n'était que le dépositaire.

Alors, tandis que la faible clarté de la modeste ampoule trouait médiocrement les ténèbres, assis à la grande table de la salle, par un réflexe de mémoire, en souvenir de ceux qui avaient fait la Houchane, et pardessus ses blessures mal cicatrisées, avec une plume sergent-major sur une feuille de papier jauni, témoignage d'un temps où il écrivait beaucoup plus souvent, d'une écriture qu'il voulut appliquée et qui semblait revenir du temps où il fréquentait l'école, il avait répondu à cet obscur fonctionnaire des services sociaux. En accomplissant ce geste, jamais il n'aurait cru devoir faire autant de formalités. Six mois plus tard, dans un bureau, en ville, la silhouette d'un adolescent maigrelet lui était apparue. C'était Paul. Il n'avait pas su l'embrasser et il était resté l'air idiot au milieu de la pièce, les mains enfoncées dans les poches. C'était ce matin et Paul était là, au coin du feu, découvrant une maison qui n'était pas encore la sienne.

L'horloge au balancier de cuivre sonna la demie de six heures et Sébastien embrocha le lapin. Puis, lentement, comme pour prendre la mesure du temps, il monta le ressort du tournebroche qui portait la marque prédestinée « Capucin ». La bête se mit à tourner par saccades. Paul la regardait, en silence, écoutant les grésillements de la chair au passage des braises. Une odeur d'herbes s'exhalait à chaque tour de broche... Un long moment passa, sans que l'un ou l'autre osât prononcer une parole. Finalement, les yeux lassés de contempler le feu, après un profond soupir, Sébastien se hasarda à dire :

— Demain, je vais à la forêt... Ça m'étonnerait pas s'il y avait des cèpes... Tu en as déjà vu, des cèpes ?

— Non, jamais... Là où j'étais, il n'y avait pas de forêt...

— Hum ! bien sûr... Ça te dit de venir avec moi ? Tu sais, il faut marcher, avoir de bonnes jambes...

— Je tiendrai le coup... n'aie pas peur...

— Bon, alors c'est d'accord... Je te les montrerai... Tu as déjà été à la forêt ?

— Dans les bois, oui. Mais dans une vraie forêt, je ne crois pas. Du moins, telle que je l'imagine. La forêt, je ne la connais que par les photos... et ce que j'ai pu lire dans les livres. Tu sais, je n'ai jamais habité à la campagne et, en ville, les forêts ne poussent pas... Je ne sais pas si je l'aimerai !...

— Moi, je m'y sens bien. Peut-être parce que je l'ai toujours vue, peut-être à cause des parents qui me l'ont racontée. Ici, autrefois, la forêt, c'était tout. Regarde ces poutres, petit, elles viennent de la forêt, et ce bois aussi ; la forêt nourrissait l'homme et l'homme se nourrissait de la forêt.

— Il y avait des loups ?

— Oui, bien sûr, il y avait des loups ! Mon grand-père, Jean-Pierre, m'a raconté qu'un soir en rentrant de vendre un veau à la foire, dans le crépuscule, en remontant vers la Houchane, il avait senti une présence. Et puis, se retournant, il avait vu des yeux jaunes qui le suivaient. Il fumait et le bout de sa cigarette rougeoyait lentement. Malheur à lui s'il trébuchait ou si sa cigarette s'éteignait. Les bêtes étaient là, à distance, elles le suivaient pas à pas. L'émotion l'avait gagné, la peur sûrement, une peur d'homme, une peur maîtrisée et il commença à reprendre son calme en parvenant ici, dans la cour. Il savait, derrière la porte, son fusil chargé prêt à servir. C'était un bon tireur. Il se saisit du douze et abattit les deux bêtes, l'une après l'autre... Oui, tu vois, il y avait des loups... Et mon père lui-même en a tué plus d'un. J'étais gosse, pourtant je m'en souviens... Ce n'est pas qu'alors il y en avait beaucoup, mais on en parlait souvent. Tiens, le dernier, on a dû le tuer vers 1902 ou 1904. C'était en hiver et André de Rieupeyroux, un matin, en suivant la trace du lièvre dans la neige, s'est trouvé nez à nez avec lui au carrefour des Quatre-Chemins. Vers Saint-Martin-de Caralp, il a pas hésité, il l'a foudroyé à bout portant... C'est mon père qui a aidé à le redescendre. J'avais huit ou dix ans, et c'est le dernier que j'ai vu. Il avait le poil jaune et gris, le ventre flasque, et pour s'aventurer si loin de ses bois, il n'avait pas mangé depuis plusieurs jours. André a eu sa photo dans *La Dépêche* et il était fier ! Tu vois, c'était un autre monde. Il n'y a plus de loups aujourd'hui... La forêt n'est plus ce lieu d'inquiétude qu'elle était jadis et les bergers de maintenant trouvent normal de pouvoir dormir tranquilles. Mais la forêt, elle, elle a un peu cessé de vivre.

Il y avait longtemps que Sébastien n'avait pas parlé ainsi et ce long discours l'étonnait lui-même. Pour éviter de se poser des questions, armé d'une cuillère, il arrosa consciencieusement le lapin qui finissait de cuire en puisant du jus dans la lèchefrite. Puis, dans l'ambiance falote de l'ampoule qui éclairait la pièce et donnait à son récit une dimension irréelle, celle du temps des loups, sans dire un mot, Sébastien mit la table, deux assiettes, deux fourchettes et deux verres. Il ouvrit son couteau pour tailler deux tranches d'un pain rond. La lame du Laguiole au manche de corne, patiné par un long séjour au fond de la poche, mordait la croûte épaisse. Sébastien sortit ensuite une bouteille de vin d'un placard encombré de casseroles en aluminium. Au coin du feu, le pot noir exhalait une odeur de soupe au chou, fade mais appétissante pour un estomac affamé. Il en souleva le couvercle et, à l'aide d'une louche cabossée, versa le liquide sur le pain. Puis il replaça le pot au cantou, un peu en retrait du foyer.

— Tu dois avoir faim depuis midi ! Allez, viens manger...

À la grande table de la Houchane, Paul s'assit en face de lui et ils mangèrent en silence, s'observant du coin de l'œil, levant parfois la tête, la bouche ouverte, les mots suspendus à leurs lèvres. La nuit était tombée maintenant, Sébastien saisit la bouteille et en versa une rasade au fond de l'assiette où restait encore un peu de soupe. Paul le regarda faire, attentif à ses moindres gestes qui constituaient la cérémonie du chabrot, à cette légère rougeur naissante qui marquait la satisfaction de son grand-père dégustant ce breuvage. Quand Sébastien eut fini de laper le liquide, il prit une tranche de pain, la découpa au couteau en petits morceaux bien réguliers, aux arêtes nettes et droites qui lui servirent à frotter son assiette jusqu'à ce qu'il ne restât rien du mélange. Ce travail méticuleusement accompli, l'air satisfait, il repoussa l'assiette du revers de la main. En se levant, son regard accrocha la cheminée. Au plafond, les saucissons, sentinelles immobiles et vestiges du dernier cochon tué en février dernier, jouaient toujours à cache-cache dans la pénombre. L'horloge égrenait le temps éternel qui, ici, semblait s'être arrêté pour de bon. Le lapin avait fini de cuire et la broche ne tournait plus. Sébastien se reversa une rasade de vin et, avant de la boire, debout, sa chaise repoussée, lui dit :

— Je crois qu'il est prêt maintenant...

Avec de savantes précautions, il retira la broche du feu et fit glisser l'animal rôti dans un plat de terre cuite. Puis, avant de le porter sur la table, se saisissant d'une brassée de bois, il ranima les braises du cantou en un crépitement soudain. L'âtre s'illumina d'une gerbe d'étincelles et une lueur vive donna au temps un nouveau caractère.

Quand il posa le lapin, Paul sentit un parfum inconnu et ses narines frémirent à cette odeur sauvage, à cette exaltation jamais éprouvée dont il savait qu'elle venait du fond des âges, sensation étrange d'un passé présent, transmis par on ne sait quoi, sinon par l'inconscient, véritable chaîne vers des mondes oubliés et pourtant éternels. Sébastien découpa la bête consciencieusement et le grand couteau semblait se jouer des articulations.

— Tu veux une patte ?

— Oui... Tu sais, j'aime tout.

Sébastien lui donna un morceau et le voyant s'emparer de sa fourchette, il lui conseilla d'une voix douce :

— Non, pas comme ça... Mange avec les doigts ! Ne fais pas forcément comme on t'a appris, mais comme il est bon de faire pour se régaler ! Tu verras, c'est meilleur, même si c'est pas très propre. Et puis ici, il n'y a que moi qui te regarde !

Sébastien se tut, baissa les yeux en se replongeant volontairement au fond de cette solitude grandiose, tragique et voulue. Il passa la main dans les cheveux de Paul comme pour lui faire oublier ce qu'il venait de dire. Pendant quelques secondes, il demeura perdu dans ses souvenirs inaccessibles et lointains tels les horizons de l'aube. Les années quarante avaient trop changé de choses pour lui.

Puis, s'étant assis, il entreprit d'un geste pondéré le décorticage d'une patte arrière en y accordant toute son attention comme s'il s'agissait soudain d'une chose importante. Seul, le souffle empanaché d'une bûche de hêtre, ranimée par la brassée qu'il avait jetée sur le feu, venait de temps à autre rompre le rythme grave, lent et sourd de l'horloge. Paul regardait la pendule furtivement, fasciné. Elle était vivante, comme le feu, comme la forêt, comme le ciel balayé par le vent et délavé par la brume. Elle était vivante et éternelle, à la mesure du temps. Au sommet d'une caisse de bois ciré, ornée de motifs floraux dont les couleurs fanées forçaient le respect, inspiré par le poids des ans et celui des souvenirs, sa tête au décor naïf vibrait imperceptiblement à chaque mouvement du long balancier. Et le temps restait suspendu, fugace, l'espace d'un instant, comme si une main invisible voulait le retenir sans jamais y parvenir.

Sébastien avait fini de déguster son morceau de lapin. Il s'essuya la bouche comme à regret et se versa encore une rasade du vin léger, aux saveurs de framboises, qu'il produisait lui-même. Puis, il soupira profondément avec la satisfaction du travail accompli. Il repoussa sa chaise, concentré sur lui-même. Il sembla marquer une hésitation avant d'aller chercher un pot de confiture dans un coin sombre du placard.

— Tiens, goûte-moi ça..., lâcha-t-il en tendant le pot à Paul.

Paul regarda la chose avec la méfiance de l'inconnu. Chapeauté de Cellophane poussiéreuse, ceint d'un vieil élastique et orné d'une étiquette devenue illisible, le pot ne payait pas de mine. Il s'en saisit avec toute la circonspection d'un citadin de quatorze ans peu habitué à consommer des produits familiaux, ce qui attira cette remarque de son grand-père :

— Tu n'as rien à craindre, ce n'est pas du poison, elle ne date que de l'an dernier... et puis, c'est moi qui la fais !

Mal rassuré malgré ces paroles, Paul, à l'aide d'une cuillère, étala un peu de la substance noirâtre et collante sur une tranche de pain. Avant de porter la tartine ainsi confectionnée à sa bouche, il regarda furtivement son grand-père. Son visage fermé n'invitait pas à la résistance. Du bout des lèvres, Paul mordit le pain et une impression de mûres sauvages se diffusa instantanément dans sa bouche pour envahir entièrement son palais. C'était un parfum léger et délicat, sans artifice, celui des fleurs, des abeilles et des foins coupés. Par la magie du savoir de l'homme, il se retrouvait en plein cœur de l'été, au temps des papillons, des herbes folles et des grillons, à l'âge où le fruit acquiert sa maturité. Un air chaud et lourd, empreint de sucre, semblait lui colorer les joues en une bouffée soudaine de bonheur.

Amusé, mais sûr de lui, Sébastien le contempla quelques instants, regardant monter cette rougeur naissante, avant d'étaler à son tour, sur une tranche de pain à croûte épaisse, une mince couche de mûres confites de sucre et de soleil. Ses vieilles dents mordaient pleinement la pâte molle. En tirant d'un léger coup sec, elles entreprirent une mastication lente et silencieuse. De temps à autre, une gorgée de vin facilitait la descente de chaque bouchée. Elles étaient comme lui, Sébastien, ses treilles de Sainte-Rapine qui fournissaient ce petit vin aux saveurs de framboises et de mûres. Elles poussaient à flanc de montagne, disputant leur liberté aux grives et aux merles qui prélevaient à chaque automne leur tribut annuel, baromètre immuable du mûrissement des grappes dorées au soleil généreux du midi d'une montagne en train de mourir.

Après avoir rangé les restes du repas et débarrassé la table, Sébastien alla s'asseoir doucement sur une chaise basse à dossier haut, près du feu. Sa vieille paille était luisante des années passées. Elle avait même par endroits quelque peu disparu. Bancale aussi, elle pouvait encore faire de l'usage, la chaise de Cataline del Tit, sa grand-mère. D'elle, Sébastien conservait le souvenir assez précis d'une femme grande, aux cheveux blancs tirés en arrière, masqués par un fichu, toujours habillée de noir par l'usage, bien avant que son mari, Jean-Pierre, lui qu'on appelait le Tit parce qu'avec son mètre quatre-vingt il était le plus petit de ses huit frères, ne meure subitement un soir de janvier avant le début du siècle dernier. Cataline, Sébastien s'en souvenait, était infatigable. Elle savait si bien faire le jardin, sarcler les *courrejôlo au bigôsset* entre les choux ou les radis noirs, soigner les poules ou cuisiner les œufs au lard dans un fait-tout en terre. Elle excellait à la confection de la sauce

« pauvr'homme », cette préparation culinaire qu'ici on appelait aussi la sauce des cloutiers parce qu'à base de farine, de jambon et d'œuf, elle tenait si bien le ventre des ouvriers des clouteries, de ces forçats des martinets et des forges à la catalane qui ne comptaient pas leurs heures à l'enclume. La chaise de Cataline avait son épaisseur de crasse et de passé d'une existence de labeur.

Armé d'un soufflet, Sébastien ranima les braises en rassemblant les tisons. Il ne faisait pas attention à Paul et celui-ci ne se rendait pas compte de son absence. À quoi pouvait-il songer, ce grand-père encore inconnu ce matin et soudain retrouvé après ces mois d'errance d'orphelinat en foyer de l'Assistance publique ? À quoi pouvait-il penser, cet être étrange et silencieux ? Assis de l'autre côté de l'âtre, Paul éprouvait l'inquiétude du mystérieux et de l'inconnu. Dans cette maison, cette Houchane, perdue au milieu des landes et des bois, au bout d'un monde où l'on avait une vue imprenable sur celui d'en bas, sur cette vie qui passe, qui change et se modernise, le temps n'avait plus d'âge, sauf celui de l'Histoire. Ils restèrent un long moment ainsi, au gré des chuchotements du feu de bois d'où émanaient quelques volutes de fumée. Le silence faisait du bruit et cette maison lui semblait bien loin de tout ce qu'il avait connu.

Sébastien avait sorti de la poche de sa veste une tabatière en cuir qui avait sûrement beaucoup traîné au fil de ses courses folles. Il étala une bonne pincée de tabac gris sur une feuille de papier extraite d'un cahier de RIZLA† en prenant soin d'enlever les « bûches ». Puis, d'une main experte, il roula entre trois doigts une cigarette presque parfaite qu'il clôtura d'un trait de salive sur la bande gommée du papier. Son briquet à essence laissa échapper un panache noir et, avec l'habitude du vieux fumeur, il pencha la tête sur le côté pour l'éviter. La cigarette grésilla, jaunissant de la nicotine consumée.

— Je t'ai fait la chambre là-haut, laissa-t-il tomber.

— Là-haut ?

— Oui, celle de ma fille Sylvie, enfin de ta mère quand elle était petite...

Paul imaginait mal sa mère petite, sa mère à son âge. Maman était déjà grande quand il l'avait perdue et, si elle lui avait parlé de la Houchane, il ne s'en souvenait pas.

— Allez petit, va te coucher maintenant ! Demain, je t'emmènerai à la forêt.

Sébastien le guida vers l'escalier de bois déformé par les ans et qui craquait sous les pas. Des générations l'avaient emprunté et les marches étaient légèrement creusées. La rampe était luisante, mêlant cire et crasse en ce mélange subtil que les antiquaires d'aujourd'hui appellent la patine. Sur un palier étroit, encombré par un énorme coffre aux ferrures massives, s'ouvrait la porte de la chambre. Elle était plutôt basse, pourvue d'un bouton de cuivre en son centre qui animait un loquet de fer grinçant. La porte pivota sur ses gonds usés pour offrir au regard de Paul l'horizon d'une chambrette aux rideaux rouge et blanc dont les meubles principaux étaient un lit monumental en noyer blond et une armoire du même style, souvenir du mariage d'une aïeule. Certes, la pièce sentait un peu le froid et le moisi, faute de feu et de soleil, mais la couleur chaude des rideaux, bien qu'un peu passée, donnait à l'ensemble une image souriante avec tout le charme désuet du temps écoulé et de l'épaisseur des souvenirs accumulés. En son temps, la bonne cire avait imprégné le tout et la chaleur humaine était perceptible à l'usure des jours. Une chaise de cuisine, à la paille ternie et vrillée, et un petit coffre grossier aux planches quelque peu disjointes, sans doute réalisé par un lointain ancêtre pour tromper la solitude d'un soir d'hiver, complétaient le mobilier.

À elle seule, la pièce était à l'image du monde de Sébastien, pleine de mémoire et d'histoire, de ce grand-père qu'il connaissait depuis si peu de temps et dont il savait pourtant déjà qu'il était sa racine et une partie de lui, de ce passé comme de ce futur qu'il devait reconstruire pour être lui-même, demain.

Au mur, un chromo fatigué des années 1900, dans son cadre en « pitchpin » le renvoyait vers un monde qu'il n'avait pas connu et ne connaîtrait jamais. Paul se déshabilla vite, pliant soigneusement ses vêtements comme il avait appris à le faire dans les institutions où il était passé. La journée avait été bien remplie et, la lampe éteinte, il s'endormit vite, sans même s'en rendre compte, dans la fraîcheur des draps de fil blanc, sous un épais couvre-pieds en plume d'oie.

2

Des clairières aux bois

En se retournant dans son lit, sous l'épaisse couette, Paul cilla. Une lumière fade, à travers les interstices des volets, jetait quelques lueurs sur le traversin et l'oreiller. Dans cette demi-inconscience qui précède le réveil, il distingua vaguement les carreaux rouges et blancs d'un rideau fané où la lumière, au fil des petits matins et des nuits de lune, avait dessiné d'imperceptibles auréoles jaunâtres. Agressé par cette sensation du jour nouveau, il tourna la tête pour l'enfouir dans les draps mais, en même temps, plein des récits de Sébastien, il était attiré par ce rayon de lumière crue. Il imagina dehors le banc laqué de peinture verte, devant la porte, les sapins noirs tout proches, les sapins ! Sébastien devait aller en forêt ce matin-là, pourvu qu'il ne l'ait pas oublié ! Rien qu'à cette pensée, il se leva d'un coup, repoussant les couvertures pour s'habiller à la va-vite. Il pensa quand même à faire un brin de toilette et découvrit, posé sur une table basse à dessus de marbre, surplombée d'une glace biseautée, un pot en faïence blanc et rose qui contenait une eau glacée. À côté, une serviette en nid-d'abeilles et un gant. Après s'être passé rapidement un peu d'eau froide sur le visage, Paul ouvrit les contrevents : il eut un peu de mal à faire tourner l'espagnolette pour débloquer une fenêtre qui ne devait pas l'être souvent. Le volet crissa sur son gond. Il tourna par saccades, offrant au regard de Paul les images syncopées mais renouvelées d'un paysage séculaire. Les grands sapins noirs étaient toujours à leur place, là où il les avait laissés la veille. La brume avait disparu, chassée par un petit vent aigre, qui de temps à autre laissait apercevoir un carré de ciel d'octobre, plus clair et presque bleu, souvenir d'un été passé et de vacances révolues.

Après s'être attardé un instant dans la contemplation matinale de ce paysage qu'il connaissait à peine, Paul repoussa fermement les contrevents pour les arrimer sur les arrêtoirs. Il ferma la croisée, jeta un coup d'œil sur cette pièce peu familière encore, puis ouvrit la porte qui donnait sur le palier étroit. Naturellement, son pied trouva sa place sur les marches, dans les creux du bois faits par les chaussures jour après jour. Une main sur la rampe noire et un peu collante, il descendit doucement vers la grande salle. La porte d'entrée, en chêne à double battant, était ouverte et dehors, sous la fenêtre de la cuisine, les poules, libérées de leur enclos, poursuivaient la quête quotidienne des miettes de pain. En poussant la poignée, Paul comprit que Sébastien était debout depuis longtemps. Déjà il s'employait à remplir un sac en toile, du style musette de soldat. Sur la table, toute trace du déjeuner matinal avait disparu. En le voyant paraître, son grand-père leva la tête.

— J'ai failli partir sans toi... Tu as du café dans le pot, au coin du feu... et un bol, là-bas, fit-il en désignant d'un mouvement de tête le placard sous l'évier.

Son sac bouclé, il sortit une grande miche de pain du tiroir du bout de la table et, d'un geste assuré de la main, il en coupa une large tranche qu'il tendit à son petit-fils.

— Il faut que tu manges... sinon tu pourras pas me suivre.

— On va où ?

— Vers la Ribeyre...

— C'est loin ?

— Ça dépend... Si tu marches bien, y'en a pour une demi-heure... peut-être moins.

Paul avala rapidement son petit déjeuner, comme pour hâter le moment où il parviendrait à cette Ribeyre. Le café de Sébastien avait un goût prononcé de chicorée, mais la confiture de mûres était toujours aussi parfumée. Sébastien jeta un coup d'œil aux chaussures de son petit-fils. Il eut un mouvement de tête significatif et réprobateur et grommela quelque chose d'incompréhensible, mais il se dirigea vers l'entrée, attrapa un bâton muni d'un lacet de cuir et, sans un mot, le tendit à Paul. Il verrouilla la porte à double tour et prit soin de cacher la clé dans un trou du mur sous une pierre. Le chemin passait devant la maison, il n'était pas plus terrible qu'un autre, mais Paul se tordit vite les pieds sur ces mauvais cailloux, glissants et lisses. Sébastien se retournait pour voir s'il suivait.

— Faudra acheter des souliers pour ici, Pitchou ! Tu vas finir par te péter une cheville avec tes semelles lisses. Je t'emmènerai à la coopérative agricole pour prendre une bonne paire de Pataugas.

— En ville, ils me vont bien...

— Oui, moi aussi j'ai connu le bitume, mais ici, c'est différent, tu sais... Il te faut de grands crampons !

Pavé de pierres herbues, le sentier montait comme à l'assaut de la nature, et la forêt, toujours proche, venait vers eux, au fil de leurs pas. De taillis en bois et de bois en futaies, elle devenait elle-même, silencieuse, magnifique, éternelle. Là, rapidement, on atteignait les limites de l'homme, celles des défrichements, de l'outil, celles de la hache, du passe-partout et de l'herminette. Lentement, sans brusquerie, les chênes se parsemaient de hêtres, les hêtres de mélèzes et les mélèzes de sapins. Après un long cheminement, ils parvinrent enfin à un espace plus clair. Creusée dans la pente du talweg, une mini-dépression les forçait à descendre. Là, irradié d'une lumière wagnérienne, descendant du ciel et taillé à grands pans, pareil à la puissance irréelle de ces images de première communion qui marquent les pages des livres dont les générations ont fait pâture, un sapin pluricentenaire puisait force et grandeur dans une litière de feuilles déjà rousses où apparaissaient, çà et là, quelques schistes et granits mêlés, drainés par l'érosion différentielle.

Paul s'arrêta, non seulement pour reprendre haleine, mais parce que, pour la première fois de sa vie, il rencontrait la beauté. Le souffle coupé, la respiration courte et haletante, semblable à ces truites qui, quand on les prend, battent désespérément des ouïes à la recherche de la vie qui s'en va, il n'osait même pas regarder autour de lui, craignant de voir quelque chose dépareiller cet ensemble, face auquel un incroyant eût la révélation de Dieu.

Sébastien le contempla de son air tranquille. Soudain, il paraissait satisfait, comme s'il avait accompli une tâche difficile. Quand Paul eut pleinement conscience de lui-même, Sébastien se contenta de murmurer :

— Elle est belle, ma forêt...

Et Paul perçut à cet instant dans ses yeux une expression, un sentiment qu'il ne lui connaissait pas encore. Celui d'une conquête sur un monde invisible, celui d'un triomphe, celui d'une espérance, comme quand, à l'aube d'un petit matin, le soleil darde à souhait, de ses premiers rayons la brume évanescente, pour la rendre plus fugace, plus précieuse et plus chère. Paul posa sa main sur un tronc rugueux pour mieux se persuader de la réalité ambiante. Après une profonde inspiration, l'espace d'un instant, le corps vivifié par l'air pur, les poumons prêts à éclater, il sentit affluer en lui une infinité de sensations nouvelles, complexes et inexplicables. La phrase que Sébastien avait prononcée atteignait en lui une dimension insoupçonnée de vie profonde en un raccourci brutal. Saisi par une telle intensité, tétanisé par cette perception totale, il demeura un long moment sans voix et sans geste. Sébastien appuya sa main sur le bras de Paul pour le ramener à la réalité.

— On n'est pas encore arrivés... surtout si on s'arrête comme ça...

Le chemin continuait, raide et tortueux, à travers les arbres, entre les *matàs* de ronces, toujours plus haut. Soudain, au débouché d'un tunnel de buis, ils atteignirent une espèce de petit col, parsemé d'herbes bruissantes, ouvert à tous les vents. Là, dans le creux, se dressaient les pierres noires disjointes de l'ancienne métairie de la Ribeyre. Ils s'arrêtèrent, le souffle rendu court par l'effort accompli, la face fouettée par un vent aigre et dur, frémissant comme les arbres sous la caresse perfide de la brise automnale.

— Tu vois, ici, fit Sébastien, il y avait un feu, une maison. C'était avant la guerre de 14 ! On y faisait du *gabach*, du seigle et même de l'épeautre... Les vaches donnaient un peu de lait et, à la fin du mois de mai, après la tonte printanière, la *gazaille* des moutons rejoignait les troupeaux sur les drailles qui mènent aux estives. Ils n'étaient pas riches, mais ils y vivaient ! Un soir, en septembre 13, je me souviens, la foudre et l'orage ont tout détruit, alors, comme c'était déjà difficile, les vieux sont partis à l'hospice, au mouroir, et les jeunes, eux, s'en sont allés travailler à l'usine, à Tarascon ou à Pamiers ! Les ronces et le temps ont fait le reste... et aujourd'hui, il n'y a plus que les palombes et les lièvres qui connaissent le col de la Ribeyre.

De l'ancienne métairie partait une mauvaise *carretière* longeant la ligne de crête. Sébastien et Paul la suivirent jusqu'à la rencontre d'une grande barre de calcaire qui tranchait par sa couleur blanche avec le sommet de la montagne. Légèrement en contrebas, face au soleil, s'étendait un bois de pins.

— Tiens, là, c'est la *pignassière*... et quand l'été a été humide, c'est un bon coin, cette soulane, pour trouver des cèpes...

Ils descendirent en faisant de longs lacets dans les sous-bois, fouillant des yeux un sol parsemé d'aiguilles rousses. Au fil de leurs détours, Sébastien avait sorti un Opinel au manche rafistolé de fil de fer qu'il réservait aux tâches rustiques, et doucement, avec une infinité de précautions, après avoir tâté d'une caresse la tête d'un cèpe pour s'assurer de sa fraîcheur, en saisissant le pied entre pouce et lame, il le tranchait d'un tour de main. Puis, satisfait, il se relevait avant de l'enfouir tranquillement au fond de cette musette sans âge, luisante de crasse et de sueur accumulées au fil des saisons et des jours. De temps à autre, il rencontrait un *rousilhous* tacheté de vert ou une girolle jaune qui venait compléter sa quête. Paul le suivait sans rien dire, attentif aux gestes mesurés, les narines pleines de ces odeurs de moisissures, mêlées au parfum de la résine. Il s'appliquait à déchiffrer, à comprendre ce monde neuf pour lui, et pourtant en train de mourir pour les autres. Parvenu à une rupture de pente, Sébastien s'arrêta.

— C'est pas la peine d'aller plus loin... Y'en a pas vers le bas ! On va plutôt redescendre en passant par la métairie de Pailhères pour ramasser du bois.

— Tu veux traîner du bois jusqu'à la maison ?

— Non ! Juste faire un fagot pour l'amener jusqu'à la grange de la Simoune, pour la chasse...

— Quelle chasse ?

— Té ! Les palombes, pardi ! À la Simoune, y'a pas d'arbres, alors, à la fin octobre il fait froid, si tu veux faire du feu, faut faire la provision !

Paul hocha la tête d'un air entendu et ils s'engagèrent dans la masse odorante des buis frémissants et des genévriers agressifs, sur un sentier insoupçonnable, pour faire halte à l'orée d'un bois de mélèzes. Là, Sébastien lui apprit à choisir du bois sec, en arrachant des branches mortes aux arbres encore verts, pour mieux les faire fructifier l'année suivante. Le fagot constitué, lié d'une mauvaise corde extraite de la musette, il confia son sac à Paul, chargeant le bois sur l'épaule.

— Et surtout tâche de pas te péter la gueule !

Les yeux fixés sur ses pieds, accrochant de temps à autre les cailloux au fil d'une descente rapide, Paul dévalait la pente à grandes enjambées mal contrôlées par ses semelles lisses, emporté par son inexpérience et son propre poids. Sébastien, lui, semblait danser. Il se laissait aller doucement d'un pied sur l'autre et ses Pataugas, en un mouvement alternatif souple, composaient un ballet bien réglé. À l'entrée de buis gémissants en cris plaintifs, sous le vent aigre et dur de la montagne, Sébastien posa son fagot. Sans perdre des yeux ce paysage dont il connaissait chaque détail, il extirpa un mouchoir de sa poche d'où s'envolèrent en même temps quelques brins racornis de tabac, pour essuyer lentement, à plusieurs reprises, cette fine sueur qui perlait sur son front. Quand Paul l'eut rejoint, il lui dit :

— Attends-moi là ! Je vais couper par un raccourci pour aller jusqu'à la Simoune. Je n'en ai pas pour longtemps. Mets-toi à l'abri, si tu sens un peu trop d'air.

Il rechargea vivement le fagot sur son épaule et disparut en un clin d'œil derrière un amas de rochers, laissant son petit-fils à ses rêves. Paul se laissa aller à la contemplation du Plantaurel, à cet alignement de crêtes blanchâtres et de roches grises. Son regard dégringolait d'estives en bois et de bois en pâtures, à la recherche d'éléments de compréhension pour mieux déchiffrer cet immobilisme latent, fait des feulements et des mouvements imperceptibles d'une nature inconnue qui, privée de ses jardiniers traditionnels, retournait progressivement à l'état sauvage. De temps à autre, il accrochait les ruines d'une ancienne métairie, pans de murs tragiques tendus vers le ciel comme une prière ultime, supplique oubliée de l'âge où il y avait encore des hommes pour peupler ces espaces raides et escarpés. Il cherchait un toit intact, une fumée s'éparpillant dans les branchages, le chant d'un coq, le cri éloigné d'un chien... Mais il ne rencontrait que le silence, le souffle du vent et le piaillement exaspéré des merles furtifs s'envolant à tire-d'aile par-dessus les haies abandonnées. Pourtant, cette vallée avait autrefois résonné du tintement cristallin des martinets, du craquement des arbres qu'on abat et des sonnailles des troupeaux. Mais aujourd'hui seuls quelques villages abandonnés, aux toitures de pierre à demi effondrées, envahies par les herbes folles, heurtaient le regard. Il rêvait encore à ce temps qu'il ne connaîtrait jamais quand Sébastien émergea de derrière les rochers.

— Tu n'as pas froid, petit ? Le vent d'octobre est mauvais, surtout quand on est en nage.

— Non, j'ai pas eu le temps et puis... c'est si beau ici !

— Oui, c'est vrai que c'est beau. La Ribeyre, c'est une autre dimension du monde... un peu de ce qu'on a perdu.

Ils reprirent leur descente sans dire un mot à travers les bruyères odorantes et les ronces agressives. Il n'était pas loin de midi quand ils parvinrent à l'*oustal.* C'est ainsi que Sébastien appelait la Houchane, cet endroit où étaient désormais ses racines, une partie de ce passé inconnu, et ce qu'il restait de sa famille.

En entrant dans la maison, Paul se laissa tomber sur une chaise tandis que Sébastien, lui, se débarrassait promptement de son sac sur la grande table aux planches disjointes. Du coin de la cheminée, il tira un journal jauni par les saisons et les jours qui s'étaient succédé depuis sa parution. Avec précaution, il commença à étaler laborieusement le montant de sa quête, et cèpes et rousilhous s'assemblèrent en une mosaïque odorante mêlée de feuilles rousses, de débris de bois mort et d'herbes sèches.

— Il faut les laisser reposer quelques heures avant de les goûter... Allume donc le feu en attendant !

Paul s'affaira vite devant l'âtre brillant du cristal sombre des suies accumulées. Le repas fut simple, pas tant par nécessité que par habitude. Seul le craquement des braises et le rythme lent de la vénérable horloge animaient la vieille maison. Les derniers reliefs enlevés, Sébastien, installé au coin du feu, entreprit de rouler une cigarette, Jason, le chat, devenu paresseux sur les genoux. Paul le regardait, les yeux pleins de ce qu'il avait vu depuis le col de la Ribeyre, à la recherche de ce passé oublié, de cette vie morte dont seul le paysage conservait encore l'empreinte et que les hommes avaient effacé, eux, de leur mémoire et de leur cœur. Poussé par la curiosité, face à ces témoignages encore si vivants, il se hasarda à demander :

— Dis, Sébastien... Comment ils vivaient autrefois, ici, dans la montagne, dans la vallée...

— Ici ? Ici, en Barguillière, jadis, tu vois, on faisait des clous ! Oh, toutes sortes de clous, des gros, des petits... pour ferrer les bêtes ou pour construire ! La clouterie faisait vivre la vallée, mais les forgerons étaient aussi paysans et ils passaient du marteau au *bigôsset* au fil des saisons et des jours. Il devait y avoir quatre ou cinq familles de forgeurs qui employaient chacune plusieurs commis et valets. C'était ce qu'on appelait des maîtres de forge. Ils étaient des coqs de village et à l'église, le dimanche, ils avaient leur banc numéroté et marqué à leur nom, toujours devant, bien sûr. Quand on réunissait l'assemblée villageoise, après la messe des fêtes de Toussaint, c'étaient toujours eux qu'on élisait comme marguilliers parce qu'ils avaient le pouvoir... Ils s'appelaient Astre, Séguéla ou Nougué et parfois, quand au martinet il y avait trop de travail, ils embauchaient quelques Espagnols de passage, mais on ne savait jamais combien de temps ces grands diables allaient rester. Ils avaient les joues creuses, le poil noir et sec, le regard brillant et le couteau rapide. Parfois, dans le village, leur bref passage se soldait par la naissance non désirée d'un enfant fait à une fille du pays. Malheur à ce mouflet rose et braillard ! Même s'il mourait, vite comme c'était souvent le cas, on avait du mal à oublier que la fille s'était fait engrosser et sa vie était foutue, car à tout jamais, pour les gens de la vallée, elle serait la fille de l'Espagnol...

Paul ferma les yeux. En suivant le ruisseau, il entendait le bruit régulier du métal que l'on martèle, sur deux tons, toujours les mêmes, tant bien qu'à la seule frappe on reconnaissait le forgeur. Les maîtres, eux aussi, faisaient leur journée au martinet, plus dure même en ces temps-là car il fallait bien donner l'exemple ! Et tard dans la nuit, quand les sons cristallins s'éteignaient un à un, la soupe d'abord puis le jambon et les œufs venaient redonner quelques forces à leur corps durci par les épreuves, la fatigue, avant le repos bien mérité du lit où ils tombaient, épuisés et abrutis, perclus de contractures et de crampes. Dès qu'ils avaient gagné quelques sous, qu'ils soient ouvriers ou patrons, ils achetaient un bout de terre, quelques arpents de pré ou de bois. C'était leur luxe, leur richesse, leur honneur et leur puissance que d'y voir quelque gazaille de moutons les parcourir sous la conduite du pâtre du village. Fiers de leur travail, de leurs enfants et de leurs bêtes, ils se couchaient, un beau soir, vers la quarantaine et mouraient, contents de savoir leurs affaires en ordre.

— Ce monde que nous avons perdu, tu vois, Paul, j'en ai vu l'agonie quand j'étais encore gamin et que je dénichais les pies au lance-pierres ou avec des flèches de noisetier tendre. La guerre de 14 l'a foudroyé et la concurrence l'a tué. Les enfants des Astre, des Séguéla ou des Nougué, parce qu'ils ne pouvaient pas vivre sur des terres trop petites, se sont faits fonctionnaires ou commerçants. D'abord, on ne les a plus vus qu'aux vacances, à la Toussaint ou à Pâques, et puis, quand ils sont morts à leur tour, leurs enfants, qui n'étaient pas souvent venus ici, ont vendu les prés et les bois, les maisons et les granges à ceux d'ailleurs qui cherchent l'air pur pour les fins de semaine. C'est comme ça que les « doryphores » ont commencé à arriver dans la vallée. Des autres, il ne reste plus que des noms sur les croix de fer rouillées au cimetière. On ne distingue même plus les dates de décès maintenant...

Paul était perdu dans des ailleurs oubliés. Son esprit vagabondait de martinets en clochers, de clochers en bois, de bois en estives. Il faisait l'école buissonnière le long des ruisseaux. Sébastien lui jeta un bref coup d'œil et, pour couper court à ces rêveries, il laissa tomber :

— Demain, je t'emmène aux palombes et tu verras, ça c'est autre chose encore.

Paul passa le reste de l'après-midi à rêvasser au coin du feu, et telle une vestale il y ajoutait périodiquement quelques bûches. Sébastien était parti soigner ses bêtes. Quand son grand-père rentra à la tombée de la nuit, après s'être lavé les mains dans l'évier en pierre de la souillarde, Paul mit la table.

— Ah, tu as faim je vois ! Allez, on va les manger, ces champignons, je vais chercher les coucous.

— Pourquoi tu prends pas ceux d'aujourd'hui ?

— Justement parce qu'ils sont du jour et qu'on les mange pas le jour même.

Sébastien revint avec trois œufs dont la coquille sale portait au crayon la date de ponte. Dans un bol en faïence grise dont le fond était usé par les traces des coups de fourchettes des centaines d'omelettes précédentes, il versa le mélange des jaunes et des blancs, y ajouta une larme de lait, une pincée de sel et de poivre avant de fouetter le tout énergiquement.

— Tu ne mets que trois œufs ?

— Oui, mais si tu les bats bien, tu en gagnes un...

L'omelette de Sébastien était mousseuse et cèpes et « rousilhous », assortis d'un peu de persil, y trouvèrent un accompagnement presque naturel. Paul se régala comme peu souvent les omelettes des foyers où il avait vécu lui avaient permis de le faire. Sébastien l'envoya se coucher de bonne heure. Les palombes n'attendraient pas. Et quand Paul monta l'escalier aux marches glissantes, son esprit était plein d'images de ce passé qu'il imaginait faute de l'avoir connu. Sa main s'attarda à regret sur la rampe patinée. La chambre lui sembla presque familière. Bercé par le tintement des martinets, virevoltant au milieu de ces palombes mythiques dont lui parlait son grand-père, enfoui profondément sous le couvre-pieds, couché en chien de fusil, tant frileusement par la fraîcheur de la pièce que par la crainte non avouée d'un nouvel inconnu, Paul dormit d'une seule traite.

Cette nuit était de pleine lune, étoilée et déjà bien fraîche en cette mi-octobre. Il ne faisait pas encore jour quand Sébastien le réveilla en lui secouant l'épaule pour le ramener à la réalité. Il sauta par-dessus le couvre-pieds, bouscula les couvertures. La toilette fut vite expédiée et il dévala rapidement l'escalier. Hilda, l'épagneule, s'étirait dans la salle, après s'être bien ébrouée des tensions de la nuit. Jason n'était pas encore rentré, lui, de ses pérégrinations de chasseur nocturne. Paul fit chauffer le café, sortit le pain et la confiture comme Sébastien le faisait d'habitude. Son grand-père ne tarderait pas à revenir de l'étable. Quand il entra, Sébastien raviva la cuisinière en y plaçant deux ou trois bûches de chêne refendues. Il prit soin de bien tisonner le foyer pour chasser la cendre et activer le feu. Puis, sans un mot, il sortit du placard un fusil démonté enveloppé de chiffons brunis par l'huile qu'il assembla ensuite avec des gestes précis et sûrs. C'était un Charlin, à canons fixes, un calibre douze. Hilda avait reconnu l'arme et semblait soudain tout excitée comme si elle devinait ce qui allait se passer et le rôle qu'elle allait jouer. Malgré son âge adulte, elle sautait partout, entamant une danse de Saint-Guy que n'aurait pas reniée un derviche tourneur.

— Tu prendras le vélo de ma femme. J'ai essayé de te régler la selle, ça doit t'aller encore.

Ils enfourchèrent leurs bicyclettes pour s'enfoncer dans les dernières noirceurs qui précèdent l'aube. Ils pédalaient fermement sur le chemin empierré car les palombes n'attendaient pas le rendez-vous.

3

Chasses d'octobre

Ils rangèrent les bicyclettes contre le mur en ruine de ce qui avait dû être jadis une grange. Paul en distinguait vaguement les contours, les pierres mal équarries, brutes presque, couvertes d'une mousse drue et solide, éprouvée par le poids des ans et des saisons. Ce n'était plus qu'un quadrilatère grossier dont le toit avait disparu. Çà et là, quelques restes de tuiles brisées attestaient qu'il s'agissait bien d'un habitat et la distinguaient ainsi des multiples murs de pierres sèches, souvenirs d'une agriculture en terrasse, qui naguère couraient dans la montagne.

Sans bruit, enveloppé de la nuit qui s'attardait encore quelques instants, Sébastien contourna la grange et, à travers les murs de ronces et d'ajoncs qui hérissaient leurs piquants, prit un minuscule sentier, assailli par une végétation conquérante et libertaire. Le soulier accrochait sans cesse les cailloux aux arêtes polies par les cheminements interminables des troupeaux et le bas du pantalon s'accrochait dans la ronce épaisse qui tendait à interdire à tout jamais ce passage furtif, témoignage d'un autrefois qui s'effilochait de printemps en automne, au gré du vol des passereaux survolant les bruyères odorantes. Ce n'était qu'un frémissement, qu'une déchirure, un souffle que le passage de Sébastien et de Paul.

Après avoir parcouru une centaine de mètres dans ce long boyau végétal, ils débouchèrent soudain sur un quadrilatère irrégulier de vignes en friche et de vergers abandonnés. Ici la pierre sèche dessinait de subtiles figures, témoignage de l'empreinte foncière des hommes de jadis, de leur sueur, de leur peine, de leurs larmes et de leurs joies, vraies et fausses, comme celles de la bonne récolte qui rapportait davantage au propriétaire qu'à eux, manœuvriers éternels, hommes de labeur et de superstitions, qui s'étaient succédé interminablement sur la terre, attachés à la glèbe jusqu'à l'invention de la force mécanique qui leur avait fait franchir le seuil du paléotechnique pour les plonger bien souvent dans le monde de l'usine. C'était le domaine des grives, des *claquarts* et des merles qui s'étageaient sur les sorbiers dont les fruits rouges venaient déranger l'ordonnancement tranquille des souvenirs d'un monde perdu.

La pente se raidissait et Paul, la narine frémissante, le souffle rendu court par le rythme imposé par Sébastien, les poumons brûlés par la vigueur de l'air matinal, l'esprit attentif aux sensations nouvelles et inconnues qui soudain l'assaillaient, Paul, en plein vertige, débouchait au fil des pas sur cette mémoire collective, inscrite dans les paysages, dans les formes, dans les odeurs et les parfums d'un automne en apogée.

Sébastien s'arrêta à l'orée d'un plateau pentu. Seuls le passage des *tourdes* furtifs, le vent de la montagne et leur respiration haletante venaient troubler le silence. Au bout de quelques instants, regardant le paysage d'un air souverain, Sébastien lui dit :

— Tu vois, ici, il y avait une villa gallo-romaine. Ce sont les Romains qui ont amené les lavandes, celles que je mets dans l'armoire pour parfumer les draps comme ma mère le faisait et sa mère avant... Mais les traces de cette villa, personne ne les connaît. C'est moi qui les ai découvertes un printemps, à cause de l'herbe qui ne poussait pas de la même façon sur le tracé des anciens murs... comme une photo aérienne !

Sébastien laissa le reste de sa phrase en suspens comme s'il venait de révéler quelque chose d'important sur les connaissances qu'il pouvait avoir d'une culture qu'il avait à un moment rejetée, peut-être parce qu'elle lui faisait trop mal. Ils repartirent d'un bon pas vers l'aube timide et incertaine qui sourdait par-dessus les crêtes frémissantes. Le soleil n'était pas encore levé quand ils atteignirent les Terres-Rouges, celles qu'un filon malingre de bauxite avait fait prénommer ainsi, repaire immuable dans l'espace montagnard, dans cette vaste solitude, ponctuée de noms poétiques pour le profane. Un oiseau s'envola à leur approche en un frémissement discret. Passé une imperceptible rupture de pente, une estive en friche leur découvrit ses charmes. Là-bas, au bout des herbes folles, deux pans de mur étaient le bout de cette course contre le soleil. La nature pliait sous le vent d'octobre et Paul, en transpiration, eut une brusque impression de fraîcheur. Il n'avait pas eu le temps de passer le pull-over qu'il avait emporté. Sébastien allongeait le pas dans une ivresse folle et démesurée, toute pleine de cette quête sublime contenue tout entière dans un seul mot : les palombes...

Quand ils atteignirent la grange de la Simoune, Paul se laissa tomber contre un mur sec et froid, incapable de prononcer une seule parole, le visage fouetté par le souffle glacial qui balayait cette estive abandonnée. Sébastien ne perdit pas de temps. Il arma son vieux fusil. En un geste qui trahissait une habitude éprouvée, il introduisit deux cartouches dans la chambre et, d'un claquement sec et sûr, referma la culasse avec dans les yeux la satisfaction d'être arrivé assez tôt. Il cala l'arme contre le mur, puis après un bref regard sur l'ordonnancement du paysage, il se détendit un peu. Il sortit sa tabatière. Avec sa patience coutumière, il roula une cigarette dans le vent aigre du petit matin. Un parfum de fumée bleue envahit l'air en tourbillons, ajoutant une note humaine à la solitude des lieux. Après deux ou trois bouffées, quand il eut savouré le calme de l'aurore, Paul dit à Sébastien :

— Prends le sac et rentre dans la grange...

— Pourquoi ?

— Parce qu'elles voient tout, alors il faut pas bouger ! Sinon, elles passent trop haut ou trop bas, à flanc de montagne... et alors la chasse est foutue...

Sceptique, comme tous ceux qui ne savent pas, mais inquiet à l'idée de rater ce moment, à l'idée de pouvoir faire manquer cette chasse encore inconnue, Paul ramassa le sac et alla le déposer à l'intérieur des ruines. Déjà la montagne commençait à rougeoyer sous les premières caresses timides d'un soleil encore hésitant. Et puis, un rayon plus téméraire que les autres vint révéler l'embrasure où Sébastien se tenait, le fusil à la saignée du bras. Paul distingua alors l'expression de son visage au fur et à mesure que la pénombre se dissipait. Il était attentif, un rien crispé, guettant le moindre bruit, le moindre souffle, la feuille qui vole, palpitations imperceptibles de ce décor qui commençait à s'animer. Par-delà la ligne d'horizon d'un bosquet de chênes, il attendait ce quelque chose de mystérieux, ce feulement furtif mais révélateur de l'annonce d'un vol.

Et l'attente se prolongeait, insupportable. Aiguillonné par le désir de voir ces palombes dont lui avait parlé son grand-père, Paul écarquillait tant les yeux qu'ils lui brûlaient. Et puis, soudain, quand la tension fut à son comble, un bruissement d'ailes vint le surprendre et le soulager. Il ne les vit pas tout de suite. Il les espérait hautes dans l'azur et elles arrivèrent au ras des arbres, doucement, comme si elles avaient peur d'entrer sur une scène où allait se jouer le dernier acte. Déjà, une demi-douzaine d'oiseaux étaient sur eux. Sébastien épaula calmement, l'émotion dominée par l'expérience, sûr de lui, imperturbable et serein à la fois, conscient et lucide face à ce tournoiement d'ailes, à cette masse fascinante de vie et d'irréel. Un coup de feu déchira le silence de ce petit matin d'octobre, apaisant les nerfs tendus par l'attente, et, dans un nuage de plumes, après être restée comme suspendue en l'air par on ne sait quel fil, une première palombe explosa, foudroyée en pleine course, pour retomber misérable, désarticulée comme dans un tableau de Dürer, sur la fraîcheur odorante de l'herbe mouillée par la rosée, parvenue dans une fraction de seconde au crépuscule de sa vie sans avoir eu le temps de réaliser qu'elle y était déjà ni d'en avoir peur.

Paul, tout à la fascination de cette chute qui n'en finissait pas, enregistrant tout, image par image, ne vit même pas les autres s'enfuir et n'entendit que faiblement le deuxième coup de fusil de Sébastien. Il restait là, immobile, incrédule, incapable d'un mouvement, revivant ces quelques dernières secondes avec l'intensité de l'irrémédiable et du définitif, pétrifié par quelque chose qui le dépassait soudain, qui le submergeait en une vague comme sur une plage abandonnée, ne sachant encore si ce sentiment était de la joie, de la tristesse, de l'amour ou de la haine. Jamais il n'avait eu en lui un tel mélange contradictoire, un tel afflux de pensées confuses, d'envies et de dégoûts, d'espérances et de désespoir. Il restait là, piteux, les yeux fixes, subissant de plein fouet le choc brutal de la mort donnée. Sébastien mit la main sur son épaule pour le ramener au réel puis, doucement, comme s'il avait l'habitude de ce genre de choses, il lui dit :

— Il faut aller la chercher... Vas-y, petit...

Un instant interdit, Paul courut dans la fraîcheur de l'estive, se repérant aux touffes d'herbes pour localiser le point de chute de l'oiseau. Après plusieurs cercles décrits vainement, au pied d'une souche de lavande sauvage, comme blottie dans un dernier réflexe protecteur, une masse grise et bleue, irisée çà et là de minces filets rouges, semblait dormir et se reposer. Paul marqua un temps d'arrêt. Il jeta un coup d'œil par-dessus son épaule pour tenter d'apercevoir Sébastien mais celui-ci était déjà rentré dans la grange de la Simoune, attentif à d'autres vols. Alors, Paul avança doucement la main et, surpris par la chaleur encore tiède du corps, eut la tentation brève de la retirer mais, dominant ces pulsions, il se saisit de l'oiseau et le pressant contre lui, sans prendre garde au sang qui coulait goutte à goutte, il courut vers la grange, vers Sébastien qui, lui, pouvait peut-être mieux lui faire comprendre ce qui s'était passé.

Sébastien était là, dans l'encoignure des vieux murs, le fusil posé contre une souche, le regard lointain et les pieds empêtrés dans quelques ronces agressives qu'il ignorait superbement, concentrant son attention sur l'horizon des crêtes. Il ne se retourna même pas, à croire qu'il n'avait pas entendu.

— Té, Sébastien... la voilà...

— Pourquoi tu me regardes comme ça ? Elle est morte, hein ! mais le lapin l'autre jour, tu t'es bien régalé, non ? C'est vrai, c'est pas pareil, y'a rien à comprendre, tu sais... La chasse, c'est comme ça, c'est pas la mort qui est importante, c'est l'ivresse de cette vie, de celle qu'on donne et de celle qu'on retire... et l'explication, c'est bon pour ceux qui savent pas, pour ceux qui n'ont jamais fait, pour ceux qui ne connaîtront jamais de la campagne que les promenades du dimanche, pour ceux qui la voient à travers une vitre derrière leurs carreaux de citadins, qui ont peur de se salir les chaussures. La chasse, c'est un tout, tu aimes ou tu n'aimes pas, c'est une communion, un partage, une espérance...

Paul l'écoutait, cherchant à saisir l'insaisissable, à analyser l'illogique d'une conduite passionnelle, dictée sans doute par les habitudes ancestrales des passions primitives. Il ne dit mot, se contentant de reprendre sa place aux côtés de Sébastien, ce grand-père mystérieux et tombé du ciel. Dans sa tête, l'étrange se mêlait d'admiration. Il était dans cet état de confusion quand un deuxième vol surgit, au ras des arbres, comme le premier. Cette fois, il eut le temps de les voir arriver. À chaque battement d'ailes qui le rapprochait un peu plus de l'inexorable, son cœur battait plus fort d'une excitation nouvelle, d'une soif d'absolu jamais éprouvée. Il se prenait au jeu, lui aussi, guettant avec anxiété les coups de fusil que Sébastien tardait à donner. Quand ils éclatèrent, son émotion fut à son comble. Sans doute aurait-il tiré avant, par inexpérience. Cette fois, trois palombes tombèrent. Deux, foudroyées, dans l'estive et une troisième qui piqua vers un bosquet de chênes verts, mêlés de genévriers tendres et piquants. Paul aussitôt se précipita. Ayant suivi les palombes dans leur chute fatale, il n'eut aucun mal à trouver le deux premières. Elles avaient bien ensanglanté quelques fougères blondes mais il n'y prit garde, les ramenant serrées contre lui, tel un trésor secret et découvert, comme un bien précieux dont l'existence aurait pu changer la face du monde.

— Et la troisième ? Tu l'as pas eue ?

— J'y ai pas été... elle est tombée là-bas, fit Paul en désignant les chênes.

— Et alors, « drôle »... qu'est-ce que tu attends ? Ramène-la vite avant qu'elle se cache pour crever toute seule ou qu'un renard la bouffe...

Déjà Paul était parti et ses jambes d'adolescent, encore un peu maigres, couraient dans les bruyères odorantes ; ses pieds agiles évitaient les plaques de *gispet*, cette herbe glissante, sautant d'un caillou à un autre, dévalant la pente, moteur d'une quête insondable. Arrivé près des chênes, les yeux au sol, à la recherche de cette masse bleutée qu'il savait encore frémissante de vie, il commença à décrire des cercles, le regard fureteur dans les encoignures de roches ou sous les branches. Il la découvrit sur un tapis de feuilles rousses où elle s'était posée sans avoir eu le temps de replier les ailes. La saisissant à pleines mains, il remonta à grandes enjambées, haletant sous l'effort, vers la grange de la Simoune.

Au fur et à mesure que la matinée s'écoulait, les vols devinrent plus rares. Vers les dix heures, l'attente s'allongea et Sébastien lui-même daigna relâcher son attention, comme si l'heure de la grande messe de cette religion des palombes commençait à passer.

— Il n'y en aura plus maintenant...

— Elles passeront encore demain ?

— Oui, même ce soir... Il y aura encore des vols à partir de cinq heures et jusqu'à la tombée de la nuit mais, tu sais, les vols du soir, ils sont moins nombreux. Et puis nous, on sera au coin du feu. On en a bien assez comme ça pour aujourd'hui ! Allez, petit, à l'oustal...

Sébastien retira les cartouches de son Charlin. Il en avait fait des campagnes, ce fusil à la crosse en noyer ciré noircie d'huile et de crasse ! Sébastien le mit en bandoulière puis glissa dans un ancien sac à dos de l'armée les palombes et le hissa sur ses épaules.

— Allez, on y va, et ne cours pas en descendant, tu pourrais tomber et te casser le cou...

Ils retrouvèrent les Terres-Rouges, cette pente implacable qui, à l'aller, avait meurtri leurs muscles. Passé le poste du genévrier, ce furent les calcaires, ces pierres blanchâtres, rougies de la terre transportée sous leurs semelles, qui descendaient en larges marches irrégulières. Le pied dérapait furtivement en un gargouillis rocailleux sur quelques éboulis perfides. Çà et là des touffes de buis rases servaient de rampe à cette glorieuse descente. Ils éprouvaient un sentiment de victoire partagé, mais inexprimé, tandis que les pierres roulaient sous leurs pieds, poussées par l'élan de leurs corps. Maintenant la pente devenait plus douce et les barres de calcaire plus régulières, les touffes de lavande plus abondantes. Un pré en friche, parsemé de piquets tordus et noirâtres, tissés de fils de fer rouillés et rompus, témoignage d'une ancienne vigne, s'offrit à leur vue. Et puis, après le poste du lièvre qui éveillait chez Sébastien le souvenir de tant de petits matins blêmes, ils retrouvèrent la ronce qui s'enferrait dans le pantalon de velours et, au bout, les pierres disjointes de la grange, la mousse et leurs bicyclettes. Un quart d'heure plus tard, au rythme lent des coups de pédale sur la carretière empierrée, ils parvenaient à la Houchane.

Sébastien et Paul rangèrent soigneusement leurs vélos sous la grange, à l'abri d'un toit de tuiles romanes rongées par les ans. Parvenus à la grande cuisine, cette pièce qui sentait si bon le feu de bois et le jambon, Sébastien sortit les palombes de son sac, en pluma deux et entrepris avec un soin méticuleux de les vider de leurs entrailles. Paul regardait, attentif à ses moindres gestes. Il observait le tour de main pour retirer le fiel, les poumons, le cœur... Son travail terminé, toujours sans un mot, le silence simplement rompu par le tic-tac de l'horloge, Sébastien les plaça avec précaution dans un grand plat ovale de faïence blanche, ébréché par endroits, noirci en longues traînées par les coups de fourchettes passés. Il ouvrit ensuite le loquet un peu raide d'un garde-manger grillagé qui pendait dans la souillarde. Le plat et les dépouilles tragiques des palombes rejoignirent une assiette où demeurait le reliquat des cèpes, des girolles et des « rousilhous » de la veille. Revenu dans la cuisine, Sébastien exhuma d'un vieux placard une baguette et des brosses pour nettoyer son fusil.

— Tu vois Paul, un fusil, il faut en prendre soin. Chaque fois que tu rentres de la chasse, il te faut le nettoyer.

D'abord, tu commences par passer le gratte-culasse puis la brosse métallique dans le canon et enfin l'écouvillon de grosse laine sur lequel il te faut mettre un peu d'huile. Et quand tu as fini l'intérieur, tu passes le chiffon dessus, ça enlève les traces de doigts et l'acidité de la sueur qui oxyde le bronzage. Et puis, ça le protège aussi de la pluie et des morsures de ronces.

Sa besogne terminée, son grand-père raccrocha l'arme luisante à un clou dans l'angle de la cheminée, sa place tant que durerait la saison de la chasse. Celle-ci exhalait une odeur de feu mort, de bois brûlé et de cuisine refroidie. Seule la cuisinière noire, bien bourrée avant le départ pour la chasse, avait maintenu une douce chaleur.

— Alors petit, qu'est-ce que tu veux manger à midi ?

— Je sais pas... les palombes ?

— Ah non, ça c'est pas possible. La viande est trop fraîche encore. Il te faut attendre demain pour qu'elle se fasse et tu verras, elles en seront meilleures...

Paul acquiesça, faisant confiance à son grand-père, conscient de son ignorance quant aux choses de la nature.

— J'ai bien quelques tomates qui doivent être mûres et, avec un oignon, c'est pas mauvais.

— Des tomates, maintenant, fin octobre ?

— Oui, je les ai ramassées il y a un mois quand elles étaient vertes encore. Comme elles n'auraient pas eu assez de soleil pour mûrir, je les ai enveloppées dans du papier journal...

— Et ça y fait ?

— Tu vas voir...

Paul suivit Sébastien à la cave. Le seuil, marqué par des marches en pierres polies sous les pas, était bas. On ne pouvait pas s'y tenir debout, tout droit, et la tête rentrait naturellement dans les épaules pour ne pas heurter les solives en chêne. Quelques toiles d'araignées décoraient çà et là le plafond. Dans un coin, un vieux tonneau achevait de se décercler tandis que d'autres, plus neufs, exhalaient l'odeur du vin de Sainte-Rapine par leur bonde close d'une pièce de toile de sac. À droite, des bouteilles vides s'entassaient, témoignage d'anciennes agapes. Là, dans ce local bas, humide et plutôt sombre, sur des clayettes entrecroisées de noisetier, les tomates attendaient leur heure. Sébastien les choisit, tâtant du pouce leur degré de maturité. Dans un cageot, voisinaient des oignons jaunes encore terreux, de taille modeste. De retour à la cuisine, Sébastien nettoya tomates et oignons dans l'évier de pierre et entreprit de les accommoder de manière appétissante. Il ajouta une pointe d'ail, un peu de persil et mit à cuire des pommes de terre dans une grande casserole, sur la cuisinière.

Midi avait déjà sonné à l'horloge comtoise quand ils s'assirent à la grande table de bois. Paul avait mis le couvert, disposé les assiettes et le pichet de vin soutiré à la cave. Quelques branchages avaient redonné vie au feu de bois du cantou. Ils mangèrent en silence. Sébastien n'était bavard que par intermittence. Les tomates et les oignons accompagnés des *talhous,* les pommes de terre, et une tranche de jambon constituaient un repas convenable pour leur estomac affamé par cette course montagnarde. Paul n'osait rompre le silence de ces instants. Il attendait que des lèvres bourrues de Sébastien coulât quelque explication simple, mais Sébastien ne disait rien, perdu peut-être dans ses rêves ou dans ses souvenirs. Finalement, vers la fin du repas, il laissa tomber :

— C'est pas tout, cet après-midi, faut qu'on retourne la terre des Trois-Noyers.

— Elle est grande ? demanda Paul.

— Pas trop... Trois *carterées,* à peu près, mais c'est un peu en pente et il y en a bien pour une paire d'heures au moins.

— On y va de suite ?

— Non, attends que le soleil tombe un peu. Sinon on va y tremper la chemise.

Paul hocha la tête d'un air entendu sans savoir exactement ce que représentait en travail, en sueur et en peine, les trois carterées de son grand-père qui débarrassait la table, suivi dans ses gestes par Hilda, attentive à tout ce qu'elle pourrait récolter des reliefs du repas.

4

Travaux d'automne

Sébastien s'était assis sur le banc de bois mal équarri, dehors, à l'ombre de la treille. Les feuilles avaient pris une jolie couleur en ces derniers jours d'octobre, le vert laissant la place au jaune et au rouge. Les grappes de muscat achevaient de se dorer aux rayons du soleil automnal. Sébastien venait de rouler une cigarette avec ce gros gris qui écorchait la gorge. Il en tirait de temps à autre des panaches bleutés qui se dissolvaient aussitôt dans l'air encore tiède du début d'après-midi. Dans l'embrasure de la porte, Paul le contemplait. Il cherchait à comprendre pourquoi il était revenu ici et pourquoi il aimait y rester. Le regard perdu dans un ailleurs sans fin, Sébastien semblait étranger à cette cendre qui de temps en temps tombait sur son pantalon, dans le grésillement du tabac brûlé. Soudain, il sembla émerger de cette torpeur relative et sa tête se redressa d'un mouvement brusque.

— Eh, petit ! *s'en cal ana belèu...* Faut y aller, peut-être !

L'heure de labourer la pièce des Trois-Noyers avait sonné. Paul suivit son grand-père sans rien dire, derrière la maison, là où se trouvait l'étable des vaches, à deux pas du « coudert » qui servait de cour de récréation à un cochon rose qui serait sans doute occis en janvier pour donner saucissons, côtelettes et couennes. Les vaches étaient ses voisines. Il y en avait trois à la Houchane : Poumée, Marquise et la Noireaute. La Poumée et la Marquise étaient des vaches du pays, à robe grise. Douces et dociles, elles se prêtaient bien à l'attelage mais, en revanche, elles étaient gourmandes en gros sel. La Noireaute, elle, une hollandaise, servait surtout pour le lait. Dans l'étable, Sébastien déboucla les chaînes et les bêtes sortirent d'elles-mêmes, en meuglant, au pas lent des bovidés qui sentent l'air libre. Leurs sabots raclaient et martelaient les pierres de l'arrière-cour de ce bruit éternel qui sonne, comme le temps à l'horloge, l'heure du travail et des saisons qui s'écoulent au fil des labours. Aux commandements de Sébastien assortis de grandes claques sur le flanc, elles se rangèrent côte à côte, et lui, profitant de leur relative tranquillité, les coiffa prestement d'un joug. Les bêtes ne bougeaient pas, habituées. Seule leur queue bataillait à droite et à gauche pour chasser les mouches encore piquantes. Les courroies de cuir noir s'enroulèrent autour de leurs cornes et, en se croisant, immobilisèrent l'ensemble de manière rigide. Sébastien se saisit d'un aiguillon appuyé contre le mur et commanda : « Hue, hue ! » Les bêtes se mirent en branle, suivies de Paul qui fermait la marche. Heureuses d'être sorties de l'étable, elles laissaient échapper de temps à autre un « cynique outrage » qui, en s'écrasant sur le sol, giclait généreusement sur le cuir des souliers.

Le chemin serpentait entre les murs de pierres sèches. Des années, des siècles et des millénaires avant eux les hommes avaient patiemment entassé les lauzes et les cailloux l'un sur l'autre. Sébastien lui raconta que cela remontait à la préhistoire, que ces cheminements, ce découpage parcellaire, qui se dissolvait dans le temps et dans les ronces du moment, avait été mis en place à l'époque du néolithique. Paul avait du mal à croire que ses souvenirs de classe de sixième, à peine vieux de deux ans, puissent avoir une réalité ici. Pour lui, la préhistoire, c'était ce qu'il avait vu dans les salles et dans les vitrines, pas toujours très nettes, des musées que l'école et que ses profs l'avaient amené voir. Pour lui, c'étaient des pointes de flèches, des bifaces de silex grossièrement taillés mais soigneusement étiquetés par quelques historiens érudits, maniaques et passionnés. Ce temps-là n'avait de réel que par les livres et l'étude et il ne le sentait pas comme il sentait la vie de cette vallée d'autrefois. Il n'avait pas l'odeur des bouses de vache, de la menthe sauvage et des touffes de lavande. Il avait du mal à imaginer, comme lui expliquait Sébastien, que la création de la campagne française puisse remonter au néolithique, à cet âge irréel pour lui où les hommes avaient abandonné la chasse, la pêche et la cueillette pour l'agriculture et l'élevage.

Défoncé par endroits, envahi de ronces à d'autres, le chemin s'égarait entre les friches récentes et celles que la forêt avait reprises depuis plus longtemps. Ils passèrent devant un peuplier tout jaune qui dressait sa silhouette bruissante au vent d'automne. Par habitude, les vaches suivaient. À l'entrée d'une petite pièce de maïs aux épis depuis longtemps mûrs et bons à ramasser, Sébastien récupéra un vieux brabant au versoir parsemé de taches de rouille, abandonné au printemps, lors des derniers labours. Les roues couinaient en un gémissement lugubre comme si l'engin souffrait d'avoir à se déplacer après cette longue période de vacances. Sébastien attela le timon au joug et, cahin-caha, l'ensemble reprit le chemin qui menait à la terre des Trois-Noyers. Une dizaine de minutes plus tard, les vaches s'arrêtèrent d'elles-mêmes à l'entrée d'un chaume herbeux planté d'arbres au tronc gris. Ils étaient arrivés. Ils avaient dû en voir passer des saisons et des jours, ces noyers-là. Leur écorce portait la marque de l'âge et l'usure du temps. Avec leurs branches cassées, tendues comme des moignons vers le ciel et leurs éclatements dus à la foudre de juillet, ils semblaient sortis de quelques légendes de jadis.

Sébastien fit mettre les vaches en position par quelques coups de bâton, puis passa derrière elles pour régler la profondeur du brabant à l'aide d'une petite manivelle qui voulut bien accepter de fonctionner.

— Tu te mettras devant les vaches pour qu'elles n'avancent pas trop vite...

Paul prit l'aiguillon que Sébastien lui tendit. Soudain, par ce geste, il se sentit investi d'une responsabilité nouvelle. Il se serait presque mis à genoux pour le recevoir tant cela lui semblait soudain important. C'était une émotion identique à celle de ces chevaliers d'autrefois quand ils recevaient leur épée lors de leur adoubement. Il allait conduire les bêtes, régler de son pas leur pas et leur allure, participer à ce travail éternel que ses ancêtres avaient accompli avant lui sous le même soleil avec les mêmes gestes et les mêmes paroles. Il était le successeur du Tit et de Cataline et, ce faisant, il s'ancrait ici à cette terre devenue la sienne en cet instant même où il commençait à y travailler et par la sueur qu'il allait y répandre. Il retrouvait ainsi ce qu'il aurait dû connaître mais qu'il aurait à apprendre.

— Tu y es... fit Sébastien en saisissant les mancherons de l'engin.

— Oui grand-père, répondit Paul.

— Allez hue, hue !

Paul leva son aiguillon au moment où les vaches commencèrent lentement à avancer. Le soc du brabant pénétra dans la terre légère de la pièce des Trois-Noyers et le versoir la retourna en plaques luisantes. Le champ n'était pas très large, mais tout en longueur. À son extrémité courait un petit mur de pierres sèches que les ronces nouvelles venaient lécher. Ses ancêtres l'avaient bâti, labour après labour, au rythme des saisons et des pierres que l'on en sort. L'attelage avançait lentement, au fil des

« Hue ! » de Sébastien. Quelques grillons tardifs chantaient encore ici ou là et le soc raclait le sol, tintant parfois à la rencontre d'un caillou. Il faisait encore chaud pour une fin octobre, un véritable été de la Saint-Martin, et le soleil brillait par-dessus le grand chêne à droite, comme descendu du Picou. Arrivé au bout du sillon, Paul arrêta les vaches en levant l'aiguillon tandis que Sébastien criait un « Arrrêêêêê... » qui traînait en finale.

— Fais-les tourner, petit, fit Sébastien.

Saisissant la vieille Marquise par ses cornes usées et lui frappant l'arrière-train du bâton, Paul fit pivoter l'attelage tandis que Sébastien dégageait le brabant avec vivacité. Les vaches étaient dociles. Sébastien bascula le brabant d'un quart de tour vers la droite et le soc fut prêt à s'enfoncer de nouveau.

— On y va ? demanda Paul en se retournant.

— Non, attends... Faut que je règle le coutre, il ne descend pas assez bas et les bêtes fatiguent un peu...

Il se pencha sur le brabant, sortit une vieille clé à molette de sa poche, dévissa un boulon, fit descendre cette pièce de métal qu'il appelait le coutre et, après avoir bien serré le tout, remit la clé dans sa poche d'un air satisfait.

— Allez, maintenant ça va...

Paul reprit sa place devant les vaches et Sébastien commanda « Hue ! » pour ouvrir un nouveau sillon parallèle au premier dans le parfait chevauchement des mottes. De temps à autre, les vaches secouaient la tête pour chasser les mouches. En cette fin d'automne, Sébastien avait jugé superflu de les affubler de la toile de sac qui les protégeait d'habitude, et surtout pendant la période estivale, de ce genre de nuisance. Une heure s'écoula et, de sillon en sillon, l'espace labouré s'agrandissait. Le contournement des arbres effectué, Paul regarda derrière lui. La pièce des Trois-Noyers lui parut plus grande qu'au début mais aussi plus propre. La terre avait cette belle couleur marron que Sébastien aimait tant car elle était porteuse des promesses de la récolte future, que la nature, bonne amie et bonne fille, donnerait à l'été prochain. Les premiers sillons qu'ils avaient tracés étaient loin déjà et, parvenu à un bout du champ, après avoir arrêté les bêtes, Sébastien sortit de sa poche un mouchoir à carreaux bleus et blancs. Il essuya d'un geste bref la sueur qui perlait à son front et passa plus longuement le mouchoir sur sa nuque.

— Ah, on arrive à la fin, encore deux ou trois tours et on sera au bout, petit. Je me fais vieux, tu vois...

Le soleil était passé derrière le chêne depuis un bon moment et il devait bien être cinq heures et demie maintenant. Le Picou avait déjà rejoint les ténèbres et la luminosité déclinait doucement comme si elle regrettait de partir. Elle quittait le champ furtivement, sur la pointe des pieds, sans vouloir se faire remarquer, glissant de sillons en noyers. L'attelage tourna encore trois ou quatre fois contre ce mur de pierres sèches qui marquait le bout du champ. Les gestes de Sébastien devenaient plus lents. La fatigue se faisait sentir sur son visage, renforçant la profondeur des rides et le poids des ans. Le dernier sillon bouclé, Sébastien mania la gouverne de profondeur du brabant pour remonter les versoirs à l'horizontale afin de l'amener à l'entrée du champ. Paul arrêta les vaches à la voix, comme son grand-père le faisait. Et les bêtes, dociles, stoppèrent. Sébastien détela aussitôt le timon les libérant de leur labeur.

— Allez petit, c'est fini pour aujourd'hui... on rentre à l'oustal !

En dandinant leur croupe, les vaches reprirent le même chemin qui serpentait entre les friches. Elles la connaissaient bien pour l'avoir si souvent parcourue, cette « charretière » qui sentait la menthe sauvage et la lavande, dessinant de molles ondulations à travers les estives abandonnées qui se couvraient de ronces au fil des années. Parvenu à la Houchane, Sébastien leur enleva le joug, et les bêtes, livrées à elles-mêmes quelques instants, se désaltérèrent longuement dans l'eau de deux « comportons » disposés de part et d'autre de l'entrée de l'étable et alimentés par les gouttières en zinc qui recueillaient l'eau du toit. L'aiguillon retrouva sa place contre le mur à proximité de la porte. Abreuvées, les bêtes rentrèrent dans l'étable et Sébastien leur passa au cou une chaîne en fer. Paul était dans l'embrasure de la porte, le regardant patauger dans le fumier frais sans en paraître affecté pour autant.

— Eh pitchou... Si on allait boire un coup après ça ! Ça nous ferait pas de mal avec toute la poussière qu'on a avalée...

Ils quittèrent l'arrière-cour de la Houchane pour se diriger vers l'entrée de la maison. Jason était là, perché sur la fenêtre, profitant des derniers rayons d'un soleil de moins en moins ardent. Hilda leur fit fête. Elle aboya deux ou trois fois en remuant la queue pour leur montrer sa satisfaction de les voir de retour. La vieille porte à double battant grinça et la fraîcheur de la salle les surprit un peu.

— Hum... il fait bon dedans, s'exclama Paul, en se laissant tomber sur la chaise basse de Cataline au coin de la cheminée.

Sébastien alla dans la souillarde chercher une bouteille, déjà entamée, de son petit vin un peu âpre de Sainte-Rapine. Deux verres traînaient sur la table aux planches rugueuses et Sébastien les remplit à moitié de ce liquide noir.

— Allez petit, bois un coup, va, ça te défatiguera...

Et il avala d'entrée le contenu de son verre tandis que Paul levait le sien.

— Il est frais...

— Oui, mais il faut pas en abuser, surtout quand on

a eu chaud... Bon, c'est pas tout, qu'est-ce qu'on mange ce soir, qu'est-ce qui te ferait plaisir ?

— Les palombes, pardi ! Tu crois qu'elles sont assez faites ?

— On peut essayer d'en goûter... Et puis t'en meurs d'envie, non ?

— Avec des girolles ?

— Et pourquoi pas ! Faut bien les manger avec quelque chose et puisqu'on en a...

Sébastien repartit dans la souillarde. Du garde-manger, il sortit le plat de palombes et l'assiette avec le reliquat des cèpes et des girolles. Il prit un de ces journaux anciens qui s'entassaient au coin de la cheminée et l'étala sur la table. Assis sur le banc, ses doigts rugueux, le couteau à la main, nettoyèrent les champignons de leurs derniers débris.

— Eh petit, allume donc le feu... et fais-moi de la braise pour bien les griller ! Non, ne prends pas de grosses bûches. On les mettra après, pour le soir.

L'âtre commença de crépiter dans le claquement sec des brindilles qui s'enflammaient. Avec le soufflet, à petits coups, Paul veillait à la bonne répartition de la flamme qui montait dans la cheminée noire en un flamboiement jaune mêlé de rouge et de bleu.

— Ça y est, le feu ? Il faut que j'y grille les tanots...

— C'est quoi, les tanots ?

— Tu vois, c'est là, les petites plumes qui dépassent encore, répondit Sébastien en passant la palombe à la flamme claire tandis qu'une odeur de corne brûlée se faisait sentir.

— Voilà, elles sont prêtes. Y'a plus qu'à les ficeler avec une feuille de laurier autour et qu'à les mettre à la broche...

Sébastien alla quérir l'antique tournebroche noir tandis que Paul nourrissait savamment le feu de brindilles sèches qui pétaradaient en résonnant dans la grande salle.

— Arrose-les un peu avec leur jus ! Il ne faut pas qu'elles soient trop sèches.

Sébastien versa un peu d'huile dans une vieille poêle noire qui avait vu plus de fritures que Paul n'avait dû jamais en manger, puis il y mit l'ensemble des cèpes, des girolles et des rousilhous et plaça le tout au coin du feu dans le *cantou.* La flamme léchait les bords de la poêle. Le tournebroche tournait par saccades. De temps à autre, Paul puisait une cuillère de jus dans la lèchefrite pour en arroser les oiseaux qui commençaient à prendre une couleur de pêche mûre. Jason apparut dehors, sur le rebord de la fenêtre, attirant leur attention en miaulant. Il sentait l'heure de la soupe et il voulait rentrer.

— Ah ! tu arrives, toi... tu n'es pas en retard ! s'exclama Sébastien.

Après avoir ouvert la croisée pour laisser passer le chat, il alla chercher dans le garde-manger un petit bidon en aluminium bosselé qui avait dû de toute éternité contenir le lait des vaches. Il lui en versa une rasade dans une assiette ébréchée où le décor à fleurs disparaissait sous les coups de couteau des générations de mangeurs. Le chat se précipita dessus et eut tôt fait de laper le tout.

— Je crois qu'elles sont cuites, grand-père...

Sébastien s'approcha de Paul pour vérifier la cuisson des palombes.

— Ma foi, ça peut aller. On va passer à table, tu veux un peu de « cambajou » ? fit-il en désignant le jambon qui pendait à une poutre de bois et qui excitait la concupiscence de Jason quand il n'avait pas de viande.

Le jambon était sec, il avait un goût de fumée qui ressemblait à la lumière du temps. Sébastien l'avait sorti d'un sac de drap jaune cousu malhabilement d'un gros fil. À l'aide d'un coutelas bien aiguisé, il en avait coupé deux tranches. Le sel ressortait largement à travers la viande. Sébastien la mastiqua lentement tandis que Paul se dépêchait de l'avaler, la faim au ventre. Ce fut ensuite le tour des palombes. Coupées en deux, assorties des girolles et assaisonnées d'une pointe d'ail au dernier moment, elles fondaient dans la bouche avec un goût boisé. Les champignons étaient tout dorés, à peine saisis dans la graisse de la poêle et portaient avec eux toutes les odeurs de la nature éclatant sous la dent en un bouquet subtil qui inondait les papilles comme un feu d'artifice un soir de 14 Juillet. Sébastien repoussa son assiette d'un geste satisfait. Il y avait quelque temps déjà que Paul avait fini de manger.

— Tu manges trop vite, petit ! Les choses, il faut les savourer. Il faut goûter la viande qui passe entre les dents... Tu veux un peu de confiture pour finir ?

Paul acquiesça et Sébastien partit dans la souillarde chercher le pot de confiture de mûres. Il était toujours aussi poussiéreux et les empreintes de doigts maculaient la Cellophane. C'était un pot d'une autre époque. Pas un de ces pots ronds comme Paul avait l'habitude d'en voir dans les épiceries de la ville. Il était de forme hexagonale, en gros verre lourd, avec dans l'épaisseur de la matière quelques bulles d'air minuscules prisonnières, comme des particules de temps insérées.

— Tu sais comment on ramasse les mûres ?

— Non... on les cueille une par une, comme les cerises ?

— Pardi non ! Ça serait bien trop long, on les ratisse !

— Comment ça ?

— Je vais te faire voir.

Sébastien se leva, sortit de la pièce et revint quelques instants plus tard muni d'un instrument bizarre : un parallélépipède de bois creux, armé de pointes métalliques et acérées en guise de dents et muni d'un manche court.

— Tu vois, ça se tient comme ça, fit Sébastien, le geste à l'appui, et avec ça on peigne les buissons et les matàs et les fruits tombent au fond. Après, on les vide dans le panier.

Paul prit l'objet entre ses mains, le tourna et le retourna pour en apprécier l'usage. Sébastien s'était assis au coin du feu, l'air pensif. Les bûches craquaient un peu. Elles émettaient des volutes de fumée bleue qui semblaient disparaître comme à regret dans les profondeurs de l'âtre. Paul rejoignit son grand-père au coin du cantou. Jason s'étira avec langueur, les pattes tendues vers on ne sait quoi, sa petite langue rose et râpeuse repliée dans un extrême effort de décontraction. Sébastien suçait une pipe éteinte, en mâchonnant lentement le tuyau de corne usé par la morsure des dents. Il était dans une de ses périodes de silence et Paul le regardait sans rien dire, n'osant le distraire de ses rêves. Il en avait des questions à poser pourtant ! Il aurait tant aimé connaître son passé, non seulement le sien propre, mais aussi l'histoire de ses parents, celle de Sébastien, de tous ceux qui avaient vécu ici à la Houchane. Si, de sa famille, il ne savait rien ou pas grand-chose, il pressentait intuitivement des blessures secrètes, des souvenirs douloureux, des meurtrissures profondes dans le cœur de son grand-père. Malgré tout, il se hasarda.

— Dis grand-père, comment ils naissaient les enfants autrefois ?

Sébastien leva ses yeux gris vers lui, un peu surpris de sa question.

— Bien, comme maintenant ! Qu'est-ce que tu crois ?

— Non, c'est pas ce que je veux dire... Ils avaient tous un papa et une maman ?

— Non, pas tous, beaucoup ne les connaissaient jamais parce que, souvent à l'époque, on mourait trop vite. Tu sais, il y avait les maladies, les épidémies... la variole, la scarlatine... Le plus terrible, c'était la peste, mais moi, je l'ai jamais connue. Et puis, y'avait aussi les filles qui fautaient...

— Qu'est-ce que ça veut dire, qui fautaient ?

— Qu'elles avaient un enfant sans être mariées, et que cet enfant n'avait pas de père reconnu...

— Comment ça ?

— Oh, tu sais, ça se faisait sur une meule de foin ou dans la pénombre d'une grange, souvent dans les périodes de grands travaux, dans la chaleur des moissons ou dans l'agitation des vendanges. Et ça ressemblait bien des fois à des viols...

Sébastien se tut un instant. Les souvenirs, les histoires racontées à la veillée par ses grand-parents lui revenaient en mémoire. On en parlait à mots couverts, d'un air entendu et il n'avait que bien peu connu ce temps-là. Comme dans un film au ralenti, les images défilaient dans sa tête. Il était tout gamin, mais il les revoyait, un peu couleur sépia, délavées par les saisons et les jours écoulés depuis.

— Tu sais, c'étaient de pauvres filles, des servantes un peu trop crédules, des pauvresses un peu trop niaises et simples. Elles avaient souvent la hanche ronde et la croupe généreuse. Je sais qu'autrefois, la chose consommée, pour elles, commençait un long calvaire. L'Église condamnait toute création en dehors des liens sacrés du mariage et avant la Révolution, par exemple, elles devaient même faire une déclaration de grossesse, racontant dans le détail le déroulement et les conditions de leur faute. Il y en avait toujours quatre ou cinq dans la vallée et, au fil des années, à leur jupe de burat noir s'accrochait une marmaille plaintive et piaillant sans cesse, issue de couches différentes. Leurs gosses s'appelaient comme les autres : Jean, Pierre, Joseph, Bernard... On les baptisait très tôt, à la naissance, pour qu'ils aillent tout droit au paradis. Il est vrai qu'ils mouraient vite, ces gamins à la peau rose, faute de soins et faute d'argent.

Tu sais, au milieu du XVIIIe siècle, une bonne moitié d'entre eux ne dépassait pas l'âge de dix ans. Bien sûr, ces femmes avaient du chagrin, elles étaient touchées par cette mort comme toutes les mères du monde. Mais la mort de leur enfant n'était pas leur unique apanage. Toutes les familles d'ici étaient concernées par la disparition prématurée de quelques têtes blondes. La mort était toujours là, au centre de la vie « comme le cimetière au centre du village ». Et le glas sonnait bien souvent au clocher de l'église... Mais, tu sais, les cloches sonnaient aussi pour les mariages et ils étaient nombreux à l'époque, à l'image de la population de la vallée. On s'y mariait entre familles du voisinage, de même rang social, presque à égalité de terres, après de longues fiançailles. On s'épousait en février, avant les labours de printemps, ou bien en novembre, à la fin des rudes travaux. Il arrivait bien souvent que les mariés aient plus de vingt-cinq ans car prendre femme nécessitait une indépendance économique. Les remariages aussi étaient fréquents car beaucoup d'unions étaient interrompues par la mort de l'un ou de l'autre. L'épouse, jeune ou plus mûre, devait fournir le lit et sa couette, le linge de maison, une armoire ou un coffre en sapin. Et leur vie durant, partageant le meilleur et le pire, ils vivraient à pot et feu commun, travaillant comme des bêtes pour que, de leurs nombreux enfants, les survivants aux malheurs du temps soient presque aussi pauvres qu'eux...

Paul écoutait Sébastien religieusement, n'osant l'interrompre d'une question inopportune. Le savoir de son grand-père, le ton de son discours le projetaient dans un monde insoupçonné. Il ferma les yeux. Il était ailleurs, autrefois, jadis, hier presque. Il descendait sur les chemins de pierre, croisait un troupeau et son berger, entendait le tintement cristallin des martinets mus par l'eau du ruisseau. L'air sentait bon les fleurs, le miel et les abeilles. Et puis la cloche sonnait, lugubre. Et les murs noircis d'une vieille métairie, envahis d'herbes folles et de ronces, se dressaient vers le ciel. On enterrait un Astre, un Séguéla ou un Nougué... Sur la grand-route, un chariot traîné par des bœufs passait en cahotant, de pierre en ornière. Ce pays était vivant, on pouvait encore y mourir.

Jason sauta sur les genoux de Paul et se mit sur le dos pour se faire gratter béatement le ventre. Sébastien ne le vit même pas, perdu dans ses rêves, dans ce passé qui lui collait à la peau comme la terre humide à la semelle des sabots les jours de pluie. Le feu craquait par intermittence. Chaque craquement pétaradait sèchement au milieu des panaches de fumée bleue, suintant du bois comme l'eau du ciel. Il craquait de nostalgie, rendant l'âme en étincelles, brûlant de ses derniers feux, de ceux du désespoir de finir ainsi. L'avait-il mérité, ce tronc de châtaignier, cette fin rougeoyante et enfumée, lui qui il y a peu s'enracinait profondément dans cette terre dure et caillouteuse, au milieu des murs de pierres calcaires, bâtis par les hommes, héritage de l'histoire, entouré de touffes de lavande fraîche et odorante ? Depuis cinquante ans ou plus – la mémoire est infidèle –, il en avait vu passer des hivers, des étés et des automnes. Des générations de pinsons avaient fait halte dans ses branchages sur les chemins du sud et de la migration. Des bergers, en quête d'ombre, s'étaient protégés sous ses feuilles de l'ardeur du soleil. Son seul regret était de partir ainsi, bêtement. Bien sûr, les amoureux n'avaient pas gravé leurs initiales dans son bois gris ; ils avaient depuis longtemps déserté la vallée quand lui, l'arbre, il était venu au monde. Mais qu'importe... Chaque craquement lui déchirait l'âme et la flamme qui le rongeait peu à peu lui causait plus que de la douleur. Il se sentait partir doucement, de mort lente. Il s'effondra entre les chenets en un bruit sourd sans se rendre compte qu'il se coupait en deux en une gerbe d'étincelles claires qui monta tout droit dans le conduit de la cheminée, poussé par les volutes de ses derniers soupirs, s'enfuyant au gré de la fumée.

Le foyer exhalait une douce chaleur mais derrière, dans la salle, le froid du soir s'installait, tenace. Paul se frotta les mains et les présenta aux braises rougeoyantes. La circulation du sang s'activait en de légers et multiples picotements à l'extrémité de ses doigts. Sébastien, lui, ne bougeait pas. Il était là, bien calé dans son fauteuil, les pieds dans les pantoufles étalés devant le feu, fumant son gris dans sa bouffarde recourbée qu'il rallumait périodiquement.

De temps à autre, une petite bouffée de fumée s'échappait de sa bouche pour se mélanger à celle des braises mourantes et s'élever en une glorieuse ascension vers le ciel étoilé. Paul regardait l'âtre, sa poutre sombre, mal équarrie ; elle était encombrée d'objets multiples dont l'agencement l'interrogeait un peu : il y avait là, pêle-mêle et sans justification apparente, une paire de cartouches de calibre douze pour fusil de chasse, une photo d'enfant jaunie en costume marin d'un autre âge, un cerceau à la main, un souvenir de Lourdes qui faisait de la neige quand on le retournait, une assiette ébréchée où le décor fleuri avait disparu depuis longtemps, un verre sale où des traces de vin caillaient au fond, un pot et quelques fleurs momifiées par manque d'eau, un stylo qui n'écrivait plus, une lampe de poche Wonder, usée à force de ne pas s'en servir...

Dans un dernier souffle, la bûche de châtaignier acheva de mourir. Sans dire un mot, la pipe toujours calée au coin de la bouche, Sébastien s'empara d'une paire de pincettes qui traînait à droite et rapprocha les tisons l'un de l'autre pour qu'ils donnent leurs derniers éclats. Cette mission accomplie, il reprit sa position, perdu dans son silence et dans ses rêves. À quoi pouvait-il bien penser, songeait Paul. À ces vols de palombes qui arrivaient au ras des arbres ? Aux labours accomplis ? Au travail qui restait à faire ou aux grives qui allaient passer ? Peut-être tout simplement que Sébastien ne songeait à rien.

5

L'enfant et la ville

Le feu était mort. La fin de ses flammes et des derniers rougeoiements des braises qui avaient suivi sonnait l'heure d'aller au lit. Paul savait que ça signifiait plus encore. Demain il lui faudrait reprendre le chemin de l'école, celui de ce lycée qu'il ne connaissait pas et où il allait entrer en classe de quatrième. Dans son établissement précédent, au nord de la Loire, il avait laissé quelques camarades et un ou deux bons copains. Il ne voulait pas se poser la question trop ouvertement. Pourtant qu'allait-il trouver ici en Ariège, dans cette ville inconnue aux habitudes si différentes ? Il était partagé entre l'angoisse de la nouveauté et déjà les regrets de quitter la Houchane. S'il savait bien qu'il la retrouverait le samedi suivant, après la classe, entre-temps, cinq longues journées se seraient écoulées dans cette école, au milieu de la foule de ces têtes inconnues, de ces professeurs nouveaux qui l'appelleraient par son nom de famille. Il n'y avait pas longtemps qu'il était ici, et déjà la Houchane devenait sa terre. En mettant ses pas dans ceux de ses ancêtres, il retrouvait son passé, ses racines, des raisons de vivre, de croire et d'espérer, des envies de bâtir et de construire, de refaire un monde dont il sentait soudain la proximité.

Paul se retourna frileusement sous la couette. La

chambre baignait dans une pénombre froide qui sentait le renfermé. Aucune lumière ne perçait à travers les volets disjoints. Dehors, il devait encore faire nuit. Il s'étira paresseusement pour retarder le moment où il lui faudrait quitter le creux chaud du lit que son corps d'adolescent encore un peu maigre avait marqué au sein des draps. Il aimait cette sensation d'arrachement qui préside aux grands départs. Il attendait que Sébastien ouvre la porte pour lui dire de son air bourru : « Eh, petit, *se cal leva...* »

Sébastien se faisait attendre comme si, lui aussi, voulait retarder ce moment douloureux. Les minutes s'égrenaient en éternité. Il fallait y aller ; il fallait retrouver le chemin de l'école, du cartable et du plumier, celui des petits matins froids et tristes dont seul le goût du café au lait vous rappelle encore la maison. Il se leva sans conviction, après ces quelques jours de vacances prolongées, par une sorte d'habitude perdue et déjà retrouvée. Dehors, il avait peut-être neigé. Il l'espérait cette neige, comme un obstacle suprême qui l'aurait empêché de partir. Hélas il ne neigeait pas en octobre ! Il n'avait pas peur des autres, de ces camarades de quatrième encore inconnus qui se raconteraient leurs vacances de Toussaint, tandis qu'il resterait, lui, à l'écart, faute d'avoir partagé avec eux les joies, les peines et les rires, les semaines et les jours écoulés depuis la rentrée. Il se sentait plus riche qu'eux, fort d'une autre expérience. Il connaissait la vie désormais ou, du moins, il commençait à la connaître. Ce qui lui faisait de la peine, c'était de quitter ces feux de bois et leur odeur qui parfumait la mémoire, de quitter l'ombre des grands sapins qui devant la maison dressaient leur silhouette noire et puis aussi de laisser Sébastien, son grand-père, sa famille retrouvée. Il fallait y aller pour revenir plus vite, pour revoir le vol des grives par-dessus les matàs de buis toujours verts...

Paul se leva d'un seul coup. D'une main leste, il chassa les draps, la couette et le couvre-pieds. Déjà il était dehors, frissonnant comme un oiseau qui vient de quitter son nid. Sa toilette fut vite expédiée. Un peu d'eau glacée recueillie sur le gant et passée à la hâte, un coup de brosse à dents. Il s'habilla à la va-vite, enfilant un pull-over, ne songeant qu'au froid du matin à affronter, à l'école et à son dernier petit déjeuner. Il descendit lentement l'escalier, la main sur la rampe. Timidement, il poussa la lourde porte ferrée de la salle. Elle crissa un peu sur ses gonds comme si elle lui disait au revoir. Déjà le feu était allumé et deux bûches de chêne rendaient l'âme avec ardeur. Là-bas, à côté de l'évier en pierre, Sébastien passait le café avec une méticulosité solennelle. Paul s'approcha de lui.

— Sers-toi, petit, n'attends pas que ça refroidisse !

Paul remplit le bol avec toute la lenteur synonyme d'un retard possible. Il remua doucement les deux pierres de sucre dans le café. Au coin du feu, un autre bol à la main, Sébastien buvait à petites gorgées un café trop chaud, debout, face aux flammes qui léchaient la bûche de chêne d'une ardeur dévoratrice. Lui aussi, même les jours de chasse, était peu habitué à des levers aussi matinaux. Le bol fit un bruit mat de faïence quand Paul l'abandonna sur l'évier.

— C'est l'heure, petit... Il faut que tu partes, sinon tu seras en retard. Tu sais, le car à six heures et demie, il n'attend pas...

Paul rassembla son courage et il lui en fallait pour s'arracher à la Houchane, aux forêts, à cette terre qui devenait la sienne. Il lui en fallait du courage pour s'enfoncer dans la nuit noire et faire les trois kilomètres à pied qui séparaient sa maison du Grand Chêne, là où dans une heure le car viendrait le prendre pour le déposer à huit heures moins le quart à la porte du lycée où il resterait jusqu'au samedi matin. Sébastien ne disait rien. Paul rassembla ses affaires tristement et son grand-père le regarda partir. Sans doute en avait-il gros sur le cœur lui aussi, mais Paul le connaissait assez maintenant pour savoir qu'il ne dirait rien. Il se contenterait d'un grognement, refoulant l'émotion à l'intérieur de lui-même. Sans doute aurait-il eu trop de choses à dire. Il l'accompagna quand même jusqu'à la grande porte, lui asséna une bonne tape dans le dos et dit simplement : « Allez, travaille bien et reviens vite. »

Les pierres de la cour étaient glissantes du givre des premières gelées. Déjà il était dehors, il avait refermé la barrière. Hilda n'avait pas hurlé et l'herbe crissait sous les souliers de Paul. Son cartable lui battait le dos. Il faisait passer d'une main à l'autre un gros sac de toile kaki aux poignées de cuir contenant ses affaires. Passé le grand tournant, la Houchane disparut à son regard et Paul continua, la respiration haletante, jusqu'à ce grand chêne où le car viendrait le prendre. Parvenu au point de rendez-vous, il attendit un bon quart d'heure avant de le voir arriver. C'était un vieux Chausson, vert et blanc, un peu asthmatique, qui s'essoufflait dans les montées et que l'on devait retenir dans les descentes, faute d'un freinage suffisant. On y montait par l'avant et ils étaient déjà cinq ou six à l'intérieur, des gamins de son âge et un ou deux un peu plus vieux. Trois d'entre eux s'étaient regroupés au fond pour se raconter leurs exploits des vacances et quelques tours pendables. De temps à autre, un éclat de voix un peu plus prononcé, un rire plus gras troublait le ronronnement du moteur. Au fil des kilomètres, des minutes et des haltes, le véhicule poussif aux banquettes de moleskine marron, tailladées par la succession des potaches qui y avaient essayé leurs Opinel de fils de paysans ou leurs couteaux suisses reçus pour un anniversaire, parsemées de taches brunes des cigarettes défendues et néanmoins écrasées sur les sièges, s'était rempli de toute une faune d'élèves aux cheveux coupés en brosse, portant des blouses grises ou bleues ou arborant des couettes sages pour les filles qui étaient habillées en rose. Si certains prenaient cette rentrée de Toussaint avec joie, tout au plaisir de retrouver leurs camarades, d'autres, au contraire, étaient tendus, un peu contractés, presque larmoyants à l'idée de retrouver cet univers fait de discipline, de rigueur et d'interdictions, de quitter leur maison, leurs parents, les chiens et autres bêtes familières.

Foix était une petite ville agréable de quelques milliers d'âmes, blottie au pied de son château féodal, baignée de sa rivière qui coulait sur un lit de galets, avec son église et ses maisons serrées les unes contre les autres en des rues tortueuses, telle la rue Violet dont la propreté laissait parfois à désirer car les chiens et les chats s'y ébattaient nuitamment en liberté et y dérangeaient l'ordre des poubelles. Les anciens remparts, démolis au début du dix-neuvième siècle, avaient laissé place à une esplanade large, les allées de Villote, généreusement ombragées de platanes sur laquelle se tenaient les marchés au rythme des lundis et vendredis. Au-delà, le Champ-de-Mars servait de foirail et les vaches, les moutons, les cochons et les ânes ainsi que la volaille lui conféraient alors un air de campagne que les blouses noires des maquignons soulignaient encore. Beaucoup de ses habitants n'étaient que des citadins de fraîche date, et fils de paysans devenus petits fonctionnaires ou employés, ils avaient épousé la mentalité administrative de leur chef-lieu de département, cherchant à se démarquer de leurs origines par des mœurs et un paraître qui se voulaient différents. Ils incarnaient une petite-bourgeoisie urbaine, soucieuse de respectabilité et d'ascension sociale, lauréate de cette époque de l'après-guerre que l'on nommait les Trente Glorieuses, qui avait bâti ses espérances sur la voiture, le Formica et l'électroménager, jetant aux orties et le plus souvent à la décharge un mobilier de famille issu de leurs ancêtres, mais jugé obsolète et que les antiquaires avisés s'empressaient de ramasser.

Quand l'autobus entra dans la petite ville, il faisait encore nuit et l'obscurité n'était médiocrement trouée çà et là que par les lueurs blafardes de quelques ampoules suspendues au milieu des rues. Le vieux Chausson s'arrêta devant la porte du lycée. Les murs étaient hauts et gris, pour mieux prévenir les évasions des apprentis forçats de la science. Une grille précédait le bâtiment d'entrée, dont la porte était large, à double battant, et ripolinée en rouge pour masquer l'outrage du temps. C'était du chêne massif sur lequel, année après année, les agents d'entretien avaient ajouté une couche. En face de la loge du concierge, une grande stèle de marbre gris égrenait la litanie lugubre des anciens élèves qui avaient fait le sacrifice de leur vie en 1914 et en 1945. Au-delà, on accédait à une cour. Sous les arcades de briques rouges qui dessinaient les cheminements, à l'image des clercs mystiques de jadis, des générations d'élèves avaient pérégriné comme d'inlassables fourmis, se suivant pas à pas sur les chemins du savoir.

L'aube blanchâtre pleurait de la rosée du matin et quelques bancs de brume évanescents s'enroulaient autour des arbres effeuillés en un cache-nez frileux. Ils arrivaient par groupes de trois ou quatre, suivis d'un isolé, le tablier gris noué à la ceinture, recouvert d'un pardessus de serge bleu ou noir, la gibecière fraîchement cirée sur le dos, la chaussure claquant sur le pavé humide, débouchant de l'esplanade peu fréquentée à cette heure matinale. Là, entre les rangées de platanes qui parsemaient le terre-plein central, ils avaient esquissé un dernier pas de danse, tapant dans un méchant caillou au risque d'écorcher le cuir encore neuf de leurs souliers. Ils avaient encore l'impression d'être en vacances, avant de retrouver le grand portail rouge qui marquait l'entrée de ce qui aurait pu être une prison et qui était leur lycée. Le béret ou la casquette enfoncé jusqu'aux yeux, frissonnant dans l'air humide de cette extrême fin d'octobre, ils ressemblaient à leurs anciens, à Augustin Meaulnes, éternels écoliers des décennies passées, potaches aux plumiers vernis et dont les poches enfermaient des trésors de billes et quelques piécettes destinées à acheter la barre de chocolat Meunier à la récréation de dix heures quand la femme du concierge, brusquement souriante et bonne épicière, ouvrirait son étal à leurs regards affamés de gourmandise.

Gosses des villes ou de la campagne, fils de facteurs, de paysans ou de notaires, boursiers sérieux ou externes désinvoltes, l'école n'était pas pour eux seulement un moyen de réussite ; elle était ce moule social, cette étape obligatoire dans l'intégration de l'univers adulte, au même titre que le conseil de révision ou le mariage, d'où ils sortiraient citoyens de France, la tête pleine de leçons de morale et de déclinaisons latines, les yeux remplis des cartes de Vidal de la Blache, les doigts tachés d'encre violette, mélangée à la poussière de ces bâtons carrés de craie blanche avec lesquels il fallait résoudre l'équation du second degré dans les profondeurs d'un tableau noir qui perdait ses couleurs de deuil seulement sous les graffitis des jours précédant les vacances.

Tandis que la grande porte se fermait, les groupes épars conservaient encore un air d'insouciance et certains osaient même improviser des jeux trompeurs, des regrets qui bientôt leur assailleraient le cœur. Déjà la cloche de bronze tintait et le concierge, en tirant vigoureusement sur la chaîne, semblait y prendre un malin plaisir comme s'il s'adressait à des condamnés à mort pour leur dire : « C'est l'heure maintenant. »

Le pion les accueillit sans sourire ni aménité. « Rangez-vous par classes », aboya-t-il. « Les sixièmes et les cinquièmes dans la petite cour ! Les quatrièmes et les troisièmes dans la cour des platanes ! Les autres, les grands, dans la cour d'honneur !... »

Paul ne savait pas où était la grande cour, la cour des platanes. Il ne connaissait que les sapins de la Houchane et les alignements de peupliers aux feuilles jaunies de son ancien lycée, là-haut, dans le Loiret. Ses camarades le renseignèrent. Il suffisait de passer le préau pour se retrouver dans un espace clos par un mur de briques rouges, piqué de platanes dont les feuilles mordorées jonchaient déjà le sol. Malgré leur taille malingre, ils en avaient vu, ces arbres, des générations d'élèves ! Ils en avaient vu des parties de cache-cache, de gendarmes et de voleurs, de balles au camp ! Toutes les fenêtres du rez-de-chaussée étaient grillagées d'un fin treillis qui s'effilochait par endroits. Il était huit heures moins cinq, le jour commençait à poindre et les élèves de la quatrième B 5 s'alignaient en une rangée studieuse qui, du moins, s'efforçait de le paraître. Paul les rejoignit, découvrant la tête de ses nouveaux condisciples. Soudain une sonnerie électrique déchira l'air. Le surveillant général parut, vêtu d'un costume noir, le cheveu court et rare, une canne à la main. Il arborait dignement à sa boutonnière un ruban violet gagné sur ses troupes par trente ans de bons services. Il claudiquait légèrement, mais son air terrible et glacé faisait baisser les yeux des plus redoutables trublions. Il inspecta son monde sans voir personne, tout en détaillant chacun.

Un deuxième coup de sonnerie fit raidir toutes les têtes. Classe par classe, les élèves s'ébranlèrent sous la conduite des professeurs, apparus au dernier moment et qui venaient les chercher. Paul pensait à son sac de voyage qu'on lui avait fait laisser dans un casier de la salle de permanence. Allait-il le retrouver ? L'anxiété le parcourait tandis qu'ils gravissaient, en rangs par deux, les marches de bois délavées du bâtiment A. Elles étaient usées, arrondies, poncées par les milliers de pas des potaches qui les avaient montées et descendues. Elles aboutissaient au terme de leur ascension à un couloir étroit aux hautes fenêtres à carreaux, sales et gras, maculés des empreintes des centaines de petits prisonniers qui s'étaient succédé là. Parvenu devant une porte peinte en gris, le professeur s'effaça pour les laisser entrer. Au passage, Paul le dévisagea. Il était long et maigre, un visage en lame de couteau, avec une petite verrue du côté gauche et des lunettes rondes cerclées d'acier. Toute la sévérité du monde se lisait sur son visage. Une cigarette roulée, coincée à la commissure des lèvres lui conférait un petit rictus. Sitôt entré, chacun prit sa place ; Paul s'efforça d'en trouver une, à l'avant-dernier rang, à côté d'un gros garçon rougeaud, vêtu d'une blouse grise toute fripée. À peine installé, le professeur marcha vers lui :

— C'est vous le nouveau ? Vous remplirez une fiche de renseignements...

Paul sortit son stylo à plume et se hâta de satisfaire les désirs du prof. Il s'appelait M. Maillot et il était professeur de français-latin. Assis à son bureau, il avait une curieuse manière de se tenir. Il repliait une jambe sous lui, ce qui donnait à son corps un air tordu, mais personne n'aurait osé lui en faire la remarque. Il commença par leur rendre un paquet de copies corrigées pendant les vacances en faisant des commentaires acerbes. Il ricanait à la face de ceux qui n'avaient pas su trouver la juste traduction de ce passage des commentaires de *La Guerre des Gaules* de Jules César. Chacun venait chercher sa copie au bureau à l'appel de son nom. Son ricanement était d'autant plus sinistre qu'il s'accompagnait, pour ces malheureux à qui la fortune n'avait pas souri, d'une version latine supplémentaire à faire, bien sûr, en retenue le jeudi suivant, et la perspective probable que celle-ci serait doublée par le censeur lui-même, le samedi et le dimanche. Certains, de peccadille en bêtise passaient ainsi un trimestre au lycée. La cloche les sauva de la traduction d'un vers de l'*Énéide*. Comme un troupeau bêlant, dans une cacophonie de chaises repoussées et de livres prestement fermés, le sac sur l'épaule, ils s'enfuirent à grands cris par le couloir étroit.

Paul suivit le mouvement et la cohue bon enfant qui bouchonnait autour d'une porte vitrée à carreaux verts et jaunes, pour jaillir dans l'escalier à double révolution, l'absorba. La peinture des murs cloquait en des boursouflures géantes prêtes à exploser sous la tentation d'un doigt vengeur. Le lycée datait de la fin du siècle dernier et, depuis lors, les travaux d'entretien avaient été plus rares que les générations d'élèves. Les agents rapetassaient le plus gros et un quelconque visiteur aurait pu douter que l'établissement ait été un jour un bâtiment neuf et moderne tant son état laissait à désirer alors. Il sentait l'humidité, l'encre, la moisissure et la sueur aussi naturellement que les bruyères exhalent le parfum de la liberté.

Ils se précipitèrent deux étages plus bas dans une grande salle pourvue de quatre rangées de doubles pupitres noirs et pentus. C'était la salle de permanence, la « perm » comme disaient les internes. Le plafond était haut, immense, presque haussmannien. Éclairé médiocrement par quelques lampes blafardes et poussiéreuses qui jetaient à peine une tache de lumière jaunâtre, dissipant tout juste les ténèbres attardées de ce petit matin, tout y était froid, triste et gris. Ils en avaient vu défiler des cohortes d'élèves, ces pupitres noirs ! Ils étaient troués là par la pointe vicieuse d'un compas guidée par une main sadique ou vengeresse, gravés ici, dans un élan sentimental mais occasionnel, d'un cœur ou de deux initiales. Deux encriers de porcelaine blanche, emplis d'un liquide violet par le concierge chaque matin, jetaient à peine une note plus gaie sur cet ensemble bien sombre. Les pupitres couinaient dès qu'on les relevait et leurs charnières rouillées aux vis fatiguées ou manquantes n'en finissaient pas de gémir.

Au fond de la salle, un gros poêle de fonte Godin dispensait chichement sa chaleur et beaucoup plus généreusement un parfum d'anthracite et de suie. Il chauffait toute la salle, autant par lui-même que par son long tuyau aux sections mal emboîtées qui, soutenues dans leur périple aérien par quelque fil de fer astucieusement disposé, l'empêchait de se casser en plusieurs morceaux. L'hiver, en l'absence du pion, les internes y faisaient chauffer les tranches de pain que l'intendance fournissait pour tout goûter à quatre heures. Il était ainsi un peu moins dur et il avait le goût de quelque chose, ce pain-là, même si c'était celui du mauvais charbon qui alimentait le poêle. Juché sur une estrade, avec pour seul décor un tableau noir maculé de traces de craie, le bureau de hêtre abritait le pion, un œil sur son livre, l'autre sur la salle, une main tournant les pages au rythme lent de la lecture et l'autre sur la pile des billets roses, signification d'un devoir supplémentaire, du style « la germination d'un grain de blé, en quatre pages » et prélude certain à une retenue généreusement octroyée pour le jeudi ou le dimanche suivant par le surveillant général, l'homme à la canne.

La salle n'était que chuchotements, rythmés par les regards intermittents du cerbère. On y jouait aussi au morpion ou au carré magique, mais toujours en cachette. Certains essayaient d'y travailler ou du moins faisaient semblant, arborant cet air faussement ingénu de la victime innocente quand le courroux injuste s'abattait sur sa tête aux cheveux coupés en brosse. Les internes étaient les rois de ce monde. Ils en connaissaient les secrets, les usages, les rites et les traditions. La « perm » était leur deuxième maison, beaucoup plus que le dortoir où ils ne faisaient que passer et qui n'abritait jamais que leur sommeil ou leur légendaire chahut. La perm meublait leurs rêves, leurs espoirs, leurs frayeurs, leurs angoisses, leurs colères comme leur tristesse ou leur joie. Elle était un lycée dans le lycée, un monastère inexpugnable où la discipline bien rodée servait de règle de vie à ces franciscains du théorème de Pythagore, aventuriers incertains perdus sur les chemins des logarithmes.

L'heure de perm passait vite, de chuchotements en petits rires étouffés par le regard du pion levant la tête. Déjà la cloche sonnait dix heures. Au fond de la cour des platanes, M. Fabre, le préposé au service des absences, passait, son grand livre de moleskine noire sous le bras, pour aller rendre compte au bureau du surveillant général. Ce bureau, donnant sur une courette obscure où les agents rangeaient leurs balais, était un lieu redouté de tous. Une convocation était souvent synonyme de punition, de dimanches perdus, de jeudis foutus, au mieux de devoirs supplémentaires. M. Fitot, l'homme à la canne, régnait sur ce monde de permissions et d'interdits. Il était la discipline et le cliquètement de son pas refroidissait les envies de bêtises des plus turbulents. Les grands prétendaient que c'était un ancien militaire de 1940, blessé à Dunkerque, d'autres faisaient courir des bruits étranges, mais tous alimentaient la légende de cet homme que l'on disait dur, toujours vêtu de noir, un ruban violet à la boutonnière, le regard froid et peu amène mais toujours au courant de tout. On évitait de lui parler, surtout quand il arpentait les couverts et les préaux, en pardessus et chapeau mou, la canne sonnante sur le ciment des allées usées par le piétinement des générations d'élèves, à la recherche de la sottise qu'ils allaient commettre. Dans un coin, un trio de blouses grises faisait sagement une partie de carré magique avec de petits cailloux blancs glanés çà et là. Sur ceux-là, son regard semblait glisser. Il préférait s'intéresser à ces trublions qui jouaient au gendarme et au voleur et dont les débordements plus ou moins contrôlés pouvaient nécessiter une sanction.

L'air bruissait des acclamations, retentissait des voix enfantines en train de muer, dans un tourbillon de poussière et de feuilles sèches et mortes. La cour des platanes, qui rassemblait les quatrièmes et les troisièmes, n'était plus celle de l'enfance finissante, mais celle de l'adolescence et de ses brusques montées de sève, celles qui réclamaient le plus de surveillants car les bagarres y étaient fréquentes à l'âge de l'affirmation de la personnalité. La récré passait vite... Vingt minutes et la cloche résonnait à nouveau. Il fallait se ranger, reformer des rangs, son cartable sous le bras, encore haletant des jeux débridés auxquels on s'était livré.

C'était l'heure des maths et Paul suivit ses camarades dans un dédale de couloirs dont le plâtre là aussi s'effritait par plaques. Au deuxième étage, la salle 212 était celle de M. Ladrac. Les élèves l'aimaient unanimement parce qu'il était différent des autres profs. D'abord par sa jeunesse, la trentaine tout juste entamée, ensuite par la sensation de justice et de respect naturel qui émanait de sa personne. Alors, pour lui, on faisait sans rechigner les exercices demandés et l'étude des angles alternes internes succédait à celle du carré de l'hypoténuse sous une autorité librement consentie. Il n'élevait jamais la voix car ce n'était nullement nécessaire et son sourire était un encouragement bien supérieur à une bonne note. À ce pédagogue d'exception, une brillante carrière professorale ou administrative était promise.

M. Ladrac, en dehors des maths, avait la passion du rugby. « À quinze », bien sûr ! disait-il. Aussi, en février et mars, à l'heure du tournoi des Cinq Nations, les cours du samedi après-midi étaient-ils un peu tronqués pour les malchanceux de l'emploi du temps par une récréation plus longue que d'habitude qu'il passait au labo de physique, l'oreille collée contre le poste, à l'écoute de la RTF, pour savoir qui, de la France ou du pays de Galles, avait l'avantage, en suivant les commentaires passionnés de Georges Briquet. M. Ladrac, à l'époque, n'était pas titulaire. Aussi, lui arrivait-il de suppléer le travail des surveillants généraux et même des pions. La « perm » avait alors un tout autre visage...

Onze heures. M. Ladrac avait juste eu le temps de terminer sa démonstration que la cloche tintait.

— On va chez Petit-Suisse, lui glissa son voisin de table.

— Petit-Suisse ? fit Paul sans comprendre.

— Oui, Potolet... Le prof de musique, tu vas voir, c'est un rigolo...

Et déjà ils dévalaient de la salle 212 vers une des parties les plus anciennes du lycée. L'entrée de la salle de musique était monumentale, mais juste suffisante pour laisser passer l'immense piano à queue qui trônait à droite d'un bureau surmonté d'un tableau noir, s'ornant d'une portée à clef de sol peinte en blanc qui faisait glacer le sang de ceux qui pataugeaient dans une dictée musicale, cet exercice de reconnaissance des notes que le professeur égrenait au piano. M. Potolet était très grand, les cheveux gris, presque blancs, coupés en brosse, le costume gris croisé, la cravate sobre, mais toujours élégante. Ce mélomane averti avait dû passer sa carrière à désespérer d'enseigner quelques rudiments de solfège à des têtes plutôt dissipées. Il avait la réputation d'être coulé et sa classe était plutôt « animée ». De temps à autre, il piquait une colère magistrale, devenait tout rouge tandis que sa voix changeait de registre. Il était pourtant le meilleur des hommes, d'une parfaite tolérance, d'une exquise distinction, toujours prêt, en conseil de classe, à trouver des excuses à untel ou untel, au demeurant coupable de pitreries innommables. Il n'était pas faible, mais comprenait qu'une heure de musique par semaine était souvent un défouloir. Aussi s'efforçait-il de faire aimer les compositeurs classiques que pour sa part il chérissait. Quand, dans une classe, un enfant apprenait le piano ou le violon, il ne manquait jamais de le valoriser, de lui donner des conseils ou même des leçons supplémentaires gratuites. Telle était la passion de son art et de sa discipline. Son surnom, qu'il connaissait et dont il se plaisait à dire à ses chers collègues que, s'ils avaient connu le leur, ils en eussent moins ri, il faisait toujours semblant de ne pas l'entendre, se contentant dans une inimitable mimique rituelle, de relever un sourcil tandis que l'autre s'abaissait. Tel était Petit-Suisse, le prof de musique qui avait pour seule gloire personnelle et secrète de savoir que, sur les milliers d'élèves qu'il avait vus défiler en trente-cinq ans de carrière, il y avait tout de même deux chanteurs de bel canto, un violoncelliste à l'Opéra et un chef d'orchestre premier prix du Conservatoire de Paris.

La longue sonnerie de midi retentit, semblable au beuglement de la sirène de la ville, mettant un terme aux trilles et aux doubles croches de M. Potolet. Il referma le couvercle du Gaveau d'un geste mesuré, ouvrit la porte où s'engouffra une horde sauvage et brailleuse d'affamés. M. Potolet sortit alors, d'un paquet vert, une gauloise dénicotinisée qu'il alluma avec satisfaction, dissipant d'un souffle les volutes de fumée. Il alla quérir son pardessus et son chapeau noir, puis tira la porte, une serviette de cuir fauve et râpée sous le bras avec dans le regard l'indulgence et la compréhension de ceux qui savent encore ce que c'est que d'être jeune.

Dans la cour des platanes, comme dans celle des petits ou des grands, les rangs se formaient pour le départ vers le réfectoire. Les pions, comme les chiens de garde d'un troupeau, rassemblaient leurs ouailles à grands coups de gueule, le paquet de billets roses toujours à la main, argument suprême pour contraindre les plus récalcitrants à marcher droit et à obéir. Classe par classe, en rangs par deux, dix mètres entre chaque groupe, le flot s'écoulait par les couloirs vers la cantine. On savait qu'on y arrivait avant d'en franchir le seuil. « Ah ! c'est du poisson aujourd'hui... », entendait-on au fur et à mesure de la lente progression tant l'odeur de friture submergeait l'air et asphyxiait les poumons jusqu'à l'écœurement. La graisse ou l'huile, on ne savait pas trop, devait couler et imprégner la friture au point de rendre indiscernable le nom de l'espèce piscicole consommée. Une purée laiteuse et son maigre morceau de beurre nageant au centre accompagnait le tout. C'était comme ça tous les vendredis. Il y aurait des sardines à la tomate en entrée et une pomme au dessert. Demain, samedi, ce serait le jour du cassoulet. Comme ça, les élèves péteraient chez eux, sinon c'eût été source de perturbation dans les cours...

Il en était ainsi du 1er octobre au 14 juillet inclus, jours de pluie, jours de fêtes, jours de rage, jours de joie, jour après jour... L'intendant et le chef cuisinier avaient une bonne fois pour toutes arrêté les menus que le médecin scolaire, entre deux signatures plus importantes, avait jugés équilibrés, même si la banane du samedi, dessert unique et obligatoire, venait après les haricots. Il fallait nourrir ce monde, alors on le nourrissait, et malheur à celui qui aurait argué de questions nutritionnelles. On lui eût rappelé que, quelques années auparavant, dans les camps, on eût été moins difficile. Et le quidam se serait tu, honteux de cette référence si proche.

Le réfectoire ressemblait à une cathédrale. D'abord il en avait la hauteur, mais surtout l'acoustique. La voix se perdait et il fallait tendre l'oreille, d'où ce perpétuel bruissement duquel émergeait le coup de gueule d'un pion ou l'éclat de rire d'une blague de potache. M. Fitot faisait tous les jours un rapide tour de service à midi, l'air absent, désabusé par ce qu'il semblait considérer comme inévitable. Il parcourait l'enfilade des différentes salles en claudiquant, appuyé sur sa canne. Parfois il s'arrêtait, réprimandait, aussitôt relayé par le pion qui se sentait lui-même pris en faute de n'avoir pas su sévir à temps. Certains jours, cependant, avant que sa promenade traditionnelle ne l'emmenât à passer l'inspection, ce sont les pions eux-mêmes qui allaient le chercher. Les élèves ne mangeaient pas et un silence de mort régnait du réf' des sixièmes à celui des premières ! Silence concerté et annonciateur de révolte populaire ou de chahut non maîtrisé. Il arrivait alors très vite, fébrile, l'air pointilleux, s'enquérant à haute voix du problème avant de découvrir parfois que la salade abritait des pensionnaires baveux que l'hygiène alimentaire la plus sommaire n'admet pas mais qui sont pourtant gages de non traitement chimique. Il convoquait aussitôt l'intendant qui, dérangé dans son déjeuner, arrivait ventre à terre. Immédiatement, il ne manquait pas de se retourner vers le chef cuistot, rouge jusqu'aux oreilles, balbutiant dans le brouhaha montant des mots incompréhensibles et confus, qui finissait par se précipiter pour fournir un plat de remplacement se révélant être chaque fois des pilchards-sauce tomate.

Il y avait aussi d'autres manifestations redoutées des surveillants. C'étaient ces gigantesques chahuts qui précédaient les départs en vacances et au cours desquels les plats de petits pois valsaient d'un bout à l'autre du réfectoire, ou encore, quand ceux de lentilles, par une poussée vigoureuse qui leur conférait une ascension fulgurante, se retrouvaient collés au plafond pour mieux dégringoler sur ceux qui étaient situés en dessous en une pluie graisseuse qui déclenchait des hurlements d'effroi et des fous rires à gorge déployée. Telles étaient les joies de la cantine que tous appelaient le « ref' ».

Si ce lieu de vie était bien animé le midi, l'ambiance du soir était fort différente. On s'y retrouvait entre internes, entre bagnards des verbes irréguliers et de la voie passive, condamnés à apprendre et à subir les imparfaits du subjonctif loin de la chaleur de la maison. Tous les soirs, les assiettes s'ornaient d'une tranche de pain, le plus souvent rassis, destinée à tremper la soupe qui constituait le premier plat. Il y avait comme à midi dix assiettes par table, avec au bout le casier à serviettes. Les demi-pensionnaires étant absents, on s'y regroupait par classe, selon les affinités, presque benoîtement sous l'œil moins sévère du pion ayant moins d'ouailles à surveiller. En hiver, c'est-à-dire une bonne partie de l'année scolaire, une lumière jaunâtre descendait des globes suspendus au plafond donnant au visage de chacun un teint blafard et maladif digne de l'atmosphère du *Petit Chose.* La résignation se lisait sur les lèvres, les mots étaient rares, les plaisanteries courtes. Les plus studieux pensaient à leurs devoirs qui n'étaient pas terminés, à ces leçons qu'il faudrait finir d'apprendre en se cachant, sous le drap, à la lumière maigre d'une petite lampe électrique pour ceux qui avaient la chance de posséder cet instrument précieux de la planète Potache, sans que le pion ne les voie après l'extinction des feux.

Les dortoirs, situés sous les toits, comportaient environ cinquante lits chacun. Au bout, s'ouvrait un guichet par lequel le surveillant jetait un œil depuis sa chambre. Le couloir, parqueté de lames larges, menait aux sanitaires et à ses deux rangées de lavabos bien alignés dont les robinets sans âge laissaient filer un jet d'eau froide, parfois tiède si l'on avait la chance d'arriver dans les premiers. Tel était le décor de la vie des internes, tel était désormais le cadre où Paul devrait passer le plus clair de son temps, loin de Sébastien, de Hilda et de Jason, de la Houchane. Et eux, qui étaient devenus ces derniers jours ses points de repère, commençaient à lui manquer beaucoup, à lui le gosse des villes, confié à l'Assistance publique et ballotté de foyer en foyer après l'accident qui avait coûté la vie à sa mère Sylvie et à son père Jean-Paul, sur une route, pourtant toute droite, un matin d'hiver, là-bas dans le brouillard de la région d'Orléans.

Il n'avait jamais connu ses grands-parents paternels, tués dans un bombardement quinze ans auparavant. Il conservait le vague souvenir de sa grand-mère maternelle, Eugénie, et de sa petite maison jaune à volets bleus, vendue depuis bien longtemps pour payer les dettes que son deuxième mari avait accumulées dans une vie de beuveries et de travail épisodique. D'ailleurs sa mère, Sylvie, avait quitté la maison à seize ans pour se placer comme bonne puis comme cuisinière, juste avant la guerre. C'est à ce moment-là qu'elle avait rencontré son mari. Ils avaient ouvert alors un petit commerce de mercerie, débitant fils et aiguilles le long des routes du Loiret, allant de village en village, rentrant le soir, exténués pour un gain souvent modeste. Au début des années cinquante, ils habitaient au deuxième étage de la rue Garibaldi et le propriétaire leur avait permis de garer leur Juva Quatre dans la cour de l'immeuble. Cette voiture, servant de magasin, était la fierté de son père qui la bichonnait le dimanche. Avec un soin amoureux, il faisait luire la carrosserie sombre à coups de « nénette ». Mais tout cela était si loin maintenant. Des années déjà, presque des siècles. Il se rappelait les cheveux châtains de sa maman, leur odeur, mais il avait oublié le son de sa voix. Il n'était alors qu'un enfant et les souvenirs de ce temps-là prenaient l'imprécision des détails, comme dans le brouillard. Mais à présent, la Houchane était devenue sa maison, et Sébastien l'ultime trait d'union à sa famille et à son histoire.

Paul avait tout à apprendre de la vie au lycée, les coutumes, les rites, les usages qui polissaient cette microsociété bien huilée reposant sur l'autorité et la hiérarchie où votre nom et surtout votre numéro – il avait le 927 – comptaient plus que votre prénom et vos désirs.

Si le premier jour fut celui des découvertes, dans les suivants, la routine s'installa, ponctuée par les sonneries et les récrés. La semaine lui parut longue. Il ne connaissait personne ou presque. Son voisin de table l'avait bien mis au courant, sans conviction, lassé peut-être par ce lycée où sa position de cancre patenté l'avait placé. Aussi Paul attendit-il ce samedi après-midi avec l'impatience d'un prisonnier à la veille de sa libération. Quand la cloche de quatre heures sonna, il ne fit qu'un bond pour prendre son sac de toile kaki et, sans un regard, fila vers le grand porche afin de retrouver le vieux bus qui, une bonne demi-heure plus tard, le déposerait au Grand Chêne. De là, il n'aurait plus qu'à monter jusqu'à la Houchane pour oublier ce monde et retrouver enfin ceux qui étaient désormais les siens.

6

Des grives aux premières bécasses

Novembre faisait tomber les feuilles en un matelas craquant sous les pas. Paul marchait vite, la respiration haletante, le souffle court. Il remontait vers les grands sapins de la Houchane qu'il distinguait à l'horizon. Encore un virage et il y serait. La maison était là. Paul poussa le portillon. Sébastien l'attendait sur le pas de la porte, l'œil pétillant et le sourire aux lèvres.

— Alors petit, tu arrives ?

Paul marqua un temps d'arrêt ne sachant s'il fallait l'embrasser. Sébastien le devinant lui dit :

— Pose vite ton sac, on va aller faire un tour à la bécasse...

Pour cette fin d'après-midi de la mi-novembre, l'air était encore tiède et la gelée blanche du petit matin avait fondu sans peine sous la caresse des derniers rayons d'un soleil se préparant à l'hiver. Il y avait l'odeur des fougères rousses et encore humides, celle de la moisissure des derniers champignons. « Ah ! si seulement, songeait Paul, j'avais eu tout l'après-midi... et dire que demain soir il faudra refaire le sac pour repartir... mais c'est encore loin demain soir... »

Sébastien lui avait écrit dans la semaine que les premières bécasses étaient arrivées et qu'il connaissait quelques « tenues ». Ce mot lui avait paru bien mystérieux, à lui, l'enfant de la ville. Sébastien, d'une écriture fine, à la plume Sergent-Major, légèrement penchée par les ans, à l'encre violette, avait griffonné un petit mot sur une page arrachée à un cahier d'écolier. Cette page, Paul l'avait précieusement gardée contre lui les jours suivants, espoir et racines d'une famille retrouvée, d'une espérance neuve qui lui faisait battre le cœur à un rythme qu'il n'aurait pas soupçonné quelques semaines auparavant.

Maintenant, il foulait le sol de ce petit bois de chênes, établi sur la croupe molle d'une butte de calcaire gréseux dont les blocs faisaient trébucher le brodequin ferré. Tordus sur leur tronc, les arbres frissonnaient au vent d'automne. Sébastien ouvrant la marche, le fusil à la saignée du bras, Paul un peu en retrait, ils avançaient. Ils suivaient Hilda ou plutôt le son de son grelot dont on percevait le tintement dans les fougères mêlées de ronces. Soudain, dans la broussaille, la chienne se figea. La bécasse était là, blottie aux confins de cette touffe rousse que le soleil, tombant en cette extrême fin de journée de novembre, finissait d'éclairer. Les habitudes agricoles n'avaient pas encore été atteintes par le mal de la rentabilité et les « girobroyeurs » n'avaient pas détruit les haies de houx, abri naturel du gibier et des hôtes des bois et des champs. Elle était là, palpitante, cette boule de plumes, venue de loin. Hilda était au garde-à-vous, hiératique, la patte droite légèrement levée, le fouet fixe, le museau tendu vers cette quête de bonheur et d'éternité que représentait l'envol de cette bête dont elle ignorait tout, sauf que c'était une proie et que cette odeur lui faisait marquer un arrêt qui la bloquait de toutes les fibres de son être.

À quelques mètres, Sébastien, un œil sur la chienne, l'autre sur l'horizon, était prêt au démarrage pour saisir l'insaisissable instant où le vol se marierait avec la mort, ultime accomplissement d'une vie tracée où chacun jouait son rôle. Il guettait, impassible et serein, mais l'émotion était toujours là, intacte et fraîche, comme au premier jour. Sébastien ne chassait pas pour prendre du gibier, encore qu'il en mangeât, ni par goût « parisianiste » du sport. Non, il chassait simplement par atavisme, par habitude, par tradition, depuis l'âge de ses huit ans où il dénichait les nids de pies au lance-pierre. Il était à mille lieux de ces chasses organisées en Sologne ou dans le Berry, où l'on vous lâche du gibier d'élevage devant le fusil, de vulgaires cocottes qui ne savent pas voler, faute d'avoir jamais quitté les volières de leur naissance. Il n'était pas un « viandart » et ne participait pas à ces grandes messes cynégétiques qui rassemblaient parfois les chasseurs en troupeaux brailleurs. Il chassait par religion, parce que septembre appelait les chiens et les hommes dans cette communion de terre et de raisins, de petits matins d'espérance où l'important paraît accessoire et où l'amitié est au rendez-vous, casse-croûte obligé. Bien qu'il fût plutôt un solitaire de caractère, il ne détestait pas s'adjoindre Pierrot de L'Espine, son plus proche voisin, à huit cents mètres de là, qui comme lui vivait seul, vieux garçon, dans une métairie devenue trop grande pour son âge, soixante-cinq ans.

Sébastien n'était pas du style de ces « battues » qui tournaient trop à son goût à la grande bouffe et ne l'avaient jamais séduit. Il aimait trop le gibier et la chasse pour ça. Autant, avec le Pierrot, comme on l'appelait, ils se plaisaient, tous deux unissant leur complicité à traquer le lièvre vers le col de la Ribeyre, à suivre les chiens, jamais il n'aurait pu rester quatre ou cinq heures d'affilée au poste en attendant que « ça passe ou que ça ne passe pas ». Les rares fois où il avait participé à ce genre de chasse, il s'était endormi au pied de l'arbre, le casse-croûte et le coup de rouge aidant, au grand dam de ceux d'en bas. Il n'avait jamais eu l'esprit d'équipe. Individualiste, il ne refusait pas pour autant de rendre service, même s'il savait que cette solidarité bien affichée est souvent limitée à l'intérêt et que ceux qui se plaisent trop à l'évoquer sont parfois ceux qui profitent le plus des autres, soit parce qu'ils ont du mal à exister par eux-mêmes, soit par charité détournée simplement.

Sébastien aimait les émotions, pas les trophées et encore moins les photos-souvenirs des safaris. Il n'était pas du clan des « cartouchiers » ou des fusilleurs, il était de la nature, de cette quête du moi qui se moque de la gloire et intensifie, sublime le ressenti pour le déguster, le magnifier en une apothéose cérébrale qui vous fait retrouver intactes les bouffées d'adrénaline, même des années plus tard.

La bécasse se leva finalement dans un brusque froissement d'ailes et de plumes, à l'horizontale, par-dessus la tête d'Hilda. Sébastien la laissa partir pour ne pas l'abîmer puis le douze aboya d'un seul coup et elle tomba au milieu des fougères, culbutant en une palpitation finale, spasme d'une vie qui s'en va, ultime adieu aux grands espaces migratoires et aux routes du ciel. L'espace d'un instant, l'air était devenu très froid et la nuit tombait. Hilda, la truffe frémissante, se précipita sur la bécasse, la ramassa délicatement dans sa gueule, sans la mâcher, pour la rapporter à Sébastien, son complice, son maître, son dieu qu'elle considérait comme un autre elle-même et avec qui elle partageait émotions et tendresse. Fière, avec un regard de victoire, elle la déposa à ses pieds, quêtant la caresse sur la tête, suprême récompense, hommage d'un chasseur à un autre chasseur.

Depuis longtemps déjà le soleil avait disparu et la nuit faisait son entrée en scène. Pourtant, ignorant l'obscurité naissante en ces heures de croule, Hilda était repartie le nez en avant, chassant au vent. On n'y voyait plus guère quand elle marqua un deuxième arrêt presque aussi impeccable que le premier. Sébastien épaula au coup de bras, très vite, à l'instinct. Paul ne dit rien, seul un coup de fusil déchira l'air d'une lueur rougeâtre. La bécasse était très basse. Et puis soudain, sur l'horizon plus clair, il la vit, libre et vivante, ayant dans un ultime crochet échappé à la mort qui lui était promise. Hilda avait tout vu et voulait déjà repartir en avant quand Sébastien la rappela : « *Té té té*... par ici... *té*, viens... ».

— Tu vois Paul, je commence à vieillir ! Allez, on rentre va, on n'y voit plus rien...

Paul devait se rappeler longtemps ces bécasses qui jaillissaient des fougères rousses dans ce froissement d'ailes. Elles lui fabriquaient des souvenirs qu'il conjuguerait dans le futur avec les accents du passé. On n'y voyait plus goutte, en effet, et le pied accrochait sans cesse les mauvais cailloux du chemin. Il n'était pas loin de sept heures quand ils parvinrent enfin à la Houchane. Jason, le chat, le dos rond, miaulait devant la porte d'un air de reproche.

— Dis grand-père, on la mangera quand la bécasse ? demanda Paul.

— Ça dépend comment tu l'aimes...

— Comment ça ?

— Oui ça dépend si tu l'aimes faisandée ou pas...

— Faisandée ?

— Oui faisandée, tu sais pas ce que ça veut dire ? Un peu faite, si tu préfères ! Mon cousin Marcel prétend qu'il faut que la tête se détache et qu'elle commence à remuer ! Question de goût, bien sûr...

Paul fit une moue dégoûtée à la pensée des asticots et autres pensionnaires non avouables que représentait cette perspective. Au passage, il avait noté le nom de Marcel, ce cousin dont Sébastien ne lui avait pourtant jamais parlé.

— On la mangera demain soir, avant que tu partes...

En entrant à la Houchane, Sébastien alluma la lampe en tournant l'interrupteur de porcelaine qui se trouvait à gauche de la porte. Les parents de Sébastien avaient longtemps refusé d'avoir l'électricité bien que le pylône passât à une cinquantaine de mètres. Non par souci d'économie car ils n'étaient pas pauvres, ni par refus du progrès, mais simplement parce qu'ayant fait comme ça jusqu'alors ils ne voyaient pas pourquoi ils eussent fait différemment. De toute façon, ils suivaient le rythme du soleil et pendant des générations la lampe à pétrole ou la chandelle avaient suffi à combler l'absence de lumière les soirs d'hiver, tout comme les rougeurs du feu de bois réchauffaient les pieds, avant d'aller sous la couette. Ce n'était qu'en 1938, avant la guerre, que Sébastien avait demandé le branchement, après avoir convaincu enfin ses parents. Pour l'occasion, il leur avait même acheté un poste de radio.

En rentrant, Paul retrouva instinctivement les gestes oubliés pendant la semaine. Il alla raviver le feu, rassemblant les tisons, y ajoutant une pigne et une bûche fraîchement refendue. Rapidement l'âtre s'égaya d'une flamme vive qui ajouta un peu de clarté dans la pièce. Sébastien avait commencé à mettre les assiettes. Il avait même sorti des serviettes à carreaux rouges et jaunes qui affichaient le pli de l'armoire. Le retour de Paul n'était-il pas un jour de fête, pour lui qui depuis de longues années avait si souvent partagé sa solitude avec ses chiens et ses chats ? Depuis un mois, sa vie avait un sens différent, elle se prolongeait, ou du moins tendait à le faire, alors qu'il l'avait crue écrite par avance comme un roman dont on lirait l'épilogue en guise d'introduction. Il le savait, désormais, quelque chose survivrait à lui-même et ses souvenirs se réincarneraient dans la mémoire de Paul pour mieux se projeter, même si c'était déformé, dans le futur des générations d'hommes à venir. Ainsi, ils ne mourraient pas, ni lui, ni ses ancêtres, ni les Astre, les Nougué ou les Séguéla, ils franchiraient cette porte du temps qu'est le filtre de l'Histoire pour mieux s'enraciner dans l'avenir, à la manière des ronces qui lancent leur stolons, de pied en pousse, pour atteindre l'espace à conquérir.

Du placard à la porte grinçante, Sébastien sortit une bouteille de vin, capuchonnée par un cachet de cire jaune, et deux verres au fond culotté de tanin.

— Tu en veux un coup, petit ?

— C'est quoi ?

— Toujours mon Sainte-Rapine que j'ai soutiré l'an dernier et mis en bouteilles à la bonne lune. Il faut en profiter car, si on les écoute, bientôt on n'aura plus le droit d'en faire.

— D'en faire ? Et pourquoi donc ?

— Ben certains disent que c'est comme du *noha*...

— Et alors ? fit Paul.

— Tu sais, ils disent que ça rend fou. Si tu en bois un peu trop, peut-être bien. Comme disait mon père, on creuse toujours sa tombe avec ses dents ; mais de là à me le faire arracher, faudra qu'ils y montent à Sainte-Rapine ! Et comme la vigne est pentue, ils ont pas fini de *bufer* pour y arriver. Même s'il faut, ça leur donnera soif... Allez, *à la tiu*... !

Et Sébastien versa une bonne rasade dans les deux verres de ce vin, râpeux à souhait, pas vraiment fort mais d'un rouge tachant qui colorait les lèvres et laissait à leur commissure l'auréole de ceux qui trinquent trop souvent.

— J'ai fait de la saucisse ce soir, fit Sébastien.

— De la saucisse ?

— Oui, je l'ai prise chez Savignac hier.

Chez Savignac, on était boucher-charcutier depuis trois générations. Rond, le cheveu déjà rare, rougeaud, un œil sur la balance, l'autre sur le tiroir-caisse, il faisait les campagnes depuis trente ans avec un camion, comme ses parents l'avaient fait avant lui avec la charrette et les pains de glace. Il achetait le bétail dans les campagnes et ne manquait pas de le revendre avec un substantiel bénéfice, pestant à chaque arrêt contre les fonctionnaires et notamment contre le fisc en qui il voyait son ennemi personnel. Il était poujadiste et ne s'en cachait pas. Il écoulait ainsi dans les campagnes ce que souvent son magasin n'avait pas pu vendre. Il était néanmoins de bon commérage, rapportant fidèlement les nouvelles d'une ferme à une autre, juste en y ajoutant ce qu'il fallait de pittoresque. Pour ces jardiniers de la nature qu'étaient devenus ces paysans, rescapés du progrès, accrochés à leurs misérables parcelles, le père Savignac, avec sa bonhomie de maquignon rusé, était un lien avec la civilisation. Et dans cinq ou six ans, quand il prendrait sa retraite, c'est un fil de plus qui se casserait car sa tournée s'apparentait à un véritable service public de relations sociales.

— Tu la fais comment la saucisse, grand-père ? À la poêle ?

— Non, elle serait trop grasse. Je la pique et ensuite je la fais griller au « cantou ».

— Et on mange quoi avec ?

— Avec ça je vais te faire quelque chose que tu ne connais pas, une purée à la *toudeilhe*...

— À la quoi ?

— Ne dis rien, regarde plutôt...

Sébastien alla quérir au fond de l'armoire un instrument en bois, patiné par les ans. Du *toupî* qui cuisait sur la braise au coin du feu, il sortit des pommes de terre fumantes. Rapidement, il les versa dans une grande *grasale.* Saisissant le « machadouro » en frêne, il les écrasa soigneusement pour éviter les grumeaux, ces *cauquêls* comme il disait. Sur la cuisinière, une casserole de lait avait tiédi. Alors, mélangeant l'un et l'autre, la *toudeilhe* à la main, Sébastien entama une alchimie séculaire. La toudeilhe, cette cime de sapin polie, ancêtre du batteur, mêlait le féculent et le lait en une purée, qui lentement trouvait sa consistance. Le geste était à la fois lent et puissant et un tour de main la rendait onctueuse. Il lui fallut un bon quart d'heure pour en venir à bout. Après avoir égoutté la toudeilhe sur le bord de la grasale en deux tapotements secs, Sébastien dit à Paul :

— Ça y est, tu vas pouvoir retourner la saucisse. Le temps que la purée se repose et elle sera cuite de l'autre côté...

Jason s'étira comme s'il sentait l'heure du repas. Sébastien alla boire un verre de Sainte-Rapine pour se récompenser de ses efforts. Pouvait-il savoir, Paul, que ce soir-là, il allait goûter un plat que plus personne ne faisait encore de cette manière. La purée était diaphane, aérienne, sortie d'un monde où les hommes savaient encore prendre le temps de faire les choses. Elle avait ainsi une dimension historique, indicible et ô combien goûteuse pour des papilles de lycéen habituées à celles des cantines scolaires qui tenaient souvent plus du béton que de la purée.

Ils mangeaient en silence. Paul était heureux d'avoir retrouvé la Houchane, ses grands sapins noirs, ses fougères rousses et ses chemins creux tapissés de bruyère. Demain, il le savait, Sébastien l'emmènerait de nouveau à la chasse, à cette cérémonie naturelle, qui jusqu'à Noël, des bécasses aux oies, le tiendrait en haleine et lui donnerait la force d'attendre sur les bancs du lycée le temps des retrouvailles avec sa terre. Il savoura pleinement cette nuit à la maison, dans sa Houchane. Le lit qui grince, le volet qui couine, la chaleur de la brique sous la couette et le moelleux de l'oreiller de plume.

Sans doute par habitude d'école, Paul s'éveilla tôt et resta un long moment à attendre que Sébastien fasse du bruit dans la pièce à côté. Le jour n'était pas encore levé quand il entendit enfin les marches craquer. Les bêtes soignées, Sébastien et lui iraient parcourir les sentiers, les massifs de buis et de houx, le long des rus gelés, traquer la mordorée sous la conduite d'Hilda. Paul repoussa vivement la couette, s'arrachant au délice tiède de ces grasses matinées que cultivaient ses camarades de classe. Un coup d'eau passé rapidement sur le visage, il était prêt. L'envol d'une bécasse zigzaguant entre les arbres valait tous les petits déjeuners au lit.

En bas, Sébastien était attablé devant un bol de café. Les larges tranches de pain grillé au feu de bois avec leur saveur de fumée étaient bien supérieures à tous les croissants chauds du boulanger. Sébastien avait ranimé la braise de la veille en rassemblant les tisons, jetant quelques « branquets » de sarments pour raviver la flamme. Jason se frottait à ses jambes, lui faisant la cour pour obtenir un peu de lait.

— Je pensais bien que tu ne resterais pas longtemps au lit, dit Sébastien sans lever la tête.

— Faut pas qu'on soit en retard grand-père...

— Ça risque pas, le soleil n'est pas encore au-dessus du Picou et il me faut traire les vaches avant de partir.

— Je t'aiderai...

— J'y compte bien ! Allez, déjeune vite maintenant...

— Dis, Sébastien, on ira vers où ? Vers la Ribeyre ?

— Non ! Plutôt vers le Sarrat de la Pelade... Il y a de belles jasses où Hilda devrait trouver...

Les paroles de Sébastien se perdirent car il s'était levé pour se rendre, Jason dans ses jambes, à l'étable où la Poumée, la Marquise et la Noireaute l'attendaient pour la traite du matin. Le temps d'avaler son café, d'arranger le feu afin que la braise ne meure pas et Paul le suivit. Les vaches meuglèrent à son arrivée, sans doute parce qu'elles ne le connaissaient pas encore suffisamment. La Poumée, la plus jeune et la plus curieuse aussi, fit même un écart. Sébastien, assis sur son tabouret, étreignant son pis proféra un *millodious* pour la rappeler à l'ordre. Le seau en zinc entre les pieds, ses mains agiles mais déjà noueuses faisaient gicler un lait tiède qui tintait dans le récipient en formant une mousse odorante et crémeuse. Chaque vache ne donnait guère plus d'un seau par jour et les bêtes de Sébastien étaient loin d'atteindre les rendements des hollandaises des éleveurs de Normandie. Mais il avait de quoi remplir un grand bidon de tôle galvanisée qu'il déposait ensuite à l'entrée du chemin pour le ramasseur. Au prix où il le vendait, ça lui payait tout juste le beefsteak acheté à Savignac, qui passait une fois par semaine.

Sébastien ne décolérait pas d'ailleurs à son sujet. La viande de Savignac était de plus en plus chère et son lait ne se vendait pas mieux chaque année. Il pestait contre les maquignons et autres chevillards, toujours prêts à s'engraisser sur le dos des paysans comme sur celui du consommateur. Et ce n'était pas l'éternel thermomètre à alcool que ce coquin de Savignac lui donnait benoîtement à chaque Noël qui allait le réconcilier avec cette confrérie qui avait tant profité des années de la guerre et contre laquelle il nourrissait de solides rancunes.

— Allez petit, on a fini ici. Va chercher mon fusil et la Hilda avant que les bécasses soient toutes parties...

Paul ne se le fit pas dire deux fois et l'épagneule lui fit fête en devinant à quelques signes mystérieux une escapade cynégétique prometteuse. La canadienne sur le dos, dans l'aube timide qui sourdait par-dessus la crête du Picou, ils s'élancèrent vers les bois de Légrillou, franchissant friches et estives parsemées de ronciers et poudrées de givre. L'herbe était craquante et son grand-père, malgré son âge, avait encore le pas vif. Paul soutenait la cadence mais en faisant presque un effort. Après avoir franchi le roc de la Bazerque, ils arrivèrent devant une ruine dont le temps avait renoncé à dire l'âge.

— Ici, tu vois, c'était la Pagésie...

— La Pagésie ?

— Oui, ce domaine est un peu comme l'histoire de

notre vallée. Ici, autrefois était la vie, aujourd'hui, il n'en reste plus grand-chose...

Sébastien contempla les murs aux pierres moussues. La Pagésie... La vieille ferme au fond des bois était en état de résistance contre l'attaque des ronces. Les orties elles-mêmes avaient été vaincues par l'abandon des lieux et ne subsistaient que par touffes. Citadelle assiégée, la Pagésie dressait encore ses murs de pierres sèches avec une fierté insolente, souvenir d'un temps de prospérité séculaire où hommes, femmes, enfants et bétail l'animaient de cris et d'exclamations qui au rythme du jour grandissaient pour s'assoupir le soir tombant. De rejet en rejet, la ronce perfide la grignotait saison après saison. Déjà elle grimpait à l'assaut des murs, près du feu à jamais éteint. Là, les tuiles vertes de mousse glissaient inexorablement au fil des sautes du vent et des jours, découvrant çà et là le bois d'une charpente noire, taillée de main d'homme par l'herminette et la varlope. Les fenêtres n'avaient plus de carreaux et le bois des montants achevait de pourrir. La Pagésie agonisait. Pourtant elle avait été prospère, faisant vivre, plutôt bien que mal une famille alors nombreuse. Il suffisait d'aller sur la place du village de Cazals, tout près d'ici, comprendre les raisons de son déclin.

Laurent Magne...
Joseph Magne...
Victor Magne...

Morts pour la France..., était-il inscrit sur une stèle de granit située devant la porte de l'église et que l'on avait inaugurée dans les années vingt, drapeau en tête, médailles au vent, un jour de novembre. De la Pagésie, ils étaient trois à être tombés au champ d'honneur devenu pour les Magne un champ d'horreur. Lui, Jules, le père, n'avait pas survécu à son chagrin, à ses fils, tombés l'un après l'autre. Dans le mauvais chemin de terre qui menait à la ferme, un soir de septembre, dans la tiédeur d'un été finissant, il s'était tiré un coup de fusil et sa tête ensanglantée avait trouvé, dans une touffe de bruyère fleurie, son dernier repos.

La Marie-Louise, la mère, s'était à jamais confite dans la tristesse, survivante aux yeux éteints, vêtue de noir en souvenir d'une autre vie, perdue sur les hauteurs de l'Argonne, de Champagne et de Verdun. Elle était devenue une « ménine », véritable « césarde », une de ces femmes au visage marqué par le travail de la terre, cuit au soleil. Elle entretenait quelques poules, deux vaches et une gazaille de moutons quand la seconde guerre éclata. Par haine des boches et en souvenir de ses fils chéris, elle n'hésita pas alors à donner asile aux maquis qui trouvaient dans son cantou un peu de chaleur familiale et dans son silence de mère blessée la justification d'opérations secrètes et punitives.

En février 47, au sortir d'un hiver un peu trop rude, on retrouva la « ménine » gelée sur son lit, les mains jointes en une ultime prière sur un chapelet de porcelaine bleue, les yeux ouverts sur l'éternité. Ainsi avec elle, la césarde, mourut définitivement la Pagésie, vouée à l'oubli, aux ronces, simple lieu-dit d'une mémoire désormais passée, éphémère rendez-vous des chasseurs de sangliers. La Pagésie était le symbole de ce temps paysan décapité par la Grande Guerre, un temps tragique, émouvant... la vieille ferme était un morceau de l'humanité, de son destin réel. Les feuilles des châtaigniers devant la porte pourraient tomber automne après automne pour former un matelas moelleux étouffant les bruits, jamais plus sa terre ne serait battue par les pas. Il ne lui resterait que la mémoire des hommes.

Tu vois, Paul, quand j'étais gamin j'ai joué avec Laurent, Joseph et Victor... J'ai joué à construire des moulins dans le ruisseau en gardant les vaches. Ils étaient comme moi, noirauds et insouciants, dans un monde qui dansait encore au son de la polka. Avant 14, nous avons couru les mêmes filles... Tiens, la Julie de chez Saule notamment. Sa mère, la Mireille, nous chassait à coups de pierres et nous, à Julie, on lui donnait rendez-vous derrière les meules de foin. Du haut de ses quinze ans, elle était belle et elle le savait, la garce. Elle plaisait aux hommes, tu vois, et en fin de compte elle a épousé un bienheureux cocu un jour de mardi gras alors que son corsage clair et ses cheveux roux nous enflammaient encore l'esprit le soir sous la couette. Que veux-tu ! Elle était femme avant l'heure et surtout avant nous. La Julie qui a incendié nos cœurs, trente ans plus tard, à la cinquantaine, elle est devenue confite en bondieuseries. Peut-être, il est vrai, avait-elle beaucoup à se faire pardonner tant elle avait enflammé tous les mâles du canton par sa conduite et ses promesses. Mais tu vois, quand elle est morte, il y a dix ans de ça, ils n'étaient pas très nombreux à suivre son cercueil. La Pagésie, c'est tout ça, un ramassis de rires et de souvenirs douloureux qui, pêle-mêle accumulés, s'entrechoquent en une cacophonie baroque, une histoire d'hommes du pauvre temps, mélangeant les rires et les larmes à la tragique espérance d'un monde meilleur mais illusoire. La Pagésie, tu vois Paul, c'est nous en devenir... enfin ce que je ne voudrais pas que, toi aussi, tu sois un jour.

— Mais Sébastien, tu sais bien que, pour moi, tout commence ici désormais...

— À toi de le prouver... Demain, ta vie peut-être conjuguera le passé pour envisager l'avenir.

Ils se regardèrent fixement. Paul dévisageait un Sébastien clair et farouche. Leurs souvenirs n'étaient pas à l'identique mais leurs souhaits, leurs rêves et leurs illusions y tendaient. Dans ce face-à-face masculin, la Houchane, devant un temps dont ils connaissaient tous deux la valeur et le prix, la Houchane était source de l'Histoire.

— Il ne reste plus rien de cette époque-là, juste quelques bois pourris. Tu sais, Paul, le cimetière de nos souvenirs n'est pas si loin, nous ne sommes toi et moi que des tombes, notre terre est notre dernière demeure, l'ultime parcelle de nos existences.

Ils poursuivirent leur route en silence parmi les matàs de houx vert. Hilda ouvrait la marche comme si elle connaissait le chemin qui menait dans les bois de Légrillou où Sébastien savait quelques tenues. Ce matin-là, saint Hubert n'était pas avec eux. La chienne eut bien quelques coups de nez, mais rien de décisif. Les bécasses n'avaient fait que passer. Ils continuèrent plus haut vers ce Sarrat de la Pelade que son grand-père lui avait recommandé comme un bon coin. Il y avait là, en effet, de belles « jasses ». De part et d'autre du ruisseau qui s'écoulait paresseusement, s'étendaient des prés herbeux et humides. Le froid matinal de novembre en avait raidi la boue, pourtant, sous le poids de leur corps, le pied s'enfonçait par endroits et on avait vite fait de se tordre une cheville.

Ils rentrèrent à midi, fourbus, crottés et bredouilles. Paul était un peu déçu, mais surtout épuisé par cette course folle. Sébastien lui remonta le moral avec un verre de sainte-rapine en lui disant :

— C'est pas toujours qu'on fait chasse... mais est-ce l'important, Pitchou, que de toujours ramener quelque chose ?

Après avoir avalé rapidement un morceau de bavette grillée à l'ail qui apaisa les crampes de leur estomac, Sébastien annonça qu'il allait faire la sieste. Livré à lui-même, Paul se souvint qu'il avait une version latine à traduire pour lundi matin et que M. Maillot, son sinistre professeur de français-latin, ne le raterait pas si la préparation n'était pas faite. Aussi, Gaffiot en main, il passa une après-midi studieuse, l'attention régulièrement détournée par les craquements du feu de bois ou les jeux de Jason.

Ce travail était dans la perspective de cette fin d'année, un entraînement comme disait le prof, prélude au temps des compositions qui occuperait tout le début du mois de décembre. Paul connaissait bien le rituel de ces grands devoirs qui fournissaient la note et le rang figurant sur le bulletin trimestriel. Dans les grandes salles d'étude du rez-de-chaussée, dûment réservées, à tour de rôle, par les profs, ils étaient parqués, sur leur chaise, un par table, les nuques pliées, laborieux, grattant force copies. Malheur à celui qui levait un peu trop souvent la tête. Un regard courroucé le ramenait à une attitude plus appliquée. Et si certains avaient la tentation de tricher, la perspective d'un passage en conseil de discipline, inéluctablement suivi d'une exclusion, aurait suffi à refroidir leurs ardeurs. Ainsi, les quinze jours qui s'annonçaient leur promettaient bien des réjouissances scolaires.

Et quand le lundi matin, de très bonne heure, il lui fallut se lever, il avait le cœur gros, non seulement parce que le chemin du lycée était synonyme d'un labeur sanctionné par la sévérité des maîtres, mais parce qu'il savait que, pendant quinze jours, il ne pourrait pas revenir à la Houchane, vers Sébastien, vers Hilda et Jason qui étaient les siens désormais.

7

Des bécasses aux oies

Les derniers jours de décembre passèrent bien lentement au lycée. Les élèves n'avaient guère la tête aux études et les traductions de Cicéron, de Pline le Jeune ou les subtilités du théorème de Pythagore n'imprégnaient plus beaucoup leurs têtes de potaches saturées par trois mois d'études intenses. Les internes supputaient surtout un repas amélioré que l'intendant ferait servir un ou deux jours avant la sortie. La rumeur courait dans les couloirs, passant du dortoir des premières au chuchotement de celui des quatrièmes, quand le soir, les lumières éteintes, sous la mince couverture de bure marron, à la lueur blafarde d'une pile électrique, les langues se déliaient enfin, le pion ayant tourné le dos. Il faisait parler de lui, ce repas différent des autres, différent de la monotonie gastronomique organisée, qui, semaine après semaine, faisait alterner en un rythme parfait haricots, choux-fleurs, purées, sardines et pilchards et toutes sortes d'autres friandises du même type, évoquant déjà pour ces garçons en pleine adolescence les gaietés de l'escadron et les menus de l'intendance militaire qu'ils ne manqueraient pas de déguster dans quelques années.

L'espoir de ce repas rendait les murs moins gris, la « perm » moins triste. Même les pions semblaient plus souriants à l'approche des fêtes ; illusion de la fin d'un trimestre studieux ? Une pointe d'excitation gagnait les élèves qui fantasmaient sur la tombée probable de la neige, laquelle, au-delà des jeux qu'elle permettait, était porteuse d'éternité et d'absolu comme le silence qui accompagnait sa chute, symbole d'un monde autre, participant à la mystique de Noël. Pour beaucoup, les dernières heures de cours étaient pénibles. Combien auraient aimé jouer aux cartes en ces instants-là, mais la discipline de la vieille maison était la plus forte et, si quelques jeunes professeurs avaient eu des faiblesses, le surveillant général, l'homme à la canne, se serait chargé de remettre ce petit monde dans le droit chemin, celui du thème latin et des équations à deux inconnues. Ainsi, il fallait continuer, vaille que vaille, même si les profs, du moins les plus jeunes, paraissaient plus indulgents aux rêveries des têtes blondes. Au plus, avaient-ils la possibilité d'organiser quelques goûters avec des friandises achetées à la concierge et que l'on dévorait en classe, à belles dents, tant elles avaient le goût des choses interdites. Seule fantaisie à l'ordre scolaire du temps ordinaire, les vacances commençaient pour tous un samedi à midi, alors que la fin de semaine tardait d'habitude jusqu'à dix-sept heures.

La cloche marqua une vraie libération, même pour les plus vieux de troisième ou de seconde dont la barbe naissante mangeait des visages rongés d'acné. C'est le cœur léger, l'âme insouciante, le cartable aux épaules, en criant, qu'ils s'élancèrent par-delà la porte ripolinée de rouge qui marquait le seuil de leur prison d'adolescents. Adieu les hauts murs gris. À nous la liberté... Bonjour la vie... Ils avaient quinze jours pour réaliser les rêves qu'ils avaient construits pendant des semaines en s'évadant de la monotonie suintante des murs à la peinture écaillée. Ils avaient quinze jours pour oublier, ils avaient quinze jours pour exister.

Paul fut dehors aussi vite que les autres, le temps de

prendre la rue en courant devant la mairie et il déboucha sur la promenade, cherchant en face de la halle le car qui l'amènerait à la Houchane pour ces vacances de Noël qu'il espérait depuis longtemps. Le ciel de décembre charriait des nuages gris et les passants hâtaient le pas, pressés de rentrer déjeuner. Sous la halle de Foix, à l'architecture Baltard, quelques marchands ambulants attardés finissaient d'écouler leur marchandise ou bouclaient leur étalage. Au café du Rocher, une brochette de canards gras, de chapons et autres volailles attendaient d'être dispersés au loto du soir, au bénéfice du club de rugby ou de l'AS-PTT. Le vieux Chausson vert et blanc était là, comme de coutume, rangé près des allées de platanes, avec Marcel, son chauffeur à la casquette à carreaux éternellement vissée sur le crâne. Il avait la cigarette roulée à la commissure des lèvres, à demi éteinte, la rallumant périodiquement d'un vieux briquet qui puait l'essence en laissant échapper un panache de fumée noire. Tout le car, d'ailleurs, était rempli de cette odeur de cigarette froide qui avait le parfum des souvenirs d'antan. Le véhicule était asthmatique et poussif, affecté désormais aux transports scolaires pour cause d'usure. Les vitesses passaient mal, et dans les côtes, en rétrogradant, Marcel devait parfois s'y prendre à deux mains, lâchant le volant pour tirer vigoureusement sur le levier afin de passer la première. Pourtant, en ce début d'après-midi de la fin décembre, nul, parmi ses passagers juvéniles, n'en remarquait l'aspect crasseux et vieillot. Ce car-là conduisait au chemin de la liberté et pour Paul ce chemin menait à la Houchane.

Arrivé au Grand Chêne, Paul avala d'un seul souffle les trois kilomètres qui le séparaient de sa maison. Un maigre soleil blême jouait à cache-cache dans la grisaille des nuages. Bientôt, après le tournant, les grands sapins noirs apparurent. Il était à la Houchane. La main posée sur la barrière, Paul s'arrêta un instant, savourant son arrivée avant de pénétrer dans la cour aux pierres inégales. Il était chez lui, à la maison. Et Sébastien apparut sur le pas de la porte, Jason dans ses jambes.

— Ah, te voilà, petit ! Je t'attendais... Le car en a mis du temps pour venir ! Allez entre, pose ton sac ici, tu le monteras après...

Paul suspendit son duffle-coat à la patère, déjà bien encombrée de l'entrée. Il remarqua que le carrelage y était plus rouge que d'habitude. Sébastien se serait-il piqué d'esthétique ou de ménage ? La salle, elle, n'avait pas bougé. Quelques tisons achevaient de se consumer dans l'âtre et un verre sale traînait toujours sur la pierre de l'évier.

— Tu as faim, petit ? fit Sébastien.

— Ben, tu sais, on n'a pas mangé au lycée à midi...

— Ah, ils font des économies sur tout... C'est pas une honte de vous mettre dehors comme ça, le ventre vide ! Remarque, de mon temps, c'était bien pareil. Allez, tu veux deux œufs ?

Paul acquiesça, caressant un Jason qui lui léchait le bout des doigts en signe de reconnaissance. Déjà, Sébastien était parti dans la souillarde exhumant du placard une poêle en fer à la queue à demi tordue, tellement culottée par les fritures successives que rien ne pouvait y accrocher.

— Un ou deux coucous ?

— Oh, tu peux en faire deux...

— Et tu veux un peu de *cansalàdo* avec ?

— Oui, oui, fit Paul.

Sébastien s'affaira dans le grésillement huileux du lard fumant. Il coupa pour son petit-fils une large tranche de pain de campagne que celui-ci attaqua à belles dents avant que les œufs ne fussent servis. Il poussa devant son assiette un verre grisâtre, rempli d'un peu de sainte-rapine largement coupé d'eau. Sébastien avait expliqué à Paul que, malgré les pentes, ce vin avait tellement d'esprit que les vignes y montaient. Paul mastiquait en silence, trempant la croûte de pain ocre dans le jaune éclatant d'or des œufs des poules de Sébastien. Ils avaient du goût, ces coucous-là, pas comme ceux que l'on servait tous les mardis soir au lycée, arrosés de vinaigre pour en faire passer la mauvaise saveur ou pour tuer les microbes, disaient les mauvaises langues. Sébastien observait Paul, économe de ses mots comme de ses gestes, même s'il s'était hâté de lui préparer son dîner. Il avait du plaisir à le retrouver, surtout sachant qu'il était là pour quinze jours, bien qu'il s'efforçât de ne pas le montrer, non par fierté mais pour rester plus maître de ses émotions.

— Dis, Sébastien..., fit Paul entre deux bouchées. Y'a des bécasses ?

— J'ai repéré quelques fientes hier ; elles ont dû être dérangées car Hilda n'a rien vu...

— Bizarre non ?

— Pas vraiment. J'ai rencontré Fernand...

— Fernand ?

— Oui Fernand de Rieupeyroux... Tu sais bien, le petit-fils d'André, celui qui avait tué les loups. Il m'a dit qu'il avait vu un Toulousain rôder dans le secteur. C'est sûrement ce doryphore qui a dérangé ma bécasse ! Oh, remarque, ça n'empêche pas d'y faire un tour... Je sens que ça te démange !

— Vivement que j'aie l'âge du permis, fit Paul.

— Tu sais, moi, j'ai pas attendu d'avoir l'âge pour commencer...

— Comment ça ?

— Mon grand-père avait récupéré une vieille pétoire à poudre noire, un de ces fusils à piston, un de ceux que l'on chargeait par la gueule et qui faisait un gros nuage de fumée chaque fois qu'on tirait... Eh bien, crois moi, les râles des genêts, j'en ai flambé quelques-uns dans toutes les haies du pays, aux quatre coins de la Barguillière, avec du plomb numéro neuf. C'est vrai que maintenant, il n'y en a plus guère. J'ai dû voir le dernier en 37 ou 38 et depuis la campagne a commencé de changer. Tu veux un bout de tarte ? Je l'ai faite ce matin avec les reinettes de la terre du Merle...

Sébastien se leva du banc pour attraper un plat de terre brune où avait cuit, et même un peu brûlé, un *tourtel* de fruits odorants et caramélisés. La tarte avait le goût du feu de bois, celui du vécu et des choses mesurées. Paul en tailla une part tandis que Sébastien rapprochait les tisons du feu de bois. Jason s'étira, la queue en point d'interrogation. Paul mastiquait les pommes quand il vit son grand-père, mû par une inspiration subite, monter au grenier. Il l'entendit remuer là-haut dans les vieilles malles pleines des vêtements du temps jadis et de multiples objets souvent cassés, bric-à-brac émouvant, témoignage de vies écoulées. Au bout d'un long moment, Sébastien réapparut, le visage radieux, la veste ornée de quelques toiles d'araignées, d'époque elles aussi. Même son béret, vissé sur la tête comme à l'accoutumée, était coloré par l'épaisse poussière du temps.

— Je savais bien qu'il était là..., fit-il en exhibant tout fier une pétoire qui eût fait le bonheur d'un collectionneur ou la fortune d'un antiquaire.

Patinée par les ans, avec un canon long comme une canne à pêche et une élégante crosse anglaise bien huilée, il avait encore fière mine, l'ancêtre, et il ne lui manquait même pas la baguette de chargement sous le fût.

— Tiens petit, il est à toi ! Je te le donne comme je l'ai reçu de mon père, Jean-Pierre, il y a cinquante-quatre ans. Ça te fera ton cadeau de Noël. Il est solide, tu sais ! Un gramme et demi de poudre, un peu de papier pour faire la bourre, trente grammes de plomb... et le reste, c'est surtout une histoire de visée. Une affaire de chance peut-être, le sens du gibier surtout... Ça, je crois que tu l'as déjà...

Paul regarda Sébastien, les yeux brillants. Il détaillait l'arme. Pouvait-il espérer un cadeau plus royal, pour son retour à la Houchane à l'approche de ces fêtes de Noël ?

— Il te tarde de l'essayer, hein ? Attends, je vais récupérer de la poudre dans les vieilles cartouches à broche de mon père. Ça devrait aller. C'est pas de la poudre T, mais de la noire ! On prendra le plomb aussi... Il doit m'en rester quelques-unes dans le tiroir de la commode...

— Mais, tu l'as plus le seize de ton père ?

— Non, je l'avais enterré en 1940 pour pas le donner aux boches et, à la Libération, en 44, quand je l'ai ressorti, il était tout rouillé, bon pour la poubelle. C'était un Le Faucheux, et pourtant je l'avais entouré de chiffons pleins de graisse et d'une toile goudronnée... Celui-là il faut le nettoyer un peu bien sûr, mais il devrait bien t'aller...

Paul prit l'arme que Sébastien lui tendait avec toute la délicatesse des choses de famille auxquelles le poids des ans confère la considération et le respect que ces objets-là méritent car ils sont un peu de vous-même, ou du moins, de ceux qui ont été là avant vous. Dans le placard, Sébastien alla quérir une burette d'huile, un gratte-culasse et sa baguette. Malgré les années, la rouille n'avait pas trop accroché le métal qui retrouva vite un aspect de bon aloi. Entre deux coups de brosse, par plaisir et pour se faire la main, Paul épaulait comme il avait vu faire Sébastien, au coup de bras, à l'instinct, vers une imaginaire bécasse, et le fusil montait au creux de son épaule, impeccable, comme s'il y avait toujours eu sa place.

— Finis quand même ton dessert, fit Sébastien en se rendant compte que son petit-fils était si excité qu'il avait oublié la moitié du tourtel aux pommes dans son assiette.

Paul reposa l'arme à regret.

— Il est super Sébastien... mais le permis, je l'ai pas !

— Et alors ? Ici tu es à la Houchane... c'est une terre libre ! Les gendarmes n'y viennent jamais et d'ailleurs ils ont pas intérêt à y venir. Tiens, la dernière fois qu'ils sont venus, c'était en juillet et je chassais le coq de bruyère en dehors des dates d'ouverture. Je les ai perdus le soir, dans les bois de Légrillou. Même qu'ils ont mis deux jours à en sortir ! Paraît qu'ils avaient faim les bougres... Et Fournier, l'adjoint au maire, m'a dit que j'étais pas charitable... et moi je lui ai répondu que s'ils s'étaient perdus, fallait qu'ils changent de métier ou qu'ils prennent une boussole ! Finalement, on a bien ri ensemble parce qu'il les aime pas plus que moi, surtout depuis qu'ils l'ont pris à pêcher les écrevisses à la main et qu'il s'est retrouvé au tribunal ! En plus, quinze jours avant, il paraît qu'ils lui avaient déjà mis un procès-verbal parce que la plaque d'immatriculation de sa traction était sale... Alors rassure-toi, tu ne verras pas l'ombre d'un képi à la Houchane tant que je serai là. Ils m'ont assez fait chier pendant la guerre, avec leurs contrôles de résidence, fit Sébastien en maugréant.

Remarque, ici, quand Rigaud est arrivé en 43, ça a changé : lui, tout simple brigadier qu'il était, c'était un type bien. Il prévenait les maquis et les résistants des arrestations et des opérations de la milice. Et c'est vrai qu'il y en a eu beaucoup des types comme lui. C'est d'ailleurs l'honneur de la gendarmerie. Mais rassure-toi, les flics, ils monteront pas ici. Tu ne risques pas de les trouver au détour d'un massif de houx. Allez, prépare-toi si tu veux qu'on y fasse un tour avant la nuit. En cette saison, le meilleur, c'est vers quatre heures, après c'est bon pour la croule.

Paul alla chercher une veste de velours râpé qui avait appartenu à Sébastien plus jeune. Les boutons offraient la reproduction de têtes d'animaux, de renards et de loups. Il siffla Hilda qui remuait frénétiquement la queue, supputant une bonne ventrée de course folle dans les estives et les sous-bois crissant sous les feuilles de hêtre qui venaient de tomber. L'air était froid malgré le pâle soleil. Les grands sapins projetaient une ombre terne par-dessus les toits de la Houchane. L'heure des bécasses avait sonné et, l'un derrière l'autre, officiants de cette religion qui implique communion avec la nature, ils montèrent vers le col de la Ribeyre, croisant le chemin qui menait à la métairie du Pierrot de L'Espine.

Hilda montait le chemin, se retournant à intervalles réguliers pour voir s'ils suivaient, les oreilles relevées, pleine d'intérêt pour ce qui s'annonçait. Soudain, au détour d'un hêtre malade, au tronc déjà moussu, elle partit vers la gauche, dans les fougères rousses qui conservaient des traces de gelée blanche de la nuit passée. Les feuilles brunes sur le sol étaient tachées de fientes blanchâtres, témoignage récent du passage d'une mordorée. Sébastien avait vu des traces et le fusil était remonté un peu plus haut, à la saignée du bras. Paul lui aussi se préparait instinctivement. Si elle sortait de son côté, pensa-t-il, ça serait peut-être sa première bécasse... La fébrilité s'emparait de lui à cette idée et il en tremblait presque tant son excitation était intense.

Et puis soudain, Hilda se figea, la tête en avant, la patte droite légèrement levée et pliée. Elle marqua un temps d'arrêt, fit deux pas de plus et se bloqua à nouveau, tous les poils de son corps électrisés par les émanations qu'elle percevait.

— Attention, petit... elle est là ! fit Sébastien à voix basse.

Paul vivait à cent à l'heure et son cœur n'avait jamais battu aussi vite. Hilda pouvait tenir l'arrêt plusieurs minutes et déjà l'attente devenait insupportable. Il aurait aimé ce petit rien qui rompt l'incertitude, mais non, Hilda ne bougeait pas, faisant durer le suspense tandis que le cœur de Paul s'accélérait et qu'un flot d'adrénaline l'envahissait brutalement en un torrent impétueux. Il écarquillait les yeux, cherchant dans les fougères, à deux ou trois mètres du nez d'Hilda, cette boule de plumes rousses qui pouvait ressembler à une bécasse. Mais il n'y avait rien à voir, que des végétaux brunis et cuits par la succession des gelées. Alors Hilda, obéissant à un geste imperceptible de Sébastien, fit un pas de plus, provoquant le départ d'un battement d'ailes apeurées qui, en une vision fugitive, laissa s'enfuir presque au ras du sol, crochetant désespérément de touffes de buis en matās de ronces, une mordorée au long bec.

— Laisse-la partir..., jeta Sébastien dans un souffle. À toi maintenant...

Paul avait épaulé depuis longtemps, suivant la bécasse et la couvrant des canons du fusil comme son grand-père le lui avait appris. La détonation le surprit plus que le recul. Il ne se rappelait pas d'avoir tiré. Il vit disparaître sa bécasse dans un nuage de fumée bleuâtre et, en se précipitant pour voir si elle était tombée, dans son ardeur, il dépassa Hilda qui la cherchait déjà.

— Laisse faire la chienne ! Elle va te la trouver...

— Je l'ai eue ?

— Je crois que je l'ai vue tomber, fit Sébastien avec un sourire plein de malice, savourant en cet instant cette première bécasse qu'il avait offerte à Paul en s'abstenant de tirer lui-même.

L'air devenait plus froid maintenant que le soleil était passé derrière la crête du Sarrat de la Pelade. Hilda s'activait devant un buisson de houx. Elle jappait d'énervement, n'ayant guère envie de se piquer le nez sur le feuillage vernissé. Finalement, l'odeur et la quête furent les plus fortes et elle s'y coula le mieux possible, épousant le moindre repli du sol pour échapper à la morsure des feuilles pointues qui égratignaient son museau. Elle ressortit bien vite tenant une boule de plumes, sans la serrer dans sa gueule. Elle la déposa aux pieds de Sébastien, fière d'avoir bravé les piquants et accompli ainsi ce qui méritait au moins une caresse de reconnaissance. Sébastien soupesa l'oiseau d'un geste connaisseur.

— Elle fait bien deux cent quatre-vingts grammes ! C'est une jolie que tu as eue là...

Paul avait les yeux brillants et la respiration courte. Il était submergé d'un mélange complexe de joie, d'excitation et de bonheur. Sa première bécasse ! Sa première bécasse... Les plumes brunes et rousses de l'oiseau au long bec laissaient filtrer un peu de sang qui caillait déjà. L'arme au creux du bras, Paul savourait cette quête que son coup de fusil venait de conclure en une apothéose suprême, un instant d'éternité où la vie rejoint la mort sans laquelle elle n'a pas de sens puisque tout ce qui commence doit finir un jour. Sa première bécasse... Il n'y pensait pas encore ce matin quand, sur les bancs du lycée, le trimestre s'achevait en un ultime cours de M. Maillot, son toujours ricanant professeur de lettres, qui, pour occuper leurs vacances, avait poussé le sadisme jusqu'à doubler la dose de versions latines, sous prétexte qu'ils avaient deux semaines de vacances, ce qui avait obligé Paul à monter son gros Gaffiot à la Houchane, alourdissant son sac de toile.

Paul restait là, l'oiseau à la main, un peu ailleurs, partagé entre la plénitude totale de l'instant vécu et l'envie furieuse de voir d'autres bécasses.

— Allez petit, on continue..., fit simplement Sébastien pour le ramener à la réalité et l'arracher à la contemplation de sa prise.

Ils reprirent le chemin qui montait lentement vers le col de la Ribeyre. Leurs pas foulaient un tapis de feuilles craquantes. Sébastien avait mis le fusil à l'épaule, signe qu'il y avait peu de chances de trouver une autre bécasse. D'ailleurs la nuit montait vite. Sébastien n'était pas du genre à s'égarer. Il connaissait chaque caillou des chemins pour les avoir parcourus, bien souvent, depuis sa prime enfance au fil des saisons de bécasses, et c'est le pied sûr qu'il pouvait redescendre vers la Houchane.

Il n'était pas loin de six heures du soir quand ils y parvinrent. De gros nuages noirs jouaient à cache-cache avec la lune faisant, par moments, se profiler l'ombre des grands sapins de la Houchane. Sébastien suspendit son fusil et Hilda fila directement vers la cheminée pour se réchauffer aux braises mourantes. Sans qu'ils l'aient vu arriver, Jason était là, se frottant dans leurs jambes en miaulant.

— Va chercher un peu de bois, petit ! je t'ai préparé un *azinat* pour ce soir avec la viande de Savignac, mais il faut le réchauffer ; moi, je vais traire les vaches pendant ce temps...

Un fagot de sarments, ramassés dans la vigne de Sainte-Rapine, liés d'un bout de raphia, étaient au coin de la cheminée, prêts à servir. Paul n'en prit que quelques branquets, comme son grand-père lui avait montré, mais suffisamment pour qu'une flamme claire et un *foc brandal*, comme disait Sébastien, vienne bientôt lécher les deux morceaux de châtaignier, refendus et disposés dessus, jetant une clarté vivante qui révélait en ombres chinoises les détails de la salle mal éclairée. Hilda s'était assise sur ses pattes de derrière, laissant échapper de temps à autre un soupir profond. Quand le feu eut bien démarré, Paul suspendit l'*oulà d'o azinat* à la crémaillère. La marmite était si noire que la suie avait formé une croûte se craquelant en écailles au fil des feux. Paul embrassa la pièce du regard. L'horloge égrenait le temps, le feu craquait, il se sentait bien à la Houchane, chez lui, avec Jason, Hilda et Sébastien. Il commençait aussi à aimer ce petit vin rouge de Sainte-Rapine, ces ceps qui poussaient à travers la montagne comme la vie à travers le temps, cette terre caillouteuse qui savait emmagasiner les rayons du soleil pour mieux faire mûrir les grappes de raisin sur ses pentes raides abandonnées des hommes trop âpres au gain, mais pas de Dieu, ce jardinier de la nature que Sébastien incarnait encore à ses yeux.

Là-bas, dans l'étable, son grand-père trayait la Noireaute, de ce geste éternel qui lui paraissait soudain si banal, car, en quelques semaines à peine, il était devenu de ce monde. Paul avait renoué avec le lien profond et indicible qui unit les hommes à leurs terres, avec son passé, avec une Histoire faite de sueur, de peines, de travail et d'espérances. À tout jamais, à son tour, il était d'ici, c'est-à-dire de la Houchane, là où les siens, toutes générations confondues, avaient œuvré pour que le sol soit meilleur et les récoltes plus abondantes, là où ils s'étaient escrimés, sang et eau, brûlant leur vie avant l'heure, et s'endormant le soir abrutis de fatigue avec l'espérance folle d'un futur meilleur en lequel seule la foi pouvait leur donner confiance. Car, ils étaient croyants jusqu'à la dévotion, croyants en ce Dieu que le prêtre leur prophétisait à l'église le dimanche, mais y croyait-il lui-même, ce curé, fils de paysan comme eux, tout aussi malheureux que ses ouailles ? Dans la vallée, ils partageaient les mêmes superstitions, les mêmes peurs, les mêmes rites. Ainsi, à la saint Michel faisaient-ils trois fois le tour de l'église en agitant des baguettes de coudrier dont ils fouettaient le flanc de leurs bestiaux tandis que le curé les bénissait avec force d'eau bénite pour les protéger du mauvais sort.

Sébastien rentra alors que le feu crépitait allègrement sous le pot noirci d'azinat qui exhalait une odeur de vie et de vécu. Il suspendit sa grosse veste de chasse en velours côtelé à côté de la patère de l'entrée et vint près de l'âtre se chauffer les mains qu'il avait fines, les frottant vigoureusement l'une contre l'autre tant ce froid de décembre était vif. L'azinat fumait en volutes odorantes.

— Allez petit, on va manger...

Ils s'installèrent autour de la grosse table de bois.

Sébastien coupa le pain dans les assiettes. La chienne, Hilda, suivait tous leurs gestes. Sébastien ôta le pot du feu et remplit les assiettes d'un geste ample de la louche. Il replaça le pot au cantou. La soupe était trempée et ils mangèrent en silence, avec un petit bruit de cuillère raclant le fond de l'assiette. Paul regardait son grand-père. Le temps était simplement troublé par les craquements du feu de bois. L'envie le taraudait depuis longtemps. L'envie de savoir, l'envie de comprendre les silences, les points d'interrogation et ceux de suspension qu'il discernait parfois au travers des confidences susurrées.

— Tu as toujours vécu à la Houchane ?

— Comment ça ?

— Tu as toujours été paysan ? demanda Paul en regardant fixement son grand-père dont les sourcils épais venaient soudain de se plisser.

Il y eut un long silence et Sébastien sentit ce soir-là le passé revenir, lui qui avait tant voulu l'enfouir au profond de sa vie en retrouvant les gestes ancestraux pour mieux guérir les blessures encore trop proches et mal cicatrisées. Il savait bien qu'un jour il lui faudrait raconter l'histoire, la sienne, qui était aussi un peu celle de Paul, mais il avait pensé le faire plus tard, laisser du temps au temps...

— Tu n'as pas toujours fait ça, hein ? insista Paul, comme s'il devinait dans le silence de Sébastien un de ces secrets qu'on n'aime pas évoquer.

— Non ! Pas toujours en effet...

— Explique-moi... raconte !

— C'est loin tout ça, tu sais... mais c'est vrai, entre 1910 et 1940, j'ai fait bien d'autres choses. Oh ! la terre, je l'ai travaillée, j'ai été dans ma jeunesse comme tous les fils de paysans, j'aidais mon père en gardant les vaches, en les changeant de pré, je l'aidais en tournant le brabant comme tu le fais ou à débarrasser le chiendent du coutre... Tu sais Paul, j'ai eu l'enfance d'un fils de la terre et, petit, j'allais à l'école primaire avec mes sabots ferrés qui claquaient en descendant de la Houchane sur les pierres du chemin. Comme mes camarades, en hiver, moi aussi, j'avais une bûche dans mon sac pour alimenter le poêle de l'école. D'ici, il y a bien quatre kilomètres et demi et ça faisait loin pour mes petites jambes. Mais j'aimais bien l'école et il paraît que je n'étais pas trop bête. L'instituteur était, pour une fois, d'accord avec le curé pour dire à mes parents qu'il fallait me pousser. Le curé m'aurait bien vu partir au petit séminaire après le certificat et ma mère, Séverine, très pieuse, n'aurait pas osé dire non.

— Et l'instituteur ?

— Oh, l'instituteur, lui, il me voyait faire le brevet élémentaire et plus encore...

— Et alors ?

— C'est l'instituteur qui a gagné ! Faut dire que, pour un fils de paysan qui votait radical et dont l'arrière-grand-père avait été le premier maire de Ganac à la Révolution, ça l'aurait foutu mal ! Mais avant tout ça il me fallait passer le certif...

— Moi aussi, je l'ai passé le certif...

— Oh oui ! Mais, c'est pas du tout pareil et ton certif ne vaut pas le mien, soupira Sébastien d'un air entendu. Mon certif, tu sais, je l'ai passé en 1900, l'année juste de mes douze ans, juste cinq ans avant que le père Combes nous sépare de l'Église et pour nous, fils de paysans qui devions tout à la République, le certif, c'était un sacre ! Té, c'est l'année où André a dû tuer le dernier loup, c'est l'année de l'Exposition universelle, celle où l'on célébrait la fée Électricité en illuminant la drôle de Tour de M. Eiffel, tandis que nous, ici, en Barguillière, on s'éclairait encore à la chandelle et même qu'il fallait l'économiser parce qu'on n'était pas riches !

— Tu as été à Paris voir l'Expo ?

— Eh oui ! mais tu sais, c'est toute une histoire... Figure-toi que l'inspecteur d'académie de l'époque, un certain Campourcy, un très brave homme au demeurant, laïc républicain et intègre, avait promis le voyage dans la capitale au meilleur du département et le préfet qui aimait bien bouffer du curé, pour faire bisquer l'évêque à Pamiers, avait accordé une bourse, pour un séjour d'une semaine, sur les fonds spéciaux.

— C'est quoi les fonds spéciaux ?

— Oh, c'était de l'argent que le gouvernement de l'époque, radical, donnait au préfet pour faire un peu de propagande contre l'Église. Nous, les « gafets », ce voyage à Paris, on n'y croyait pas, c'était tellement loin ! Mais notre maître s'est pris au jeu et il nous a fait travailler d'arrache-pied sans ménager les heures supplémentaires ni les leçons gratuites du dimanche matin. Et puis, le grand jour est arrivé. Le jour de l'examen, on est partis avec nos sabots tout neufs, bien cirés à la graisse d'oie de l'*oule* noircie, et c'est André de Rieupeyroux qui nous a pris, ceux d'ici, dans sa charrette pour que nous soyons moins fatigués en arrivant à l'école. Je me souviens que les blés de juillet achevaient de mûrir sous le soleil. Quelques faucheurs étaient déjà à l'ouvrage dans les parcelles les plus dorées. On entendait le sifflement des faux et le martèlement des lames que l'on pique. Nous étions vêtus de nos sarraus noirs, le béret vissé sur nos têtes aux cheveux coupés ras. On transpirait un peu, au fil des cahots du chemin empierré, malgré l'heure matinale, mais ce n'était sûrement rien à côté de ce qui nous attendait avec la dictée et les problèmes. L'examen se passait à Brassac, dans cette grande école de granit gris, bâtie de neuf quelques années auparavant et qui ne nous était pas familière même si les plus intrépides d'entre nous essayaient de donner le change en chahutant bêtement.

Sébastien revoyait le film de sa vie. Les odeurs, les bruits, les rires revenaient avec l'intensité du vécu qu'on ne peut oublier. Il regarda Paul intensément pour que ses souvenirs pénètrent mieux dans sa mémoire en construction.

— Il y avait là les gosses des communes et des hameaux voisins. On se connaissait bien de vue, mais les candidats de chaque école se rassemblaient entre eux. Notre maître était là, vêtu comme pour le dimanche. Tu sais, je le revois encore, en redingote noire, un chapeau melon, ayant exceptionnellement remplacé le canotier estival, signe que l'heure était solennelle. Il parlait avec les autres maîtres. Il avait l'air grave, hochait la tête d'un air entendu et, de temps à autre, il regardait sa montre de gousset qui pendait au bout d'une chaîne en acier poli. La cloche nous a libérés de l'angoisse, les maîtres nous ont fait ranger par écoles. Ils ont fait l'appel avant que l'on ne rentre dans ces salles qui ressemblaient beaucoup aux nôtres. Elles avaient la même odeur de craie et d'encre violette. La carte de France, amputée de l'Alsace-Lorraine, interpellait nos consciences de jeunes citoyens et nous dictait notre devoir de patriotes et de futurs conscrits. On a pris les places qu'on nous avait données et ça a commencé par le calcul. Le maître a écrit l'énoncé au tableau. Quarante paires d'yeux le suivaient. On n'a bientôt plus entendu que le crissement des plumes Sergent-Major sur le papier quadrillé de nos copies. À la pause de midi, on a mangé nos provisions par petits groupes, dans un coin de la cour, arrosées d'un peu d'eau fraîche de la fontaine. Et puis l'après-midi, on a remis ça, jusqu'à cinq ou six heures encore. André est venu nous rechercher avec la carriole et m'a déposé au soleil tombant à la Houchane. Ma mère, je me souviens, avait fait une *mounjetado,* je la revois à l'entrée de la maison, m'attendant, le grand tablier noir noué autour de la taille, me demandant d'un mot d'angoisse et d'espérance : « Alors ? »

— Et alors ?

— Alors j'ai été reçu ! J'ai été reçu premier du département. Plusieurs maîtres avaient corrigé mes copies et voilà comment, à la fin de ce mois d'août, je suis parti à Paris par le train, comme Campourcy, l'inspecteur d'académie, l'avait promis. Une vraie aventure, tu sais... Mon maître m'avait accompagné en train jusqu'à Toulouse où il avait un cousin et puis, là, il m'a confié à un monsieur de l'Inspection Académique qui montait au ministère. On est arrivés le lendemain après plus de dix-huit heures de trajet, au fil des haltes pour faire de l'eau pour la locomotive. Moi, qui ne connaissais que les collines de Barguillière, j'ai découvert le Massif central qui y ressemblait un peu, mais surtout la Beauce avec ses champs de blé moissonnés à perte de vue, cette étendue plate et dorée et, au bout, Paris, cette capitale mythique dans un nuage de vapeur quand la « loco » a stoppé à la gare d'Orsay, fraîchement inaugurée le 14 juillet 1900.

— Et c'était comment, Paris ?

— Un Paris plein de fiacres et de chevaux, avec déjà quelques voitures automobiles, un Paris qui sentait encore le crottin, un « Paris-province » encombré de bicyclettes et de piétons pressés, de messieurs en redingote portant haut-de-forme ou canotier, mais aussi un Paris de petits métiers, d'ouvriers, de domestiques et de boniches logeant sous les toits qui se hâtaient dans la fumée des quartiers populaires vers les estaminets où les bougnats débitaient du rouge qui coulait comme le sang du peuple, un Paris à cheval sur deux siècles, comme sur les rives de la Seine. J'étais émerveillé et me sentais très loin de la Houchane, moi l'écolier mal dégrossi, plus à l'aise à dénicher les pies au lance-pierre, les pieds dans les sabots, qu'à arpenter les Grands Boulevards... Qu'est-ce qu'il y avait comme bruit dans cette ville ! Ça s'agitait de partout ! Il fallait faire attention en traversant la rue... J'ai passé une semaine sur un nuage, hébergé et cornaqué par un ancien instituteur en retraite que connaissait

Campourcy. Je voulais tout voir, sans savoir ce qu'il y avait à voir et le soir, épuisé mais heureux, je m'endormais sur l'assiette de soupe. En l'espace de quelques jours, j'avais accumulé assez de souvenirs pour meubler ma jeunesse et épater mes futurs petits camarades du lycée. J'en ai eu des choses à raconter à mes parents, le soir à la veillée ! Il fallait souvent que je recommence et ma grand-mère, Cataline, voulait tout savoir et encore davantage.

Paul regardait son grand-père avec admiration et envie. Quelle aventure ! Il en oubliait de finir son assiette d'azinat, il en oubliait les bécasses pour se retrouver plus de cinquante ans en arrière dans ce Paris d'avant-guerre où les souvenirs de Sébastien le projetaient. Il était dans ce Paris bruissant de vie et de cris, il était sur les Grands Boulevards où les élégantes, chapeautées, portaient des robes au fau-cul proéminent, dont les corsets serrés accentuaient les formes généreuses sur lesquelles les militaires en uniforme, le sabre traînant à terre, ne manquaient pas de se retourner en promenant des regards admiratifs et gourmands.

— Tu ne finis pas ton azinat, petit ? demanda Sébastien.

Paul demeura encore une seconde la cuillère en l'air avant d'engloutir le reste du repas en vitesse.

— Et après le certif, tu as fait quoi ?

— Normalement j'aurais dû faire le brevet élémentaire, comme le voulait Séguéla, l'instituteur. Mais l'inspecteur d'académie, Campourcy, fier de ma réussite, m'a obtenu une bourse et je suis donc entré en sixième, au lycée. J'avais onze ans et demi. C'était une voie royale pour moi, petit paysan, que de fréquenter cette école-là. Tu sais, pour nous de la campagne, c'était l'école des bourgeois et, les premiers jours, je m'y sentais mal à l'aise, un peu gauche dans mon sarrau noir face aux autres en souliers vernis. Mais j'ai vite compris... J'ai vite pris ma revanche sur eux. J'étais premier partout et ce sont eux qui venaient me trouver pour les aider à faire leur version latine ou leur thème grec. J'admirais Raoul Lafagette, le poète des Pyrénées. Oui Paul, j'ai été élève au lycée où tu es maintenant et en classe de rhétorique nous n'étions pas plus d'une douzaine. J'ai passé le concours de l'École normale à Montgauzy pour être instituteur à mon tour.

— Et tu as été reçu ?

— Oui, j'ai même été major de ma promotion...

Sébastien fit un long silence, comme si le temps prenait soudain l'épaisseur des souvenirs qu'il avait voulu oublier, pour mieux refermer les blessures d'un passé encore trop proche et douloureux.

— Tu dois être fatigué après une journée comme celle-là ! Allez petit, *s'en cal anà al lèit...*, fit Sébastien d'un air entendu.

Les bûches finissaient de chanter et Hilda poussa un long soupir d'extase au moment précis où deux tisons s'effondrèrent en une gerbe d'étincelles bleues et jaunes qui montèrent droit dans l'âtre où pendait le jambon. Sébastien se leva et ouvrit la grande porte à Jason qui voulait sortir. Un souffle glacé s'engouffra dans la pièce.

— Le vent tourne ! Hum, il pourrait bien nous amener la neige...

La lune jouait à cache-cache avec les nuages par-dessus les grands sapins noirs. Sébastien referma la lourde porte de chêne et tira le verrou. Jason irait dormir à son habitude dans l'étable, dormir d'un œil, l'autre aux aguets d'une hypothétique souris, fantasme de chat car depuis longtemps celles-ci ne se risquaient plus dans le secteur. Paul attendait son grand-père dans l'entrée.

— Tu crois qu'il va neiger ?

— *Belèu ! Say* pas encore...

— Mais, ça va pas contrarier les bécasses ?

— Oh, si le temps se met au froid, s'il neige, ça nous amènera quelques vols d'oies peut-être !

— Des oies sauvages ?

— Oui, il y a toujours quelques passées à cette époque de l'année. Allez, au lit maintenant...

Paul monta l'escalier, la tête pleine de rêves, de frémissements d'ailes. La chambre aux rideaux rouge et blanc l'accueillit de sa fraîcheur. Il n'y avait pas de chauffage, mais le conduit de la cheminée de la salle, qui traversait la pièce, tempérait l'impression de froid. Et puis, sous la couette, avec une bonne brique chauffée à la cuisinière et emmaillotée de toile à matelas pour qu'on ne s'y brûle pas les pieds, les nuits étaient supportables, même si l'eau du broc était glacée au réveil. Il s'endormit comme une masse, le sommeil peuplé de bécasses et d'oies qui volaient à tire-d'aile par-dessus les sapins noirs de la Houchane.

8

Noël à la Houchane

Le jour pointait à travers les volets. C'était un jour blanc et pâle, à la luminosité étrange, presque surnaturelle qui filtrait ainsi entre les rideaux. Mais le plus surprenant était la qualité du silence. Paul ouvrit les yeux et écouta cet air ouaté qui faisait du bruit tout seul. Au bout de quelques secondes, son intuition se transforma en certitude : il avait neigé ! Il jaillit hors de la couette, tel un diable de sa boîte, se précipita à la fenêtre, écarta les rideaux pour ouvrir la croisée et enfin les volets. Un tapis blanc recouvrait uniformément le sol et la neige continuait de tomber en petits flocons résiduels. Il y en avait déjà une bonne quinzaine de centimètres et les branches des sapins de la Houchane ployaient sous le poids. Seule, la trace des sabots que Sébastien avait dû faire en allant vers l'étable venait souiller l'immaculée couverture tombée durant la nuit. L'air était froid et humide par rapport à la tiédeur de la chambre. Paul respira à pleins poumons. Il aimait la neige et c'était la première fois qu'il la voyait à la Houchane. Il en était tout excité, comme un gamin de l'école primaire. Il s'habilla en vitesse, endossant un épais chandail de laine beige, par-dessus une chemise à carreaux rouges et verts, et dévala les escaliers au point de manquer des marches qui n'avaient pas l'habitude d'être aussi maltraitées. Il ouvrit à pleine volée la grande porte de chêne et, maîtrisant à peine ses émotions, plongea les mains dans la poudreuse pour la projeter en l'air en un geste puéril où l'enfance s'attardait aux portes de l'adolescence. Il se sentait bien et une heureuse plénitude l'avait envahi en ce matin de fin décembre. Le temps semblait s'être arrêté.

— C'est beau, hein ? fit une voix derrière lui.

Paul se retourna vivement. Il n'avait pas entendu arriver Sébastien. Le béret vissé sur la tête, engoncé dans sa canadienne, son grand-père le contemplait d'un œil amusé qui cachait mal une certaine satisfaction. Hilda pointa son museau entre les jambes de Sébastien, flairant la neige d'un air dubitatif.

— Tu crois qu'elles vont venir, les oies ?

— Oui... peut-être, même qu'il y a eu un passage cette nuit avec le vent de nord-ouest.

— On y va ? fit Paul tout émoustillé à l'idée de chasser dans la poudreuse fraîche.

— J'ai du travail à faire d'abord, petit...

— Je vais t'aider... ça ira plus vite !

— Va déjeuner d'abord, va... Un sac vide, ça tient pas debout !

Dans la grande salle où les saucissons pendaient au plafond, la cuisinière ronflait et dans l'âtre une vieille souche de châtaignier, coupée à la bonne lune, fournissait un fond de feu acceptable qui laissait échapper parfois un craquement lugubre et plaintif ainsi qu'une myriade d'étincelles aussitôt disparues dans la noirceur du conduit.

Sébastien était déjà allé traire les vaches et, dans la souillarde, le grand pot d'aluminium contenait un lait frais, crémeux et odorant avec lequel il avait entrepris de faire, ce matin-là, de succulents fromages. Paul aimait beaucoup cette fabrication maison qui avait le goût profond de la terre des hommes, du travail et de la vie.

Après les avoir bien laissés égoutter et cailler dans des assiettes à calotte trouées, il les enveloppait dans des feuilles de platane précautionneusement ramassées à l'automne et les ficelait d'un raphia jaune. Sébastien pestait souvent contre la réprobation de ceux qui mangent aseptisé et qui, tout naturellement, ramassent mieux les microbes qui passent, grâce à quoi leur médecin peut leur prescrire un peu plus d'antibiotiques. Sébastien était un adepte convaincu de la mithridatisation, de ces défenses qu'on n'appelait pas encore immunitaires, et du manger naturel, qui pour lui se conjuguait avec la tradition. Paul, lui, se souciait peu de ces considérations. Il faisait simplement son délice de ce lait, à l'odeur forte et charnue, face auquel le demi-écrémé, servi le matin à la cantine du lycée, paraissait fade et insipide. Il est vrai que les tartines de confiture de mûres, plongées dans le lait de la Noireaute, étaient un régal que ceux des villes et des banlieues ne pouvaient plus connaître, ayant coupé tous liens avec leurs racines. Lui-même, les foyers de l'enfance, qu'il avait fréquentés dans le Loiret ou en région parisienne, ne l'avaient pas habitué à ces saveurs. Maintenant il était à la Houchane et tout était différent.

Jason avait profité de la porte ouverte pour entrer dans la maison. Il faisait une toilette consciencieuse devant la cheminée. Pendant que Paul déjeunait, taillant de larges tranches dans la tourte de pain noir, sitôt enduites de confiture, Sébastien mesurait deux ou trois litres de lait frais qu'il versa dans une grasale de terre cuite. Puis, dans une cuillère à soupe, il mélangea une pincée de présure avec un peu de petit-lait et versa le tout dans la « grasàlo » où il avait amalgamé un peu de lait des fromages précédents pour que la prise soit plus rapide. Il accomplissait ainsi des gestes ordinaires et ancestraux que Paul apprenait en les voyant car on n'enseignait pas ces choses-là sur les bancs des établissements scolaires où, il y a peu de temps encore, les instituteurs réprimandaient les élèves pour avoir parlé patois. Il faudrait bien longtemps encore pour que l'enseignement de l'occitan redevienne à la mode.

Paul aimait les petits matins car ils étaient porteurs d'espérance et de vie. Il se hâta de laver son bol dans l'évier de pierre grise où l'eau glacée coulait, par un robinet asthmatique, venant tout droit de la Fount de Bézal. Il avait une dizaine de jours à passer à la Houchane et voulait en profiter pleinement.

— Tu as fini tes fromages ?

— Presque ! Le temps de les plier...

— On y va alors ? demanda Paul le cœur impatient.

— Où ça petit ?

— Ben aux oies ! Peut-être qu'elles sont passées ce matin.

— Attends, il faut d'abord que je donne aux poules, fit Sébastien.

Paul était un peu dépité par ce retard. Il avait tant rêvé d'oies cette nuit et la neige, fraîchement tombée, avait décuplé ses espoirs. Pourtant les coucous étaient si bons et si rares à cette époque de l'année que les poules – elles avaient « le kiki serré », disait Sébastien – méritaient bien quelque attention. Le poulailler était à côté de l'étable. C'était une petite bâtisse aux murs de pierres scellées à la chaux, couverte de mauvaises tuiles canal, le plus souvent cassées et dont les morceaux, en se superposant, accentuaient la forme de la toiture de sorte que certains chevrons avaient déjà cédé. Par-devant, on entrait dans une courette clôturée par une porte grillagée, rapiécée avec du fil de fer au rythme des visites du renard. Certes, les poules étaient enfermées la nuit, mais le goupil avait plus d'un tour dans son sac. À côté du dortoir, où des barres de frêne servaient de perchoir, un recoin avait vocation de pondoir. Là, dans une vieille caisse au fond tapissé de paille sèche, un œuf grossier en plâtre, façonné de main d'homme, était censé leur indiquer le chemin du nid. Mais, bien souvent, elles pondaient dans quelque trou de mur quand Sébastien les lâchait un peu pour qu'elles puissent courir... ce qui était prétexte à quelque quête patiente, digne de la recherche des œufs de Pâques. Parfois l'une d'elles disparaissait pendant une vingtaine de jours, pour réapparaître par miracle, alors qu'on la croyait croquée par le goupil, suivie d'une dizaine de boules jaunes et duveteuses, qui piaillaient dans son sillage, tandis que, la crête haute, la fugueuse se plaisait à parader, à exhiber à loisir une progéniture inattendue, histoire de se faire pardonner sa longue absence. Sébastien conservait le grain pour les poules dans deux gros bidons de tôle noire fermés par un couvercle de bois pour empêcher les souris d'y pénétrer, pour le reste Jason faisait la police. Le grain était stocké au grenier comme au temps de ses parents, de ses grands-parents, depuis toujours. Les poules le connaissaient et se pressaient devant la porte à son arrivée, impatientes de recevoir leur ration. Sébastien leur donnait aussi du pain sec trempé dans de l'eau, des épluchures de légumes et parfois, quand Fournier, l'adjoint au maire, qui était gourmand, lui en donnait, quelques coquilles d'huîtres. Il les pilait consciencieusement à coups de marteau pour apporter aux poules un peu plus de calcaire, ce qui rendait la coquille des œufs plus solide.

— Ces garces ne donnent rien en ce moment, fit Sébastien en refermant la porte du poulailler. Je ne voudrais quand même pas acheter des œufs à Savignac ! Ce serait un comble et il y prendrait beaucoup trop de plaisir...

Il connaissait, par avance, la jubilation certaine qui ne manquerait pas de s'afficher en un sourire narquois sur le visage du boucher à qui il payait si cher le beefsteak et à qui il vendait si mal ses veaux. Sébastien savait bien que celui-ci ne se priverait pas de colporter la nouvelle dans toute la vallée... du genre : « Le Sébastien de la Houchane, vous savez qu'il m'a pris des œufs hier ! Oui... faut qu'il ait faim là-haut le vieux... Eh, que voulez-vous ma bonne dame, le vieil ours, il a besoin des commerçants, vous voyez... c'est comme pendant la guerre... »

Ce plaisir-là, cette dépendance, Sébastien n'avait pas l'intention de la lui donner. Lui, solitaire à la Houchane par choix, il préférait encore sortir la Citroën, sa traction avant, pour descendre en ville, ce qui en soi était un événement, ou se passer d'œufs pendant une semaine. Pourtant Savignac n'était pas son ennemi. Sébastien savait qu'il avait même ravitaillé gratuitement les maquis pendant l'Occupation et considérait son attitude bien plus honorable que celle de certains résistants de la vingt-cinquième heure. Mais c'était une question d'honneur entre lui et Savignac.

Il y avait aussi, dans un coin du poulailler, deux couples de pigeons qui voletaient derrière le grillage, en roucoulant à la belle saison. Sébastien les élevait par plaisir. Il n'en prélevait même pas les produits qu'il relâchait jeunes, dans la nature, de sorte que leurs descendants peuplaient le ciel, allant au gré des sautes du vent, des toits de la Houchane à ceux de chez Matthieu Astre, au Ferradou, en passant par la ferme de Fernand de Rieupeyroux. Bien sûr, ils picoraient un peu de grain par-ci par-là, dans les champs ensemencés, mais pour lui c'était encore un privilège, conquis en référence à ce temps des seigneurs pas si éloigné que ça, où le pigeonnier était l'apanage des nobles et où ses ancêtres et ceux de ses voisins, paysans pauvres, courbés sur la glèbe, étaient sous la coupe de ceux qui se prétendaient leurs maîtres, et qu'ils vénéraient faute de connaître autre chose, leur payant champart et mainmorte comme ils payaient la dîme au curé.

Paul suivait chacun de ses gestes pour mieux les

mémoriser peut-être. Il grillait d'impatience à l'idée de partir à la chasse, mais Sébastien agissait comme s'il n'avait rien vu, faisant durer indéfiniment le plaisir de l'attente. Il humait l'air profondément, regardait la vallée comme s'il cherchait des certitudes, balayant l'horizon d'un regard lointain.

— On y va Sébastien, fit Paul.

— Oh, tu es bien impatient, petit ! Tu sais, il faut laisser du temps aux choses parfois, et puis il y a une passe vers midi.

— Vers midi ?

Paul était déçu de devoir attendre encore et son âge n'était pas celui de la patience. Il eut une mine dépitée.

— On va d'abord rentrer du bois pour ce soir car je crois que le temps risque de ne pas s'arranger.

— Tu crois, grand-père ?

— Tu n'as pas vu le baromètre ? Il baisse encore ! Ça veut dire que la neige pourrait bien tomber à nouveau. Tu sais, en 41, tu n'étais pas encore né, il y en avait presque un mètre et ça a duré plus d'un mois et demi. Pas question de sortir en ville, mais j'avais posé assez de lacets pour cravater des lièvres et je n'ai jamais manqué de viande fraîche. Et il y a deux ans, tu te rappelles pas comme il faisait froid ? Les merles seraient presque rentrés au cantou ici ! Alors, gouverner, c'est prévoir ! On va rentrer du bois, quitte à entasser quelques bûches dans l'entrée. Pour le reste, j'ai assez de farine, de pommes de terre et de vin. On peut tenir...

La perspective d'être bloqué à la Houchane ne déplaisait pas à Paul, surtout si ce temps immobile devait dépasser celui de la rentrée de janvier et signifier des vacances supplémentaires. Mais, il savait bien, au fond de lui-même, que les neiges fondaient toujours trop vite, avant même l'heure de la reprise du chemin du lycée le plus souvent. À coup de brouettes du bûcher à la maison, ils firent le plein de bois et de fagots et quand, vers les onze heures, Sébastien remisa l'antique instrument, il n'y avait plus beaucoup de place pour entasser des bûches.

— Alors tu es prêt, petit ?

Paul se hâta à grandes enjambées, oubliant même dans sa précipitation de secouer ses chaussures pleines de neige avant d'entrer dans la maison. Il avait sifflé Hilda au passage, mais la chienne était un peu hésitante devant l'épais tapis blanc qui la déconcertait tout en l'excitant. Paul n'oublia pas, cependant, de jeter une bûche sur le feu avant de partir. Il était déjà dehors, prêt pour la quête mythique.

— Laisse-moi quand même le temps de prendre mon fusil, fit Sébastien avec une indulgence compréhensive.

Son grand-père avait troqué sa veste de velours contre sa grosse canadienne à col fourré. Il passa une paire de guêtres de cuir noir, enserrant le bas du pantalon, en prévision d'un cheminement dans la poudreuse qui devenait de plus en plus épaisse.

— On va suivre le ruisseau jusqu'à la jasse du pré de Laffon. Si elles sont passées, c'est par là qu'on les trouvera.

Ils traçaient leur chemin dans la neige à pas traînants et les grands sapins noirs de la Houchane ne furent bientôt plus qu'un souvenir perdu dans une ambiance ouatée et blanchâtre, s'estompant progressivement. L'horizon était cotonneux, impalpable. Il neigeait toujours. « Le Père Noël plume ses oies... », fit Sébastien en plaisantant. Il suivait la route, s'orientant à mille indices qu'un profane n'aurait pas discernés. Tantôt il obliquait à droite, à ce qui se révélait être, quand ils y parvenaient, un chêne déplumé indiquant un petit sentier creux serpentant entre les touffes de houx. Tantôt ils descendaient la pente raide d'un court talweg, pour traverser ensuite un bois de chênes chétifs, mêlés de touffes de noisetiers sauvages. Le silence accompagnait leurs pas et les flocons, parsemant leurs épaules, blanchissaient le béret de Sébastien comme la rosée un cèpe. De bois en pré et de pré en bois, ils progressaient vers le ruisseau de l'Arget. Malgré la neige, il coulait encore entre les pierres moussues devenues blanches, en un son cristallin et plaintif qui résonnait dans le silence feutré d'une nature endormie. Ils arrivèrent enfin à l'orée d'un bois de feuillus, déplumés par le vent d'hiver. Le tapis des feuilles était déjà enfoui sous trente bons centimètres de neige. Ici, le froid était plus vif.

— Attention par là, dit Sébastien à l'adresse de Paul.

— Elles sont là ?

— *Calo-té...* Tais-toi... Regarde la chienne...

Hilda sautait dans la neige et faisait jaillir la poudreuse. De temps à autre, elle levait le nez pour prendre le vent, reniflant, ici ou là, quelques touffes de buis poudrées à frimas. Sébastien la laissait faire, confiant dans ses capacités. Hilda remua la queue en signe de joie et d'excitation, puis très vite s'immobilisa.

— Attention, petit, fit Sébastien en constatant que la chienne marquait l'arrêt.

Pourtant, l'instant d'après, elle repartait dans sa quête et Sébastien marqua un relâchement imperceptible dans la tenue du fusil à la saignée du bras. Une autre touffe de buis blanchie l'attirait plus loin. Un peu en contrebas, un tas de branches mêlées de ronces, à quelques mètres du ruisseau, offrait un bon refuge. Son arrêt fut bref tant le décollage fut rapide. Dans un grand brassage d'ailes, fracassant le silence ouaté, une masse grisâtre s'élança vers l'aval du ruisseau, au ras des ronces blanchies. Sébastien épaula très vite prenant le temps cependant de respirer alors que Paul cherchait encore le creux de son épaule pour caler son fusil. Il attendit cette seconde interminable où le tir, en s'ajustant, domine l'émotion. Les deux coups de fusil ne firent qu'un, tant ils étaient simultanés. Et il y eut un « pouf » assourdi par l'épaisseur de la neige. Déjà, Paul se précipitait, trébuchant sur les branches enfouies, le fusil au bout du bras, le cœur en feu, vers cette gerbe de plumes grises qui venait de tomber derrière les ronces. Une oie ! Une oie ! Il n'y croyait pas. Il avait tué une oie ! La bernache était là, grise dans la blancheur de la neige rougie qui lui servait de linceul. Elle n'avait pas eu le temps de comprendre pourquoi, en un dérisoire mouvement, ses ailes s'étaient repliées, tant les prémices de la mort l'avaient saisie brutalement, sous la charge des deux coups de fusil. Elle semblait encore étonnée et conservait de cet état un œil rond de surprise ouvert sur les grands espaces qu'elle avait tant aimés et que, soudainement, soixante-quatre grammes de plomb lui avaient ravis. Adieu les grands V dans les cieux d'hiver, le cou tendu, le bec en avant. Un dernier spasme la fit frissonner dans la neige. Elle leva la tête, un filet de sang perlait à son bec. Elle n'entendit pas les hommes qui venaient la chercher.

— Je l'ai eue, je l'ai eue..., criait Paul en proie à une excitation fébrile. Je l'ai eue Sébastien !

Son grand-père était déjà là, marchant à grandes enjambées comme si soudain le poids de l'âge n'avait pas de prise sur lui. Lui aussi retrouvait ses vingt ans dans la glissade rouge de l'oie sur la neige blanche. Il s'arrêta à deux mètres, contemplant la joie de Paul qui brandissait l'oiseau mythique par-dessus sa tête en criant :

— Une oie... Une oie... Je l'ai eue !...

Sébastien ouvrit son fusil. Il dominait ses émotions, ce flux d'adrénaline qui l'avait envahi comme jadis, extrayant les cartouches qu'il enfouit dans sa poche pour mieux les recharger plus tard. Il mit l'arme la bretelle à l'épaule, sans rien dire, l'œil pétillant de bonheur des choses accomplies, se gardant bien de revendiquer ce coup de douze simultané qui avait fait tomber la bernache, pour mieux préserver le souvenir qui resterait chez son petit-fils.

— *Macarel*... elle est belle. Tu l'as bien eue ! C'est un coup de roi ! J'aurais bien aimé en faire autant à ton âge, ajouta-t-il, faussement admiratif.

Il faisait semblant d'oublier qu'il n'avait que douze ans lorsque lui-même avait tué sa première oie au terme d'une traque épique dans la neige avec d'ailleurs le même fusil que celui dont Paul se servait désormais. Mais son passé comptait moins que la construction du présent de son petit-fils.

— On a le rôti de Noël, petit... Allez, on rentre maintenant !

— Mais Sébastien, y'en a peut-être d'autres...

— Eh bien, laisse-les, si tu veux les voir revenir l'année prochaine ! Et d'ailleurs, qu'est-ce que tu en ferais d'une deuxième ?

— Mais enfin, je sais pas... du confit. Du confit !

— Tu m'en fais un drôle de confit, toi ! Il faudra presque une semaine pour la manger et l'année prochaine tu seras bien content de trouver celle que tu as laissée. Allez, nous avons fait bonne chasse... Si tu y tiens, je te montrerai comment tendre les pièges pour les draines et les merles...

Il neigeotait toujours au fil des caprices du vent qui agitait par spasmes les touffes de buis blanchies. Hilda ouvrait la marche, par bonds, un peu décontenancée par la modification météorologique des paysages familiers où elle avait l'habitude d'évoluer. Paul portait la bernache avec fierté, même si son bras s'ankylosait un peu à cause de son poids. Parvenus à la porte de la Houchane, ils tapèrent soigneusement leurs pieds contre le mur de pierre pour ne pas apporter de paquets de neige dans la maison. Avec un chiffon, Sébastien essuya même les pattes d'Hilda. L'horloge sonna une heure et demie et la neige reprit de plus belle en tourbillonnant. Paul s'était précipité vers la cheminée. Le cantou avait besoin d'être ranimé. Il rassembla les braises éparses des deux tisons brisés et, d'une poignée de branquets jetés dessus, il obtint vite une flamme claire qui vint bientôt lécher un fagot de noisetier coupé à l'automne précédent. Voir la flamme vive réchauffait la température de la pièce bien que la cuisinière noire n'eût pas démérité pendant leur absence. Il devait faire tout au plus seize degrés, mais le thermomètre publicitaire de Savignac n'était pas tellement fiable.

Son grand-père s'affairait dans la souillarde. Un pot de fer émaillé de rouge noirci avait pris place au coin du feu pour réchauffer la soupe de la veille. Paul se chauffait et nourrissait le feu ; Hilda, si elle avait pu, serait rentrée dans le cantou et, faute de mieux, se tenait le dos droit, les yeux mi-clos, témoignant d'une profonde satisfaction parfois entrecoupée d'un soupir de bonheur.

— Ah, petit... on va la fêter, ton oie !

Sébastien alla chercher dans un placard encore inconnu de Paul une bouteille vénérable à l'étiquette déchirée, qu'il devait sûrement garder pour les grandes occasions.

— C'est du Byrrh et du vieux ! Tu sais celui-là, il date d'avant-guerre et t'en boiras pas souvent du comme ça. Je l'ai acheté à la cave coopérative de Thuir en 1929, juste avant mon divorce d'avec ta grand-mère Eugénie...

— Votre divorce ?

— Tu n'es pas au courant ?

— Oui enfin, tu sais, j'ai longtemps cru qu'elle était veuve et, plus tard, j'ai su qu'elle s'était remariée...

— Et alors, ça t'a fait drôle de savoir que tu avais un vrai grand-père vivant ?

— Ben tu sais, oui et non ! De ma grand-mère, je me rappelle pas grand-chose. Une maison jaune à volets bleus, un jardin avec des fleurs où j'avais pas le droit d'aller... Ça s'appelait « Sam' suffit », et puis, derrière la maison, il y avait des tas de bouteilles, vides bien sûr ! Tu sais, avec papa et maman, on n'y est jamais beaucoup allé à cause de l'autre et j'ai longtemps cru que celui que j'appelais pépé Louis, le mari de mémée, c'était lui mon grand-père.

— Eh oui, mais les circonstances... Enfin tu sais, je suis content aujourd'hui que tu sois à la Houchane. Allez, viens manger maintenant, la soupe doit être chaude...

Le pot rouge et noir, léché par la flamme, sur son trépied, exhalait une odeur de choux et de pommes de terre. Sébastien y dilua avec une cuillère de bois un peu de graisse du cochon de l'an passé, histoire de la rendre plus riche pour que le bouillon fasse de gros yeux jaunes. Dans les assiettes, de larges tranches de pain noir attendaient le breuvage mêlé de débris de légumes, surtout ceux de pommes de terre qui surnageaient tels des icebergs dans une mer nordique.

Ils mangèrent en silence, comme d'habitude, le nez dans l'assiette, la cuillère en un perpétuel va-et-vient. Malgré le temps et les années, Sébastien pensait à son ancienne femme. Hum, la garce, ça ne l'étonnait pas outre mesure ce qu'elle avait pu raconter à Paul. Après quelques années de mariage, cette dinde avait trouvé que ce n'était pas assez bien d'avoir un enseignant pour mari. Tandis que le Loulou rencontré il ne savait où, lui, il portait beau, et il faisait des affaires comme elle disait. Il avait le billet facile et la faconde trompeuse. Mais le Loulou avait fini alcoolique, à quatre ou cinq litres par jour, après avoir été un rat de comptoir. Et même sa fille Sylvie, qu'elle lui avait arraché, à lui, son père, n'avait plus voulu la voir à la fin de ses jours, cette mégère vieillie et aigrie, toujours prête à faire des remontrances.

L'horloge à balancier de cuivre sonna. Sébastien leva la tête, par habitude, pour constater qu'ils étaient en retard sur l'heure à laquelle ils dînaient tous les jours. Un bout de viande, pris chez Savignac trois jours auparavant et conservé dans l'air glacé du garde-manger grillagé à la cave, passa à la poêle pour compléter le repas. Un fromage frais, avec force de pain, servit de dessert tandis qu'un fond de bouteille de sainte-rapine leur humecta le gosier. Jason faisait le mendiant d'un côté de la table et Hilda était de l'autre. Par gourmandise, ils avaient délaissé la tiédeur du feu, quémandant, chacun à sa manière, de la patte ou de la voix, quelques reliefs du repas.

— Pourquoi tu es revenu ici, Sébastien, à la retraite ?

— D'abord, j'ai pas pris la retraite et c'est une longue histoire. L'histoire de toute une après-guerre. Une histoire de rêves et de désillusions ! Tu sais petit, ma vie serait trop longue à raconter d'un seul coup. La vie... Oh, j'ai toujours été un peu ours... bon !

— Comment ça ?

— Je n'ai jamais eu besoin de la considération des gens. Elle m'importe peu en fin de compte, même encore aujourd'hui. Peut-être est-ce dû aux épreuves vécues pendant la guerre, la Grande bien sûr. J'ai toujours attaché, depuis ces instants-là, beaucoup d'importance à la liberté et à l'essence de la vie. Certains diront sans doute que c'est un luxe et un orgueil, mais je n'ai jamais vraiment fait la course au bien-être. Certes, j'ai eu du plaisir à acheter une voiture, avant la guerre, et ma traction avant peut te paraître en contradiction avec ce que je te dis. C'est que, sans me désintéresser du progrès, j'ai toujours su me contenter des produits de la nature, des arbres, des fleurs, des abeilles et du parfum printanier du lilas blanc, ou de la saveur des fleurs d'acacia dont ma grand-mère faisait de délicieux beignets, de l'odeur millénaire des foins coupés ou de celle des feux de bois qu'on allume en octobre. Même plus jeune la course au confort, à ce « mieux-vivre » à tout prix, à ces lendemains qui devraient chanter et nous font souvent pleurer, m'a toujours laissé songeur.

— Tu l'as choisie, ta vie ?

— Oui et non... À vingt-six ans, je risquais ma vie dans les tranchées de Champagne et de Lorraine. Ce que j'ai vu là-bas a modifié à jamais ma vision du monde et des gens. C'est loin pour toi cette époque ?

— Oui, enfin...

— Pour moi, elle est une jeunesse à jamais perdue, un enfer dont nous n'avons plus que le droit de nous glorifier dans les cérémonies des anciens combattants, comme s'il y avait quelque gloire à avoir survécu, nous, nous et pas eux, les autres, ceux qui sont morts au champ d'honneur comme on dit... Oui Paul, j'ai été à Verdun, au Chemin des Dames, à la cote 304, au Mort Homme... Oui Paul, je suis sûrement l'un de ces miraculés à être passé partout, sans me faire moucher par les boches ! Tiens, en parlant d'eux, les boches, laisse-moi te raconter une histoire qui me revient et que je n'oublierai jamais. C'était fin 1915 et mon régiment n'avait pas encore été envoyé à Verdun, à la boucherie... On avait quand même deux ans de guerre dans les pattes et déjà quelques certitudes en moins. C'était le jour de Noël. Il faisait froid et gris... On pataugeait dans la boue, mais le secteur était plutôt calme là où on était. La soupe était arrivée, froide bien sûr, mais c'était de la soupe tout de même. Dès la tombée du jour, beaucoup d'entre nous étaient rentrés dans leur cagna, laissant les guetteurs veiller sur eux, pour plonger dans ce sommeil lourd et douloureux des hommes de première ligne. Dans nos cagnas, à la lueur de maigres lampes, on a partagé le colis reçu avec les copains vers les dix heures du soir. Et, l'alcool aidant, nous avions chaud, et nous nous sommes trouvés à être plusieurs dehors, l'esprit tourné vers nos familles, nos femmes, nos fiancées, nos sœurs... J'avais un copain originaire de Gaillac. Il s'appelait Descat, et, brillant élève du lycée, la déclaration de guerre l'avait rattrapé au moment où il s'apprêtait à entrer à l'École normale supérieure pour devenir professeur de lettres.

Paul écoutait Sébastien, suspendu à ses lèvres comme aux sources du savoir.

— Depuis longtemps, tu vois, il faisait noir et soudain en ce 25 décembre, Descat s'est levé, par-dessus les tranchées et, de cette voix grave d'homme devenu adulte trop vite, dans la nuit silencieuse, face aux boches distants d'une cinquantaine de mètres, parsemés de barbelés et de trous d'obus, il entonna sans trembler, le buste à découvert : « Minuit Chrétien... c'est l'heure solennelle... » Son uniforme bleu horizon avait depuis longtemps une couleur passe-muraille. Il était gris, comme lui, le visage creux, durci par l'épreuve du feu, mangé par la barbe et il continuait de chanter sur le parapet, le torse exposé : « Le monde entier tressaille d'espérance... peuple à genoux, entends ta délivrance... Noël... Noël... voici le Rédempteur... » Tête nue, Descat chantait, le casque à la main gauche, la main droite sur le cœur. La lune jouait avec les nuages. En face nul bruit ne venait. Mais soudain, une voix teutonne et puissante, gutturale mais sincère, lui répondit en chantant avec lui la gloire de Dieu, l'absurdité du sacrifice et la paix désirée. Bientôt émergea une silhouette sans arme ni casque, juste un homme, dont la seule différence était la couleur *feldgrau* de son uniforme. Cette nuit-là, il n'y avait pas d'officier en ligne, juste un vieux juteux de réserve qui se tenait au chaud dans sa cagna avec son quart de gnole. Descat chantait par-dessus les tranchées et l'autre lui répondait. Qui fit le premier pas ? Je ne sais plus, mais ils marchèrent spontanément l'un vers l'autre et nous tous, les Français et les Allemands, on chantait maintenant avec eux. Jamais tu vois, je n'oublierai cet instant-là... Ils se sont serrés dans les bras l'un de l'autre, Descat le Français et lui l'Allemand, avec l'émotion si intense de ceux qui se savent sacrifiés, mais qui ne renoncent pas à être des hommes et à aimer, par-dessus ce qu'on veut leur faire croire. Il s'appelait peut-être Otto, Hermann ou Julius et on avait fait de lui un ennemi. Pourtant, ne partagions-nous pas dans la même boue les mêmes peurs, les mêmes rats ? Demain peut-être, qui sait, s'il n'était tué par nous, nous tuerait-il, mais compagnon du malheur, ce soir de Noël, avec lui, nous partagions les mêmes espérances, celles des hommes qui veulent vivre encore malgré tout, malgré la guerre et la fatalité. Cette nuit-là, il était des nôtres, de la race de la chair à canon, victime de la folie de quelques généraux pour qui la vie humaine se traduisait simplement en termes de bilan, avec des colonnes « pertes et profits », victimes de l'acharnement imbécile de ces militaires polarisés sur l'offensive à tout prix et les vertus des charges à la baïonnette, victimes de l'aveuglement des politiques et de leur lâcheté... Descat fut tué peu après, en février ou en mars 1916, avant qu'on ne fasse mouvement sur Verdun.

Oui, Paul, cette guerre a été atroce, tu vois... J'avais été appelé comme tant d'autres en cet été 1914 alors que les blés finissaient de mûrir. On est partis graves, pas joyeux, mais avec des certitudes, surtout celle de se battre pour la Patrie, de foutre une bonne raclée aux boches et de leur reprendre enfin l'Alsace et la Lorraine. Enfin, c'est du moins ce qu'on m'avait appris à l'École normale ! Pourtant, on laissait nos problèmes derrière nous. Qui ferait la moisson ? Mon père et ma mère commençaient à être âgés à la Houchane. Heureusement, il y avait les voisins ! Un jour, je te raconterai ma guerre... Les mitrailleuses boches, le claquement des Mauser d'en face, les copains qui tombent et puis, surtout, cette artillerie, ces obus qui éventrent tout et les hommes qui s'effondrent par grappes comme des pantins désarticulés, les chairs broyées qui se mêlent à la terre pour former un magma infâme, l'odeur douceâtre et fade de la mort et du sang mélangé aux explosions de la cordite, tout ça, qui te porte les tripes aux lèvres, qui t'accroche à la vie à travers ces petits riens, cette goutte que tu bois, cette lettre que tu reçois, ce gâteau que tu partages un soir de fête, cette boule de pain noir devenue verte de moisissure, mais que tu savoures comme un festin parce qu'elle t'apaise les crampes du ventre et te fait oublier, en mastiquant, les cris des blessés qui, à quelques centaines de mètres, hurlent de douleur et implorent leur mère, pour mourir avec les premiers blanchiments de l'aube, la bouche pleine de cette terre humide qui va bientôt les recouvrir. Cette course-loterie à la mort m'a rendu plus tard ivre de vraies joies, de bonnes souffrances, et coupable de lâcheté. Combien j'ai eu envie de forêts tonifiantes, de parfums sauvages, de quêtes éternelles dans mes montagnes, pour oublier ce que j'avais vu, ces cadavres en décomposition, témoins des offensives précédentes qui nous rappelaient à travers un membre décharné et leur odeur de putréfaction que nous n'étions nous-mêmes que des sursitaires et que la vie ici-bas ne nous était que prêtée... Tu vois Paul, je me souviens d'un vieil adjudant qui, après un assaut, face à la mort qui nous entourait, s'approcha de nous, juste pour nous dire : « Ça fait du mal de devenir un homme... » C'était irréaliste, cette réflexion au milieu de ce carnage et, pourtant, cette parole était tellement humaine dans une guerre qui ne l'était plus...

Je suis devenu un homme aux Éparges en 1915. Jamais je ne pourrai oublier la peur, celle qui te prend aux tripes, celle qui te fait te chier dessus tellement ça te tord le ventre et devant, en face, les autres qui t'allument dès que tu montres ta figure. Mais le pire, c'était peut-être les marmitages, quand ça tombait de partout, fauchant indistinctement les hommes, comme on coupe des fleurs, comme on hache la viande. Jamais je n'aurais cru que c'était comme ça la guerre quand j'ai quitté la Houchane en août 14. Il n'y avait plus d'arbres ni de paysages, juste un vallonnement lunaire, sans cesse retourné par les obus qui tombaient, un *no man's land* parsemé de débris humains et d'équipements. Les blés aujourd'hui doivent être rouges là-bas, tant le sang a imprégné cette terre. Je n'ai jamais voulu y revenir. Ce fut plus qu'une boucherie, un massacre, celui de la jeunesse et de l'espérance. Un monde s'est terminé là, vois-tu... Il n'en reste que des noms sur des monuments aux morts parfois plus nombreux que ceux des vivants qui ont survécu sur une terre à jamais martyrisée, éternel linceul du sacrifice de nos vingt ans à la gloire des marchands de canons.

L'après-guerre a été difficile pour nous tous ! L'armistice venait de nous libérer, mais nous avions les poches vides et étions trop fatigués bien souvent pour reprendre les études où nous les avions laissées, en ce bel été 14. Moi, j'avais la chance d'être fonctionnaire, j'ai donc repris mon poste d'instituteur en octobre 1920, après une année d'occupation en Allemagne, à Wiesbaden. Je les revois encore, les copains de ce temps-là, un soir de perm à Paris avec leurs visages de Méridionaux à la peau tannée et au patois chantant, pleins de cet enthousiasme qui ignorait encore les désillusions qui nous attendaient dans la vie civile... Le jazz commençait à envahir nos oreilles, remplaçant la valse et la polka, mais nos pécules et nos soldes nous interdisaient désormais d'entrer dans ces beuglants à la mode, peuplés de métèques et de rastaquouères, car, au rythme des fox-trot, ces marlous avaient envahi un après-guerre qui s'enivrait de cigarettes Camel en trempant hardiment dans les trafics les plus louches. Ces mercantis, ces planqués de tous poils que nous n'avions jamais vus, nous, dans les tranchées, se vautraient journellement auprès de filles trop fardées et trop poudrées, de ces grues, au rire forcé, qui sentaient la tiédeur de l'alcôve, le lit qui grince et le lavabo qui couine, prêtes à toutes les turpitudes pour quelques centaines de francs !

Et ces soirs-là, nous les anciens combattants, on finissait par avoir honte, avec nos capotes élimées, aux coudes usés, dont les seules taches de couleur, croix de guerre, médaille militaire ou Légion d'honneur, étaient déjà fanées dans ce monde en plein renouveau où nous n'étions, au mieux, que des spectateurs tolérés et parfois des témoins gênants. Ces aventuriers, ces rufians, claquaient des sommes folles alors que notre seule richesse était une gloire défraîchie et un courage qu'ils n'hésitaient pas à remettre en cause. Clemenceau disait bien qu'on avait des droits sur eux, mais la politique ne nous intéressait pas vraiment, même si la Chambre était paraît-il bleu horizon. L'aube blême de ces lendemains qui déchantent était notre quotidien. Vainqueur d'une guerre où nous avions perdu notre jeunesse et nos camarades, il fut difficile, tu vois Paul, de nous réinsérer dans cette vie civile où cinq ans de tranchées avaient tout changé. La Belle Époque s'était terminée sur un carnage, en une véritable guerre civile européenne et, au lendemain de la der des ders, les intérêts particuliers triomphaient devant l'intérêt général. Déjà, certains d'entres nous rêvaient d'autre chose en ce temps-là : un parti vraiment démocratique qui rétablisse la justice de classe en frappant fort pour ressusciter l'égalité, le civisme et les droits des honnêtes gens qui ont la légitime fierté de leur travail.

En réalité cet après-guerre a mal tourné, de compromission en abandon et d'abandon en trahison. Malgré cinq ans de combats, je n'arrivais pas à avoir la haine du boche, des Allemands en tant que peuple, peut-être à cause de Descat. Mes convictions politiques, acquises à l'École normale, et qui m'avaient en leur temps porté plus vers Jaurès que vers Delcassé, s'étaient érodées avec Viviani, et ce n'était pas le cartel des gauches qui allait les raviver. Sans avoir la carte d'un parti, je me sentais orphelin quelque part après le Congrès de Tours, moi le fils du peuple. C'est à cette époque que j'ai rencontré Eugénie, ta grand-mère. Tu n'as jamais rien su d'elle, je suppose. Elle était la fille d'un boutiquier digne et honnête qui croyait en la parole de l'État et avait souscrit généreusement aux bons de la Défense nationale pour la sauvegarde de la Patrie. Lui et sa femme venaient de prendre leur retraite après une vie de labeur et ils avaient investi l'argent de la vente de leur commerce dans de la rente obligataire, du trois pour cent perpétuel, garanti à vie bien sûr.

Fille unique, trop gâtée sûrement, elle avait été élevée comme une petite reine, avec des nœuds de velours dans ses cheveux bien peignés, dans l'espoir, sans doute, de faire un bon mariage. Et pour ses parents, l'instituteur que j'étais, au traitement modeste, mais assuré, n'était somme toute pas un mauvais parti. Un maître d'école, vois-tu, était encore un Monsieur en ce temps-là... Et elle était si jolie, c'est vrai ! Ses yeux m'avaient donné l'illusion de l'amour et, bref, nous nous sommes mariés en 1921, après de courtes fiançailles. Ta mère, Sylvie, est née l'année suivante, naturellement. En 1923, un petit frère a été commandé, mais il n'a pu venir à terme et peut-être m'en a-t-elle voulu... À la maison, ça a commencé à se gâter et c'est peut-être pour ça que je me suis mis davantage le nez dans les livres et que j'ai passé le concours de professeur de collège. Ah, c'est bien vieux pour toi tout ça !

Par un curieux hasard, j'ai été nommé à Gaillac d'où Doat était originaire et dont il m'avait tant parlé. Son ombre me suivait sur la promenade... Nous avions emménagé avec Eugénie, avenue de la Gare. C'était en 24 ou en 25, à l'époque d'Herriot. On m'avait chargé d'enseigner l'histoire et la géographie et, comme j'avais aussi un joli brin de plume, la calligraphie. Mais tu sais, même pour moi, ce temps-là est très loin aujourd'hui. Il me semble que des siècles se sont presque écoulés depuis. J'allais à la chasse après les cours, dans ces coteaux couverts de vignes où les grives gorgées de raisins fuyaient à tire-d'aile et où les lièvres détalaient à grands pas entre les ceps chenus. J'avais un bon chien et nous formions tous les deux une bonne équipe, ce qui contrastait avec la maison où le climat se dégradait au fil des jours. Plus Eugénie, ta grand-mère, me reprochait d'étudier tout le temps, et plus les livres étaient pour moi des compagnons d'existence dans le non-dialogue de cette indifférence devenue quotidienne. En 1926, quand Poincarré a dévalué le franc, nous, on faisait déjà chambre à part.

Trois ans plus tard, alors que j'étais parti voir mes parents quelques jours à la Houchane, elle a quitté la maison avec Sylvie. Tu sais, elle m'a juste laissé un mot sur la table de nuit. « Je pars, tu n'as rien compris, adieu ! » Bien sûr, je l'ai fait rechercher par la gendarmerie et ils me l'ont retrouvée trois mois plus tard chez une cousine en Corrèze qui l'avait hébergée. Elle n'a jamais voulu revenir. Elle ne voulait plus de la vie étriquée d'un petit fonctionnaire, comme elle disait ! Elle croyait mériter mieux que ça. Sans doute avait-elle déjà fait à l'époque la connaissance de son Loulou. C'était un chevalier d'industrie, un Rastignac, portant beau et vivant surtout aux crochets des autres. Il présentait bien mais, derrière la façade de respectabilité, se cachait un escroc. Nous avons divorcé à ses torts puisqu'elle avait abandonné le domicile conjugal. J'aurais dû revoir ma fille régulièrement, mais Eugénie s'est débrouillée, la garce, pour brouiller les pistes, pour la faire disparaître et j'ai perdu leur trace dans ces années où la crise économique commençait à arriver en Europe et où, avec son Loulou, ils erraient, de combine en combine au fil des garnis.

Paul écoutait Sébastien, son morceau de pain au bout des doigts tendus. Jamais encore son grand-père ne lui avait tant dit de lui-même. Il n'osait l'interrompre, casser le fil de la mémoire d'une histoire qui était un peu la sienne et qu'on lui avait cachée peut-être parce que sa mère elle-même en ignorait les détails. Ce passé proche et lointain s'éclairait au récit de son acteur et prenait corps par-dessus le temps et les années. Les souvenirs étaient au rendez-vous, ils avaient le parfum d'une « garce ».

— Tu vois, la vie n'est pas toujours ce qu'on imagine...

— Et tu es resté à Gaillac comme professeur ?

— Non, en 1930, j'ai passé une licence d'histoire et, après deux tentatives, j'ai décroché l'agrégation. Dans la foulée, je suis monté à Paris et j'ai commencé une thèse sur la paysannerie au dix-huitième siècle. Je continuais à enseigner, mais en lycée cette fois, et je suivais encore les cours à l'université. Tu sais que j'ai eu Marc Bloch comme professeur ? Bien qu'à toi ça ne dise pas grand-chose, sûrement... J'étais seul et, dans mon petit appartement de la rue Gay-Lussac, j'avais le temps d'étudier. Pourtant, malgré cette grande liberté intellectuelle et mes convictions de gauche, même si j'avais vibré à l'arrivée du Front populaire, je n'ai fait que regarder ce qui se passait de l'autre côté de la Bidassoa quand la guerre d'Espagne a éclaté. Je n'ai fait que compter les coups de canon qui matraquaient les pauvres républicains par-delà la frontière, je scrutais, les yeux dans les jumelles, les impacts des obus alors que j'étais en vacances à Hendaye. J'ai sûrement manqué de courage... Peut-être est-ce dû à l'âge, une quarantaine déjà bien entamée, et aussi à tout ce que j'avais vécu en 1914, à cette boucherie, à ces copains qui étaient morts. Pourtant, je connaissais les enjeux, je fréquentais le comité des intellectuels antifascistes et aujourd'hui, tu vois, je m'en fais reproche. J'ai sûrement manqué de caractère, de force morale. En 1937, ma thèse soutenue, j'ai été enfin nommé à la faculté de lettres. C'est là, que Munich m'a surpris et, comme beaucoup, j'ai milité trop mollement parce que mes souvenirs de guerre étaient encore trop présents. Il est vrai, nos idées n'étaient pas toujours très claires et le lâche soulagement dont nous accabla Léon Blum fut une triste réalité.

— Et en 40, tu as fait quoi ?

— En 39, j'ai été mobilisé dans la territoriale et j'ai passé les neuf mois de la drôle de guerre à garder une voie ferrée vers Montauban, armé d'un vieux fusil de 1870, jusqu'à ce qu'on me démobilise. J'ai plus joué aux cartes que tiré de coups de fusil. Je n'ai pas vu l'ombre d'un boche. Dans la débâcle, je n'ai rien entendu, ni l'appel du 18 juin, ni le discours de Pétain. Je croyais naïvement que nous avions toujours la meilleure armée et je n'ai pas eu le temps de comprendre grand-chose à cette « étrange défaite ». Qu'est-ce qui nous a manqué, à nous les vainqueurs de 14 ? En quoi avions-nous démérité ? À l'automne 1940, j'aurais dû réintégrer l'université, mais Vichy nous a obligés à prêter serment au Maréchal et ça, j'ai refusé... Oui, j'ai refusé pour la liberté, pour la République, peut-être pour Descat aussi. Et ils m'ont révoqué... Moi, le produit de la République, ils ont fait fi de mon savoir, patiemment cultivé, de mes capacités. Mais il est vrai que la République que j'incarnais, ils voulaient la détruire ! D'ailleurs, ils l'appelaient la Gueuse en la rendant responsable des malheurs de la France et nous, les maîtres d'école, nous n'avions fait que servir, servir pour le bien commun du peuple, un bien commun par trop égalitaire à leurs yeux. Ils m'ont rejeté et, du jour au lendemain, parce que je refusais dans un sursaut d'honneur de m'aligner sur le comportement des moutons bêlants dans la mystique du chef, d'un seul coup je n'étais plus bon à rien vis-à-vis de ceux qui prétendaient incarner la France nouvelle. Mais tu sais, Paul, le pire c'est que tous ou presque ont prêté serment ! Rares furent ceux dans la fonction publique et dans l'enseignement qui osèrent refuser. Il était loin, le front des antifascistes de 36 ! Il ne me restait plus que la Houchane pour me retrouver moi-même et, en cet automne 40, je m'y suis installé avec peut-être d'autant plus de facilité que mes parents devenaient vieux. Mon père était déjà à moitié paralysé et ma mère s'épuisait à faire vivre la ferme. Tu vois, ce fut une drôle d'époque. Le fils prodigue revenait à la maison, plus tout jeune, sans femme et sans nouvelles de son enfant. Toi, tu n'étais pas encore là et, en ces années de guerre, la vie a passé. Mes parents sont morts en 41 et en 43 et moi, j'ai vécu ici le temps des restrictions, sans en pâtir vraiment, sauf pour le tabac peut-être. Oh, tu sais, je n'ai pas fait de grandes choses pendant la guerre. Ne m'imagine pas comme ces héros dont le cinéma vante les exploits. J'ai ravitaillé un peu le maquis selon les pommes de terre qui me restaient, j'ai caché une semaine un aviateur anglais que m'avait envoyé Jean de Lespinassou, j'ai bien porté aussi quelques messages à travers la montagne à certains groupes isolés, j'ai aidé à récupérer le premier parachutage en 44... Tiens, tu vois, ça je m'en souviens bien : c'était très beau en ce jour d'avril, ces parachutes bleu-blanc-rouge qui descendaient à l'aube du petit matin pour poser leurs containers dans les bruyères. C'étaient les armes de la liberté et l'on se dépêchait de les ramasser. Bien sûr, j'ai participé à la Libération, en juin 44, surtout en témoin et il y avait déjà beaucoup de braillards de la vingt-cinquième heure. Il y en a même eu un qui a osé me demander, un pistolet sur le ventre, ce que j'avais fait avant, un jeunot qui avait mis des galons de capitaine pour faire plus sérieux, mais que j'ai envoyé promener d'un grand coup de pied au cul. Ce fut une drôle d'époque, pleine de passion, de revanche et de haine, et moi, quinquagénaire, j'avais compris depuis longtemps le sens de l'Histoire et la vanité des choses humaines. Vois-tu, ceux qui ont tondu les femmes collabo cherchaient souvent un brevet de Résistance qu'ils étaient loin d'avoir toujours mérité...

— Comment ça ?

— Eh bien, c'étaient bien souvent de pauvres femmes et certaines d'entre elles n'étaient en réalité coupables que d'avoir aimé un homme qui ne portait pas le bon uniforme. Mais ces résistants tardifs, ces résistants d'opérette, fiers à bras et forts en gueule, ils avaient beaucoup à se faire pardonner. Ils n'étaient ni à côté de De Gaulle à Londres, ni ici quand la Résistance se faisait allumer. Ils n'ont jamais distribué un tract ou caché un juif. Cet été 44 fut celui des vengeances, des règlements de comptes, et même des éliminations physiques de ceux qui demain auraient pu se révéler des adversaires politiques dans une France à reconstruire. Voilà Paul, j'ai connu une Libération qui a mélangé le courage et la bassesse, à l'image des hommes, somme toute...

— Et après ? Tu as fait quoi ?

— Les plus jeunes ont rejoint la première armée, celle de De Lattre. Moi, je suis resté à la Houchane. J'étais trop vieux pour faire un soldat et, bien sûr, j'aurais dû être réintégré en 1945 dans l'enseignement, mais j'ai refusé.

— Pourquoi ?

— Quelque part en moi, j'avais encore trop mal. Ma République n'était plus celle-là. J'appartenais trop à celle de Jules Ferry et, à mon âge, je me voyais mal refaire cours à des étudiants d'une vingtaine d'années, surtout après tout ce qui s'était passé. Quelque chose s'était cassé en moi peut-être. Ma génération n'était-elle pas responsable de la tragédie ? Seule la Houchane me donnait la paix et je savais qu'à soixante-cinq ans j'aurais la retraite. Alors, la boucle serait définitivement bouclée.

D'ici là, j'étais sur ma terre, la terre des miens, la terre de mes ancêtres, celle de leur sueur et de leurs larmes, celle de leur courage, de leur espérance et de leur déception. Voilà pourquoi, Paul, revenu ici, j'y suis resté pour renouer définitivement les fils d'une histoire que ma carrière de professeur m'avait un temps rendue plus lointaine. En revenant, moi le prof d'histoire, je donnais à mes recherches une consistance humaine, à l'heure où les campagnes de France quittaient définitivement le temps éternel pour découvrir, à travers les tracteurs, les charmes pervers de la modernisation. Moi, ici, je laboure toujours avec mes vaches et, entre nous, je préfère la compagnie de la Poumée ou de la Marquise à celle d'un moteur diesel.

Sébastien se tut et le silence fit soudain trop de bruit. Paul osait à peine respirer. Un long moment s'écoula ainsi jusqu'à ce qu'Hilda, en s'étirant, ne les replonge tous deux dans la réalité de cette fin d'après-midi de décembre 1958.

— Tu as laissé le feu s'éteindre, petit..., fit Sébastien, plein d'indulgence face aux tisons de l'âtre qui ne fumaient presque plus.

Paul s'activa, penaud, la tête pleine d'images irréelles. Une brassée de bois eut vite fait de redonner une flamme claire qui, en crépitant, recréa la vie dans la salle de la Houchane. Jason fit ses grâces, manifestant une envie de sortir. La nuit était en train de tomber par-dessus les grands sapins noirs, à l'image de Sébastien, son grand-père, tellement plein de l'histoire des hommes au soir de sa vie.

La lampe dissipait à peine les ténèbres tandis que les objets prenaient un relief particulier, pleins de mystères et de promesses suggérées. Sébastien entreprit de rouler une cigarette avec dextérité. Le papier RIZLA† enroba aisément le gris, humidifié dans la blague par un morceau de carotte fraîche, chaque jour renouvelé. Un peu de salive habilement passée humecta la bande de papier gommé et Sébastien fit claquer son briquet dans un panache de fumée noirâtre issue de la combustion d'une essence grasse, sûrement d'origine automobile. Le feu avait retrouvé dans l'âtre sa vigueur et la maison un peu de son âme. Jason n'en finissait pas de se frotter sur la jambe de Sébastien qui semblait l'ignorer.

— On va dîner, petit ? fit-il soudain, la tête trop pleine de souvenirs diffus et pourtant si présents encore.

— Oh, je peux attendre...

— À ton âge, on a toujours faim pas vrai ?

Déjà son grand-père avait disparu dans la souillarde, cherchant quelque chose à grignoter. Hilda l'avait suivi, prête à quémander quelques friandises. Paul se sentait bien, pleinement. Il goûtait l'instant qui passe, ce temps rêvé derrière les murs gris du lycée, ces murs si hauts, hérissés ici et là de méchants tessons de bouteilles pour que les prisonniers du bagne du savoir ne puissent s'en échapper, ce temps que l'horloge centenaire égrenait au fil des allers et retours de son balancier. Sébastien réapparut, portant deux assiettes à liseré bleu. Elles appartenaient au service de Cataline et elles en avaient vu défiler des soupes, des « azinats » et des civets. Il avait taillé deux tranches d'un jambon sec, mais odorant, séché à cœur au « cantou » et dont la couenne devenait jaune sur les bords. Un toupî de pommes de terre déjà cuites et bien caramélisées, voilà qui servirait d'accompagnement. Et puis, il y avait toujours, pour finir, cette confiture de mûres bien noire qui parfumait le palais de son odeur sauvage, évoquant les senteurs de l'été, le bourdonnement des abeilles et l'odeur du foin coupé. Ça suffirait bien pour ce soir. Demain ils prépareraient l'oie...

Ils mangèrent dans un silence de cathédrale, simplement ponctué des craquements du feu. Sébastien avait beaucoup parlé aujourd'hui. Paul regardait son grand-père d'un œil neuf, de celui qui en sait un peu plus maintenant. Pourtant, Sébastien avait tant à lui dire encore... mais, soudain, il se sentit las après cette journée si pleine et la fatigue lui tirait fort tous les muscles du visage. Il n'insista pas pour veiller quand son grand-père l'envoya se coucher, perdu dans ses songes. Et c'est avec plénitude et bonheur qu'il retrouva sa couette dans la chambre. Les draps de fil étaient frais. L'armoire de mariage sentait bon la cire. Il s'endormit très vite alors que le souvenir de l'oie, jailli des ronces blanchies par la neige, vint peupler ses rêves et nourrir ses espoirs. Il suivait Hilda, bondissante, soulevant des nuages de poudreuse, lui-même enfoncé jusqu'au ventre dans cette matière blanchâtre qui n'arrivait pas à freiner l'élan qui l'emportait, cette quête éternelle qui confinait à la soif d'absolu, au dépassement de soi-même, pour se conclure dans l'aboutissement ultime d'une neige rougie du sang de la vie.

En ce soir-là, à la Houchane, le vent mugissait. Il faisait bruire les branches de sapin et chaque rafale lâchait un paquet de neige qui s'écrasait au sol, dans la nuit épaisse, avec un bruit sourd et étouffé.

9

Frimas et neiges d'hiver

Quelque chose de chaud et humide lui lécha le visage et le réveilla. Paul se retourna sous la couette pour échapper à cette langue qui lui témoignait une baveuse affection matinale. Hilda avait profité de la porte mal fermée pour se glisser dans la chambre. Bien sûr, elle savait que c'était défendu, mais comment résister quand Sébastien n'était pas là pour la voir monter l'escalier aux marches craquantes. Le jour perçait entre les volets depuis longtemps déjà, mais Paul n'était pas pressé de se lever. Il savait que la neige couvrait tout, bois, prés et sapins, que la journée se passerait sûrement au « cantou » à écouter chanter les bûches en grignotant quelques châtaignes pour s'occuper les dents, entre le récit de deux ou trois souvenirs du temps passé. Il risqua timidement un bras hors du lit. Il faisait plus que froid et il se pelotonna frileusement sous les couvertures. La brique, qui avait si bien emmagasiné la chaleur de la cuisinière pour réchauffer les draps hier soir, était glacée depuis longtemps. La chienne cherchait Paul du museau, comme pour lui faire comprendre qu'il était temps de se lever. Paul n'avait aucune idée de l'heure, mais cela ne le tracassait pas outre mesure tant il se complaisait dans la chaleur animale de son lit.

L'espoir, sans doute illusoire, de la chasse, la présence

d'Hilda, qui par ses coups de langue répétés et ses plaintes successives, mélopée distillant reproches et impatience, finirent par avoir raison de sa béatitude et il glissa enfin une jambe hors du lit. Il se hâta de s'habiller, enfilant caleçon et chandail, limitant la toilette à un coup de gant humide passé sur le bout du nez qui ne faisait qu'effacer les caresses humides d'Hilda.

Hilda était sur ses talons, ses griffes crissant en une cavalcade joyeuse. Suspendus au plafond, les saucissons étaient toujours là et Jason s'étirait paresseusement devant l'âtre. La cafetière d'aluminium miaulait sur la cuisinière et Paul se versa un solide bol de café-chicorée, bien brûlant. Les poutres mal équarries étaient toujours aussi noires et la pièce sentait plus que jamais la fumée, conservant ce parfum d'Histoire qu'il commençait à partager au quotidien pour la faire devenir sienne, un peu plus chaque jour. L'horloge marqua dix heures et ses coups amplifiés par la caisse de bois verni résonnèrent avec l'épaisseur du temps qui passe. Le bol à la main, Paul se promenait de long en large dans la pièce. Hilda le suivait du regard, plus curieuse qu'inquiète. Paul détaillait tout d'un regard de propriétaire : la cuisinière noire et son tuyau jadis argenté, le tas de journaux empilés, si bons allumeurs pour le feu de bois des veillées, cette radio que Sébastien n'allumait presque plus maintenant, ces chaises bancales et usées par des générations de paysans, cette table de ferme aux longues planches patinées, avec, au bout, son tiroir qui renfermait toujours la miche de pain dont on trempait les soupes, ces rideaux de piqué blanc devenus jaunâtres faute d'un déficit de lessive ou d'un excédent de fumée... C'était ça la Houchane, ce passé si présent où l'on avait rendez-vous avec hier sans savoir quel jour on était. Et la Houchane était sa terre. À travers elle, il avait renoué avec une histoire jadis inconnue, une histoire qu'on lui avait caché mais qu'il sentait si présente. Il était de là comme d'autres sont d'ailleurs, tout bêtement, et même s'il n'y était pas né. Une force inconnue l'habitait. Paul promenait un regard tranquille et souverain sur la salle. Ce matin-là, il était un peu plus d'ici et les souvenirs des foyers et des orphelinats qu'il avait fréquentés s'estompaient davantage.

Sébastien rentra à ce moment-là, vêtu de sa canadienne de toile, portant une grosse bûche de chêne sur l'épaule.

— Ah, tu es levé, petit ! *Es pas trop lèu...* C'est pas trop tôt...

Sébastien prenait un malin plaisir à s'exprimer en patois, la langue de son enfance. Sans doute voulait-il que son petit-fils s'enracine davantage, qu'il retrouve à travers son histoire le véhicule linguistique de ses ancêtres, car maintenant, ce patois, il ne restait plus qu'un ou deux célibataires hors d'âge pour le pratiquer couramment avec lui. La neige, dehors, était devenue épaisse et seules les traces, régulièrement entretenues par les passages répétés de Sébastien vers la grange ou l'étable, étaient vraiment visibles. Pourtant, un pâle soleil s'évertuait à vouloir percer au-dessus des grands sapins.

— On va à la chasse ce matin, Sébastien ?

— Tu as vu la neige, petit ? On ne ferait pas beaucoup de chemin et les oies n'ont pas dû venir...

— Mais, s'il y en avait une des fois...

— N'y compte pas, Pitchou ! D'ailleurs, j'ai déjà fait le bord du ruisseau pour les traces.

— Et tu ne m'as pas attendu ?

— Eh ! Tu dormais si bien ! Mais tu n'as rien raté, tu sais ! Viens plutôt faire l'étable avec moi. La Marquise, la Poumée et la Noireaute doivent languir la traite...

Comme s'il comprenait le sens des mots, Jason, attiré peut-être par la perspective du lait chaud, consentit à poser ses pattes frileuses sur les traces des pas des sabots de Sébastien, sautillant sur le chemin de l'étable, la fourrure gonflée et la queue haute, portée en point d'interrogation. L'étable était ce lieu de tiédeur et de quiétude, interface des rigueurs hivernales qui régnaient dehors. On y rentrait avec plaisir et l'odeur du foin mélangée au fumier frais évoquait le parfum sauvage de la vie qui, pour mieux la retenir, devait se respirer à pleins poumons et auquel le contraste avec l'air glacé du dehors donnait alors tout son sens et sa dimension. Les vaches les avait reconnus, bien avant qu'ils ne franchissent la porte de bois patinée et usée qui bâillait à moitié dans les deux sens pour laisser passer le volume d'air nécessaire à une bonne aération. Dans le coin, à gauche, derrière une mauvaise cloison de planches à demi pourries par le jus du fumier, deux veaux s'ébattaient gaillardement, entravés cependant d'une chaîne, sans quoi ils eussent défoncé leur enclos. Une maigre lueur jaune, chichement dispensée par une vingt-cinq watts paresseuse engluée de multiples toiles d'araignées, les éclairait. Au plafond, les nids d'hirondelles désertés attendaient le retour de leurs pensionnaires au mois d'avril. Sébastien vendrait ses veaux au printemps au terme, comme toujours, d'une rude négociation avec Savignac. Le bougre avait le pouce plus lourd sur le plateau de la balance de son camion que sur celle de la bascule qui servait à peser les bêtes quand il les achetait dans les campagnes, le béret sur la tête, vêtu de cette blouse noire de maquignon qui contrastait singulièrement avec la blouse blanche qu'il mettait pour vendre, tous les jours, souvent aux mêmes personnes, mais fort cher, ce qu'il avait acheté bon marché la veille. Mais ainsi allaient les affaires et parfois on se quittait pour quelques francs : l'honneur ne voulait pas que l'on perde la face. Et d'ailleurs, comme Savignac n'avait pas de blouse grise, le compromis était toujours difficile !

Sébastien commença par tirer le fumier avec une fourche courbe, pour le stocker dans un coin de l'étable où il viendrait le chercher plus tard, dans la vieille brouette aux parois de bois amovibles, pour l'entasser dans un coin du jardin avant un usage printanier. Ce nettoyage terminé, il fit d'un geste ample une jonchée de paille qui donna à l'étable un air neuf et une bonne odeur, mélange parfumé de senteurs macérées d'un été encore proche que l'hiver achevait de disperser comme un souvenir diffus. Après avoir donné un peu de foin aux bêtes pour qu'elles se tiennent tranquilles, dans un local bien rafraîchi, assis sur un tabouret à trois pieds, Sébastien entreprit de traire les vaches d'un geste rythmé qui faisait jaillir le lait dans le seau en zinc où il résonnait d'un bruit cristallin à chaque pression de la main.

Paul le regardait faire et, par habitude déjà, agaçait les jeunes veaux dans leur enclos d'une trique de noisetier sec. Il les provoquait en les piquant, s'amusant des bonds de cabris qui, sous leurs jeunes sabots, faisaient vibrer les vieilles planches de leur domaine mesuré. À intervalles réguliers, Sébastien versait le lait par demi-seaux dans le grand bidon de tôle galvanisée qu'il descendrait ensuite, malgré la neige, jusqu'à la route pour le ramasseur. Le lait était mousseux et odorant. Jason en frémissait de désir, passant et repassant entre les pattes des vaches qui ne bougeaient pas. Sébastien savait bien qu'il n'en tirerait pas quelques francs de plus malgré le mauvais temps. Quand il eut terminé avec la Poumée, le bidon était presque plein et si lourd à manœuvrer que Sébastien demanda l'aide de Paul pour le porter dans le « carretou », muni de patins de bois, qui servait en hiver aux transports domestiques, remplaçant la brouette en cas de neige.

Le soleil avait réussi à percer entre deux nuages sans réchauffer l'ambiance pour autant. Paul s'amusait à lancer des boules de neige à Hilda quand Sébastien remonta avec le bidon vide de la veille sur le « carretou » aux planches mal équarries. Il peinait un peu, le béret relevé sur le front, suant malgré la fraîcheur de l'air. Paul se reprocha soudain de ne pas être descendu avec lui pour l'aider dans cette tâche. Il n'y avait pas pensé, tout simplement...

— Repose-toi un peu grand-père...

— Oh, tu sais, j'aurai bien le temps de me reposer là-haut, grogna Sébastien en se redressant. Sa main essuya la sueur de son front puis rabattit le béret dessus. Tiens, va plutôt chercher du bois au bûcher pour faire le plein du cantou... Au moins on aura chaud si on n'a pas autre chose !

— J'y vais grand-père...

— Je croyais que tu m'appelais Sébastien ! Tu sais que ça me fait bien vieux « grand-père », et pourtant je n'ai pas l'impression d'avoir d'âge ! Allez, vas-y, je viendrai te donner la main dans un moment.

Un vent glacé se levait avec le soleil, balayant la neige fraîche, annonciateur de la formation des congères. Les cols de Péguères et de Jouèls n'étaient plus praticables depuis longtemps et bientôt la route du Grand Chêne ne le serait plus. À grandes brassées, Paul entassait les bûches à côté du cantou. Quand il n'y eut plus de place, il en stocka dans l'entrée comme Sébastien lui avait montré. Malgré le jour bref, un des plus courts de l'année, la journée serait encore longue, même si l'on approchait de midi. Paul avait presque terminé quand Sébastien réapparut, Hilda sur ses traces.

— Aujourd'hui avec cette neige, on a tout le temps de manger et de se cultiver la couenne ! *Té*, d'abord je vais te faire une *rousôlo*... Tu verras, c'est un plat d'ici !

Sébastien disparut dans la souillarde et Paul l'entendit tailler une large tranche de jambon, la couper en allumettes, puis émietter un morceau de pain rassis dans un de ces vieux bols, légèrement ébréché, dont les placards de la Houchane semblaient faire collection. Il couvrit le mélange de trois œufs bien battus puis versa le tout dans une cocotte de fonte noire qu'il posa sur la cuisinière. Pour ceux d'ici autrefois, c'était un plat commun et toutes les familles de la montagne avaient pratiqué cette alchimie culinaire qui donna naissance à ce plat traditionnel, en toutes saisons, apprécié par des dynasties de paysans et de bûcherons. Bien sûr, il y avait des variantes : à Pâques, par exemple, on la faisait souvent au boudin ou encore à la saucisse, à peine sèche, du cochon tué voilà quelques semaines avant que la température extérieure ne remontât trop.

— Eh ! dis moi... tu connais le *milhàs* au moins ? fit Sébastien. Hum, sans doute que non. On n'en faisait pas dans le Loiret !

Et ses yeux pétillaient de malice. Ah, le milhàs ! Rien que d'en parler, sa bouche se plissait de saveurs d'enfance à l'évocation de cette bouillie pyrénéenne, parfois grumeleuse, qui avait servi de viatique à des générations d'affamés après les efforts que la terre et le travail au martinet exigeaient. Le milhàs de son enfance, le milhàs de Cataline, sa grand-mère, ce milhàs associé au temps du cochon, aux hivers froids et rudes, que l'on parfumait les jours de fête à la fleur d'oranger ! Ce milhàs-là pour Sébastien, était parfum d'Histoire, source de mémoire et nécessité de transmission.

— Tu vois, ici, moi comme les autres, comme les Astre ou les Séguéla, on a grandi entre milhàs et rousôlo, entre purée à la toudeilhe et sauce au pauvr'homme. Les parents utilisaient ce qu'ils avaient, du jambon, des œufs, des pommes de terre, de la farine ! Et cela nous a tenu le ventre pour aller au travail, à l'école, comme pour aller à la guerre...

Sébastien avait pris son temps pour préparer le repas, méticuleux pour les gestes à accomplir. La rousôlo avait été tournée et retournée, parfumée d'une touffe de persil miraculeusement préservée de la neige et du froid, par une planche, bien placée dessus, en prévision d'un hiver rude. Le milhàs, bien touillé dans un toupî où s'étaient mélangés le lait et la farine de maïs versée en pluie, avait cuit au cantou pendant plus d'une heure. Sébastien l'avait ensuite versé sur une plaque en tôle, puis exposé sur le rebord de la fenêtre, dehors, pour qu'il refroidisse plus vite avant d'en tailler de grands carrés pour les poêler à feu doux sur la cuisinière. Ils s'en étaient mis une « bonne ventrée », comme disait son grand-père, arrosée d'un peu de vin de sainte-rapine, mouillé à l'eau de la source qui alimentait l'évier en pierre de la Houchane.

Et la nuit tombait, inexorablement, mais comme à regret sur un jour triste et gris qui ne s'était jamais vraiment levé. Seule, à l'approche de la maison, la silhouette des grands sapins noirs de la Houchane se distinguait encore un peu, faiblissant à chaque instant, sous la lune, pour leur donner leur dimension irréelle. Paul, enfoncé jusqu'aux genoux dans la neige, progressait lentement sur la route. Il cherchait la trace de ses pas, entre les arbres déplumés par les vents hargneux du mois de novembre précédant. La route du retour lui paraissait soudain bien longue, bien qu'il ait pris l'habitude de marcher dans cette campagne. Heureusement, Hilda l'avait suivi et, dans cette cotonnade grise, qui noircissait à chaque instant, il s'efforçait de ne pas perdre de vue l'épagneule qui sautait dans la poudreuse fraîche. Elle était, elle aussi, pressée de rentrer. Jamais il n'aurait cru que c'était aussi loin d'aller chez Raymond de l'Espagnagol. Pourtant, il passait presque devant pour aller aux palombes avec Sébastien. C'était son grand-père qui, cet après-midi-là, l'avait envoyé pour voir si son voisin perdu là-haut dans la montagne, dans une borde solitaire, à quatre-vingt-deux ans, n'avait besoin de rien. Il était lui aussi un irréductible, attaché à la terre de ses ancêtres par toutes les fibres de son âme. Depuis longtemps déjà, ses enfants étaient partis pour Paris et ne venaient plus le voir, préférant un séjour au bord de la mer, du côté de Dinard, à la fraîcheur de la verte vallée, pour les changer, pendant les vacances, de leur HLM de Colombes, avec vue sur la barre d'en face. Un neveu, qui habitait Toulouse, passait, lui, régulièrement pour la Toussaint et ne manquait jamais de venir le voir au moment de sa fête, histoire de lui soutirer subrepticement une bouteille de vieille prune et de cultiver peut-être aussi l'espoir d'un héritage.

Tragique solitude que celle de ces Raymond, ces dinosaures abandonnés des hommes, mais pas oubliés de Dieu qui les faisait vivre et les rappelait à lui après une existence de labeur et de devoir. Mais pour eux, le temps pouvait bien passer, le regard qu'ils avaient sur la vie et leurs semblables demeurait éternel dans sa mansuétude, son étonnement et sa candeur.

Paul avait bien marché deux heures durant dans la neige profonde pour rejoindre la borde de Raymond. Un chien jaune et hargneux, ni gros ni maigre, la dent facile, l'avait accueilli en hurlant. Il était pour lui un étranger qui soufflait comme un phoque en progressant dans la poudreuse. Et Raymond était sorti à petits pas...

— *Oh ! qu'es aco* ? Qui tu es, toi ?

— Je suis Paul de la Houchane, le petit-fils de Sébastien !

— Sébastien ! Et qu'est-ce que tu viens faire ici, petit ?

— C'est mon grand-père qui m'envoie pour voir si vous avez besoin de rien...

— Oh, tu sais, j'ai du bois, des patates, du vin et du lait de la vache... Tu vois, je manque de rien. *Té*, j'ai même fait mon pain ce matin ! Alors tu lui diras à Sébastien qu'il a tort de s'inquiéter pour moi. Mais entre donc un peu te réchauffer, va. Tu n'as pas fait tout ce chemin pour ça quand même ?

— Si, je vous jure... Sébastien m'a dit : vas-y voir d'un coup de jambes. Alors je suis monté !

— Entre petit, viens boire un coup, va...

La salle était sombre, seulement éclairée par la lueur de deux tisons qui brûlaient dans l'âtre. Raymond n'avait pas l'électricité. Il l'avait refusée en 1938, parce qu'il n'en voyait pas l'utilité lui qui, comme ses pères, s'était toujours servi de la lampe à pétrole. Depuis, l'EDF l'avait oublié en son bout du monde. Comme à la Houchane, un jambon pendait dans la cheminée, séchant au fil des feux que l'on allume et qui enfument la pièce. Raymond avait sorti une bouteille, deux verres qu'un coup de torchon rapide n'avait pas réussi à rendre propres. Ce n'était pas tous les jours qu'il avait de la visite le Raymond !

— Tiens petit, c'est moi qui la fais ! Et c'est du pur fruits..., dit-il en lui versant une bonne rasade de prune.

Paul n'osait refuser, pressentant l'offense, mais ses quatorze ans tout juste révolus ne l'avaient pas encore habitué à ce genre de consommation. Servi, il avala le liquide d'un seul coup, faillit s'étrangler puis suffoqua sous la brûlure insupportable qui lui envahit la poitrine et le fit rougir jusqu'à la pointe des oreilles.

— Ça ramone hein ! Mais tu verras, ça tue les vers ! Un petit coup de temps à autre, ça t'entretient, surtout avec un temps comme aujourd'hui...

Paul n'arrivait pas à articuler, tant le feu lui ravageait le gosier. Il était prêt à exploser sous l'effet conjugué de la prune et de la tiédeur du cantou. C'est avec plaisir qu'il retrouva la fraîcheur de la neige et l'air glacé du dehors pour apaiser la surpression qui affectait son corps jusqu'à lui donner l'impression de l'implosion. Il était redescendu en courant, dopé par ce liquide qui devait dépasser les cinquante degrés au robinet de l'alambic.

Au fil des minutes, les effets s'estompèrent un peu et sa progression dans la neige reprit un cours plus paisible, son cœur retrouvant le rythme d'une marche normale, le pas traînant dans la poudreuse fraîche. Ah ! il s'en souviendrait de la prune du Raymond : il la refoulait à chaque pas et il avait l'impression qu'un prunier sauvage l'habitait intérieurement. Le souffle court, il sentait ses joues écarlates. Heureusement que la Houchane était en vue car la fatigue le guettait. Quel après-midi ! Sûrement Sébastien sourirait au récit de son aventure. Hilda jappa de joie en franchissant la porte de la maison. Elle s'ébroua longuement et bruyamment. Sébastien l'attendait au cantou. La cuisinière ronflait pleinement. Et Jason, tout à sa tiédeur, ne s'était même pas dérangé.

— Ah ! tu es rentré... Je commençais presque à m'inquiéter...

— Quelle neige ! Jamais je n'aurais cru qu'elle soit si épaisse...

— *Macarel*, tu es bien essoufflé en effet ! Chauffe-toi un peu... Et, dis-moi, comment il va le Raymond là-haut ? fit Sébastien, l'air amusé.

— Oh ! Il n'avait pas besoin de moi. Il a fait son pain et il a des patates... Il crèvera pas de faim, tu sais.

— Et il t'a rien donné ?

— Oh si ! Un bon coup de prune, et elle me chauffe encore !

— Ah, elle te brûle la gargamelle, la garce ! Ça t'apprendra... Il faut pas trop y toucher à la blanche. Oh ! il la fait bonne, le Raymond, mais il faut avoir de l'estomac pour l'avaler, ou alors il faut qu'il gèle comme aujourd'hui !

Sébastien souriait malicieusement comme Paul l'avait peu souvent vu. Ses yeux ridés se plissaient un peu plus et le bleu de leurs pupilles brillait davantage dans la douce pénombre que le feu entretenait.

— Tu dois avoir faim après une course pareille ! Ça

va être l'heure de manger, va. Que dirais-tu d'un coucou à la cansalàdo ?

Dans la poêle, Sébastien cassa deux œufs, achetés chez Savignac, dans la graisse d'une paire de tranches de lard qu'il avait fait dorer au préalable. Paul mettait la table pendant ce temps. Les assiettes un peu ébréchées, le cruchon de vin de sainte-rapine, qui ne titrait pas plus de neuf degrés, les fourchettes déformées par l'appétit des dents des convives successifs et ce pain coupé à larges tranches au Laguiole dans une tourte brune complétait le décor d'un repas banal à la Houchane, ce soir-là. Ces œufs avaient le parfum du temps, les mouillettes qu'on y trempait celui de l'Histoire et Paul entre deux bouchées demanda à son grand-père :

— Le cantou, il a toujours été comme ça ?

— Comment ça ?

— Oui, avec la cuisinière à côté ?

— Pour autant que je me rappelle, oui... Même que c'est dans ce cantou que Marie-Louise s'est brûlé le cul...

— Marie-Louise ?

— Oui, ma cousine, tu la connais pas...

— Comment ça, elle s'est brûlé le cul ?

— Oh, les fesses, si tu préfères... On était là tous les deux, du haut de nos sept ou huit ans, à se chamailler. Je n'avais pas de sœur et elle n'avait pas de frère, alors, comme on était cousins, ça remplaçait ! D'autant plus qu'elle habitait le hameau de Lacassagne, pas très loin d'ici.

— Tu l'as jetée au feu ?

— Non... On n'avait pas le diable dans la peau à ce point-là, mais on jouait avec le chat et il s'est rebiffé... Elle a eu peur du greffier et elle est tombée assise dans le chaudron de la soupe du cochon qui cuisait au cantou. Oh ! elle n'y est pas restée très longtemps, la pauvre... Elle s'est mise à hurler tandis que sa robe était toute fumante. Ma grand-mère s'est précipitée aussitôt.

Mais c'était trop tard. Putain, elle braillait en pleurant comme jamais, et, pour une fois, elle devait être sincère. Ma grand-mère m'a dit « retourne-toi », et elle l'a déculottée en lui arrachant par là même la moitié de la peau du derrière. Moi, j'étais partagé entre le rire imbécile et la compassion réelle. J'essayais bien de voir entre mes doigts, me tordant le cou, mais le regard noir de ma grand-mère me dissuadait d'apercevoir la moindre parcelle de culotte ou de jupon. Et elle, elle continuait de brailler tant et si bien que nos mères sont arrivées avec force d'exclamations et de plaintes plus en patois qu'en français. « De la gelée de groseilles ! » criaient-elles à tue-tête. « C'est ça qu'il lui faut, vite ! » Et tu me croiras si tu veux, elles ont tartiné Marie-Louise et son fondement. Moi, je n'avais plus envie de rire. Elle criait de plus belle après ce traitement. Bientôt les hommes sont rentrés et la petite pleurait toujours, les fesses tartinées, la robe remontée jusqu'à la taille. Moi, je m'étais caché à côté de l'horloge et c'est alors qu'ils ont décidé de l'emmener chez un guérisseur qu'ils connaissaient pour qu'on lui enlève le feu. Bien sûr, je n'ai pas été invité !

C'est Marie-Louise elle-même plus tard qui m'a raconté comment, pour la traiter, il avait fallu auparavant lui racler les fesses pour enlever la gelée de groseilles et la nettoyer à l'eau tiède. Un vrai plaisir... Et crois-moi, trente ans après, elle s'en souvenait encore quand elle me le raconta au mariage de sa fille. Nous avons bien ri, mais elle m'a dit que ce jour-là, ce qui la chagrinait le plus, ce n'était pas tant la douleur qu'elle pouvait ressentir, mais que moi, son cousin, je lui voie les fesses ! Nous avions nos pudeurs, tu vois... Ce n'était pas comme maintenant.

Ainsi, le temps s'écoulait à la Houchane à la dimension de l'Histoire, au fil de cette mémoire des hommes que Sébastien avait accumulée pour mieux la transmettre enrichie de ses expériences et de son vécu en un siècle meurtri et meurtrier. Qu'il était loin maintenant des convulsions ultimes d'une IVe République agonisante en cette heure où de Gaulle, élu président, allait prêter serment ! Pour lui, sa France n'était pas là, ni dans ces complots supposés du 13 mai, ni dans cette nouvelle Constitution qu'un peuple lassé avait approuvée par référendum. Sébastien ne faisait plus de politique depuis qu'il avait compris qu'il appartenait à l'Histoire, à celle des hommes, des humbles, de ces héros anonymes, qui, loin des alcôves du pouvoir, avaient bâti un pays de travailleurs à la sueur de leur front par des gestes toujours recommencés.

Ces vacances passèrent très vite pour Paul, au rythme des feux de bois qu'on allume et qui se meurent, de la lumière qui perce le petit matin jour après jour, à travers l'interstice des volets disjoints. Ce fut un Noël neigeux et humide, prometteur des grands froids de janvier que le vent mauvais annonçait par bourrasques. Les merles s'étaient soudain rapprochés davantage de la maison, Sébastien initia Paul à une séance de piégeage. Engourdis et affamés, piétant dans la neige à la recherche de quelque grain, tels qu'ils étaient ils en prirent sans difficulté une bonne douzaine en l'espace de deux ou trois jours. Paul les plumait, le soir devant la cheminée avant de les embrocher sur une pique d'acier, le corps bardé de cansalàdo pour que leur chair ne sèche pas et conserve tout son moelleux, une feuille de laurier et un brin de thym dans le ventre. Un pot de talhous ou quelques pommes de terre sous la cendre leur servait à tour de rôle d'accompagnement.

La neige avait tout recouvert abondamment. Elle avait interrompu la chasse. Bien sûr, en elle-même, elle n'était pas assez épaisse pour les empêcher d'y aller vraiment, pas plus d'ailleurs que la peur des gendarmes. Mais Sébastien répugnait en fait à traquer un gibier dont on pouvait suivre trop facilement la trace. Il se contentait simplement, en piégeant quelques merles, de prélever son tribut et de se fournir ainsi en viande fraîche, car Savignac, le boucher, ne passait plus depuis plusieurs jours. Et puis, à quoi cela lui aurait-il servi de poser plus de pièges ? À en prendre plus ?... Il n'aurait pas pu les manger et quant à les vendre, cette idée ne l'avait jamais effleuré car elle ne participait pas à son éthique.

Et ç'avait été le 1er janvier. Ce premier jour de 1959 était un jour comme les autres pour Sébastien. Pourtant, en un geste inhabituel, il avait consenti à allumer la radio, et le vénérable poste à lampe, à l'ébénisterie des années trente, avait chauffé lentement avant de donner avec quelques grésillements les programmes de Toulouse-Pyrénées qui diffusaient sur les ondes, ce soir-là, une comédie jouée en direct par la brochette des comédiens qui animaient régulièrement la station. Véhiculé depuis les larges micros rectangulaires du grand studio, via la « consolette », le son parvenait presque audible à la Houchane, depuis les allées Jean-Jaurès, malgré les montagnes, miracle de la technique à laquelle Sébastien n'accordait plus qu'un intérêt relatif.

Paul dut reprendre le chemin du lycée. Le vieux Chausson vert et blanc le cueillit un petit matin glacé, au carrefour du Grand Chêne, dans la neige accumulée sur le bas-côté d'une chaussée glissante, passager d'une nuit qui s'étirait encore.

Le lycée était froid et triste. Pour économiser le charbon, l'intendant avait fait rallumer le chauffage au dernier moment, c'est-à-dire le matin même, et si les poêles rougeoyaient, brûlant un anthracite gras, coupé en gros morceaux mal équarris, fraîchement sortis du front de taille de la mine, il faisait dans la plupart des salles de classe une température quasi polaire. Sans doute la présence des troupeaux d'élèves chaudement emmitouflés dans leur duffle-coat gris ou bleu contribuerait-elle à faire tout autant grimper le thermomètre. L'eau avait gelé dans le bassin de la cour d'honneur et les quelques poissons rouges qui le peuplaient s'étaient réfugiés dans les profondeurs libres encore de glace. La lumière, chichement dispensée par quelques lampes au coin des couloirs, sous les arcades de briques rouges, ne suffisait pas à chasser la nuit, ni l'inhospitalité d'un lieu qui évoquait plus le monastère ou la prison qu'un temple du savoir et de la culture.

Rentrer au lycée, en ce 5 janvier 1959, relevait de l'héroïsme et demandait une certaine dose d'abnégation, à coup sûr, pour ces cohortes d'élèves dont les pas résonnaient, lugubres, tels ceux des bagnards dans les coursives. Dans la cour, le surveillant général, l'homme à la canne, était là, fidèle au poste, l'œil scrutateur et mobile, attentif au moindre dysfonctionnement puisque tel était son métier. L'air glacé balayait les couloirs et le sapin de la cour frémissait sous la gifle du vent et, tandis que la cloche sonnait le rappel des pensionnaires, le temps se referma derrière les murs gris, emprisonnant rêves et espoirs dans la monotonie suintante des cours qui se succèdent. Il faudrait attendre une semaine, peut-être deux ou trois si on avait la malchance d'être collé ou s'il y avait trop de neige pour retrouver Marcel, le chauffeur de ce bus dont les vitesses passaient si mal. Que la Pagésie ou le col de la Ribeyre étaient loin de ces lieux hostiles, ennemis de la vie, de la jeunesse, du temps qui passe simplement. Mais Paul, imprégné de tout ce que Sébastien lui avait dit, faisait une rentrée différente de celle de Toussaint. Il était plein de la mémoire de ses ancêtres, de la mémoire des autres, de la mémoire des hommes.

Les salles de cours ne sentaient rien après quinze jours d'inactivité, sauf cette poussière tenace qu'un balayeur s'évertuait à chasser, après avoir mouillé les parquets à l'aide d'un curieux entonnoir qu'il remplissait d'eau pour dessiner de savantes arabesques. Demain, le lycée reprendrait benoîtement son rythme usuel de machine bien huilée mais, en attendant, Paul, en blouse grise comme les autres, avait cours de latin avec M. Maillot et il retrouverait M. Ladrac en maths à dix heures. Sans être une récréation, ce cours de mathématiques lui apparaissait comme du pain bénit par rapport à celui qui précédait. Ainsi en était-il, dans ce temps d'alors, où ces écoliers pétris de traditions ne songeaient pas encore à contester un rythme de vie et des usages qui correspondaient à leur devenir social et culturel. Les profs avaient l'air reposé et plein d'ardeur. Ils papotaient par groupes de deux ou trois, échangeant leurs vœux de bonne année à coups de chapeau et de poignées de main dans l'aube blafarde de ce petit matin de janvier 59. Comme à l'accoutumée, M. Maillot était sinistre. Les vacances ne l'avaient pas amélioré et sa rancœur contre la gent lycéenne s'était accrue, perfectionnée et vinaigrée, on le voyait rien qu'à la manière dont il distribuait les déclinaisons et les verbes à copier dix fois. Comment cet aigri, patiné par trente-cinq rentrées scolaires, pouvait-il encore enseigner ? Il avait commencé sa carrière en 1924, sans doute en un temps différent. Maintenant, son regard descendant vers ses ouailles, il prenait un plaisir sadique à les punir, sa bouche aux lèvres minces dessinant un méchant rictus. C'était pour lui presque une jouissance et il aurait fallu lui dire merci et se sentir son obligé pour qu'un frémissement de bonheur le parcourût. Que l'heure de latin était longue, même pour les bons élèves ! Et quand il fallait scander les vers d'Ovide, c'était atroce ! Après un tel début matinal, les autres cours paraissaient faciles, s'enchaînant naturellement dans un rythme qui redevenait familier.

Au réfectoire, à midi, le cuisinier n'avait pas eu à faire un grand effort d'imagination : il avait simplement reproduit les mêmes menus qu'avant la sortie et donc ce jour-là, c'était le jour de la purée, comme tous les lundis, de même que le vendredi était celui du poisson. Ça lui évitait sûrement de se creuser la tête à ce brave homme, et le médecin scolaire ayant constaté, une bonne fois pour toutes, l'équilibre diététique des repas, une quelconque remise en cause de cet état de fait aurait paru incongrue, voire de nature à troubler l'ordre public.

Déjà le mardi, les premières colles furent distribuées, histoire de reprendre les bonnes habitudes ou parce que certains, dans ce domaine, avaient encore un peu de crédit d'avance à l'issue du premier trimestre. Les plus grands fautifs viendraient le dimanche, mais ceux-là, en général, étaient peu sensibles aux sanctions qui pleuvaient sur leur tête comme les feuilles qui tombaient en automne. La neige, qui revint en abondance en milieu de semaine, gommait, pour certains, les regrets de week-end, d'autant plus qu'elle permettait de somptueuses batailles dans la cour des platanes qu'ils n'auraient pu envisager chez eux, faute de combattants et de munitions. Paul s'était bien renseigné, les cars ne monteraient sûrement pas vu la couche qui était tombée. C'est ce qu'on lui avait affirmé au bureau des « surgés ». Ce lieu était celui des surveillants généraux, où régnait l'homme à la canne, le plus redouté d'entre tous. On n'en passait pas la porte sans un petit serrement au cœur, prélude introspectif à un rapide examen de conscience, à une de ces interrogations dubitatives sur des fautes cachées ou oubliées.

La neige bloqua les cars le samedi, et Paul ne put prendre le chemin de la Houchane. C'est avec beaucoup d'amertume qu'il resta à l'internat dont le rythme de vie n'avait pas varié pour autant. Le dimanche était un jour ordinaire. Certes, ceux qui le souhaitaient étaient accompagnés à la messe de dix heures en rang par deux, le béret sur la tête, la cape bleue sur les épaules, virevoltante au gré des sautes du vent d'hiver. Même si un relâchement imperceptible se faisait sentir chez les pions, une récréation plus longue, le temps du week-end lui parut encore plus interminable que celui de la semaine. Paul se prit à récolter des poils d'Hilda, accrochés à un pull-over bleu marine, comme un talisman, source d'espérance et du terroir qui était désormais son monde, son histoire et ses racines. Il était de là, imperceptiblement, par toutes les fibres de son être. Il était sapin, il était pierre glissante, il était linteau de chêne de l'étable, il était ce désordre témoin de l'épaisseur du temps, du poids de l'Histoire, de celle des siens qui, par-delà le passé était aussi celle des autres, de ceux qu'il n'avait pas connus, mais dont il était désormais comptable, parce qu'ils étaient de là-bas, comme lui maintenant.

La reprise des cours le lundi matin fut presque un soulagement et même son lugubre professeur de français lui sembla plaisant après la triste monotonie de cette fin de semaine. Le rythme bien huilé du lycée reprenait comme un réveil que l'on remonte. La neige commençait à fondre dehors à la faveur d'un redoux providentiel qui augurait pour le week-end suivant la reprise de la desserte des cars. M. Ladrac leur enseigna l'équation à deux inconnues dans un silence religieux : même la plus obtuse de ces têtes adolescents qui scribouillaient à la plume gauloise sur des cahiers à gros carreaux de couleur bistre semblait, avec lui, pénétrée de la révélation scientifique des faits qu'il avait le don de rendre évidente.

Le mardi, Paul reçut une lettre de son grand-père. Écrite sur une feuille de papier machine jaunâtre d'une plume qui n'avait rien perdu ni de sa personnalité intellectuelle passée, ni de son style bourru d'homme du terroir, la lettre de Sébastien l'informait qu'on tuerait sûrement le cochon le samedi suivant à la Houchane et qu'il comptait sur lui en cette circonstance. Paul n'avait jamais vu tuer le cochon. Il imaginait une fête barbare, une bacchanale de sang et de vin, pleine de cris et d'exclamations, d'odeurs fades de tripes chaudes, de rires claironnants, quelque chose à mi-chemin du gargantuesque et du païen. Il en rêva le soir, souvent, sous la couverture brune de l'internat mise en double pour tenir plus chaud dans la fraîcheur du dortoir.

Le samedi matin, il se leva gaillardement. Même l'eau glacée des robinets des sanitaires ne le rebuta pas. Il savait que ce matin-là était celui du retour à la Houchane après deux longues semaines d'absence. C'était donc un matin de fête. Il n'était pas le seul à avoir ce sentiment : collés de la semaine précédente, pensionnaires involontaires retenus par la force des choses et les caprices de la météo, ils aspiraient tous à cette libération comme à un espoir de vie retrouvée. Et les cartables paraissaient légers sur les épaules en dévalant les escaliers pour se rendre en classe. Même la cour des platanes, entourée de ses arcades de briques rouges, était soudain moins triste. Bientôt le grand portail ripoliné s'ouvrirait sur cette liberté dont les allées de la ville étaient les Champs-Élysées. Les dernières heures passèrent dans un rêve et le cours d'anglais de M. Santou leur laissa peu de traces, comme d'habitude. Le cher homme, féru de musique, pensait plus sûrement au concert de bel canto qu'il irait écouter le soir même au Capitole. Sa passion n'éveillait, hélas, pas beaucoup d'émules parmi ses élèves, pas plus que le petit livre bleu de Carpentier et Fialip ne suscitait l'enthousiasme dithyrambique parmi les foules de potaches auxquels il était censé apprendre la langue de Shakespeare. Oh ! M. Santou essayait honnêtement de faire son travail, ce qui témoignait déjà d'une certaine conscience professionnelle un samedi matin de onze à douze.

Quand la cloche sonna, ce fut un braillement bruyant suivi d'une cavalcade mêlée de portes claquées et de galopades résonnantes sur les marches vénérables des escaliers de chêne : l'heure de la liberté avait sonné. La statue de Lakanal leur en indiquait le chemin, même si celle-ci, pour moins de quarante-huit heures, n'était que conditionnelle. Marcel, le chauffeur, les attendait, fidèle au poste, dans son vieux Chausson vert et blanc. La casquette à carreaux en arrière, le mégot coincé à la commissure des lèvres, il semblait éternel, pérennisant le temps de leurs espérances. Mais lui aussi attendait le samedi soir pour aller faire sa partie au café en dégustant une Suze citron à l'eau de Seltz. C'était sa récréation à lui, le conducteur breveté par les milliers de kilomètres parcourus. Marcel avait rallumé sa cigarette de gris, roulée avec une méticulosité artisanale. Il en tira une longue bouffée qu'il expira par le nez. C'était signe que le départ était proche. Et bientôt, en effet, le vénérable véhicule s'ébranla dans un couinement de tôles. Paul se cramponna aux barres d'acier nickelées, qui constituaient l'armature des sièges, pour résister aux cahots de la route qui montait en lacet dans la montagne. Le car le déposa au Grand Chêne. Des plaques de neige avaient perduré malgré le redoux, dans les bas-côtés. La maison était là, au bout du chemin. Paul marcha d'un pas allègre, le cœur léger et l'espérance aux lèvres. Une tourde s'envola à tire-d'aile au détour d'un matàs de buis. Il aperçut la silhouette des grands sapins noirs, il était à nouveau à la Houchane, chez lui, sur sa terre...

10

Le temps du cochon

Paul était à peine essoufflé quand il passa le portillon de bois qui marquait l'entrée de la cour de la Houchane. Hilda aboya joyeusement, l'ayant reconnu. Les pierres de la cour étaient toutes glissantes et le jardinet encore envahi de plaques de neige résiduelles. Il n'avait pas l'aspect pimpant qu'il prendrait au printemps avec ses touffes de jonquilles et ses buissons de jacinthes. Paul retrouva Sébastien sous l'auvent du bûcher, en train d'affûter des couteaux à la meule à eau. Juché sur une sorte de tabouret grossièrement taillé, les pieds sur des planchettes qui servaient de pédales, il actionnait une antique meule de grès au profil inégal, usé par l'aiguisage de générations d'outils tranchants, au rythme syncopé que les pieds imposaient à cet étrange appareillage de bois et de pierre. Il était le rémouleur de cette Saint-Vincent, peaufinant le fil des outils qui demain transformeraient un cochon paisible en boudins, saucisses et petit salé.

— Ah, t'es arrivé, petit ! Tu as reçu ma lettre... ?

— Oui, en milieu de semaine.

— Demain, tu sais, on tue le cochon. J'ai convoqué tout le monde et tu ne seras pas de trop.

La roue en pierre tendre crissait doucement dans le feulement furtif du filet d'eau qui la mouillait, affinant le fil de l'acier des couteaux aux manches sertis de rivets de cuivre jaune. Dans un coin du hangar, Paul aperçut une grande auge, un palan et des cordes, un croc acéré et des brûlots de paille fraîche. Tout était prêt pour la cérémonie picaresque et barbare qui marquait, en ce mois de janvier, l'entrée d'un nouveau cycle de vie, caractérisé par la mort, car ainsi était l'immuable rythme du temps qui procède de la disparition pour permettre la naissance du cycle suivant. Paul retrouva vite ses habitudes de la Houchane, des feux de bois, les tisons à rassembler dans l'âtre, la cuisinière à garnir, sans que le tirage ne l'emballe et qu'elle se mette à cogner comme un fantôme dans une maison vide. Hilda le suivait pas à pas, et même Jason, d'ordinaire si indépendant, courait entre ses jambes pour bien marquer sa satisfaction d'avoir retrouvé celui qui lui avait tant manqué pendant ces deux semaines.

La soirée passa doucement et, au dîner, Paul raconta le lycée à Sébastien qui souriait, amusé, en tirant doucement sur le tuyau de sa pipe. Dans sa tête, se croisaient sûrement le souvenir de ses années lycéennes, ici même, mais aussi celles des expériences de l'enseignant qu'il avait été jadis, hier presque. Au fond, assez peu de choses avaient changé ! Il était neuf heures du soir et le feu de bois achevait de mourir en une gerbe d'étincelles, prélude à un ultime panache de fumée. Sébastien se leva lentement. Il bourra avec soin la cuisinière pour la nuit, choisissant les bûches dont la dimension permettait le meilleur empilement dans le foyer. Demain, il y aurait une rude journée, et après-demain aussi. Il faudrait du feu et il ne s'agissait pas de le laisser s'éteindre. Paul monta l'escalier pour retrouver la fraîcheur de sa chambre. La brique enveloppée de toile atténua la sensation de froid des draps de fil, recouverts de l'épaisse couette. Il s'endormit très vite, recroquevillé en chien de fusil, la tête pleine d'idées mal maîtrisées, faute d'expérience de cette journée du lendemain.

C'est Sébastien qui le réveilla lui-même, à six heures. Le fait était en lui-même exceptionnel. Il le fit gauchement, hésitant à tapoter les couvertures et à forcer la voix, peu habitué à une telle pratique, faute d'enfant à cajoler depuis longtemps. La cuisinière ronflait à nouveau, garnie fraîchement de bûches fendues et même le « cantou » crépitait, ce qui était assez incongru pour cette heure matinale. Paul avala un bol de café frais et deux larges tartines de confiture de mûres, auprès de l'âtre qui rayonnait d'une chaleur douce.

Dès sept heures trente, Fernand de Rieupeyroux, son voisin, arriva. Ils se connaissaient de toute éternité. Avec son béret en arrière, sa grosse veste grise, il était sans âge, le cheveu devenu rare au fil des années et des cochons tués. Les deux hommes devisèrent à voix basse. Bien sûr, Sébastien lui avait offert un café et la gnole qui va avec, tradition oblige. Il fallait bien commencer la journée ! Ils passèrent une inspection du matériel avec l'air entendu et complice de ceux qui préparent un coup. Bientôt Jeannot de Lespinassou et sa femme, la Josette, arrivèrent à vélo, les deux pieds touchant par terre pour mieux tenir l'équilibre sur le verglas. Vers les huit heures, vinrent les autres. Pierrot de L'Espine, la Claudine, grosse aujourd'hui de quatre-vingts kilos au moins, mais si maigre à vingt ans que les garçons l'appelaient le « squelette », Fournier, l'adjoint au maire, toujours blagueur et de bon commérage pour les cancans de la vallée, Paul Rivière, le copain d'enfance de Sébastien qui monta de la ville, dans sa Juva Quatre, après avoir chargé le cousin Marcel et sa femme Nénette, toujours invités aux grandes fêtes campagnardes qui ponctuaient l'année. Il ne manquait que le copain de l'Aude, celui avec qui Sébastien avait fait la guerre, et que ses rhumatismes retenaient désormais dans sa grande maison. Lui aussi était un farouche bon vivant, l'œil toujours malicieux malgré le temps qui passe. Sébastien regrettait son absence inaccoutumée, tout comme celle de l'ami Jalard qu'il emmenait dans ses escapades complices se soldant toujours par quelque repas bien arrosé. La troupe avait ses habitudes et un café accompagné de sa « goutte » accueillait chacun pour lui donner du cœur au ventre.

— Faut aller le chercher..., fit Fournier, l'air entendu, en reposant sa tasse bien rincée d'une rasade de prune.

— Allez, on y va..., fit le cousin Marcel.

Ils ressemblaient à ces hommes de justice tout vêtus de noir à l'aube d'une exécution. Ils devenaient graves soudain, comme si l'instant était solennel. Paul pensa au cochon. Savait-il que cette aube blafarde qui transpirait entre les planches rongées de purin étaient celles de son dernier jour ? Au chaud dans sa bauge, dans ce mélange de paille et de boue, issu de ses déjections et où l'on s'enfonçait jusqu'au jarret, là où l'air était tiède et chargé d'odeurs fétides, il s'était réveillé, comme chaque matin en grognant. Il se mit sur ses pattes, et tournicota nerveusement en attendant l'heure où la porte basse s'ouvrirait pour le laisser aller s'ébattre, comme de coutume, dans la courette empierrée, à moins que ce ne fût, suprême délice, une promenade dans le « coudert », celui qui, au-delà de la terre du Merle, était parsemé de cerisiers contre lesquels il aimait tant frotter sa couenne pour la débarrasser de ces plaques de boue séchée qui se craquelaient et lui faisaient comme une carapace. Il entendit un pas, un sabot inhabituel raclant les pierres de la cour. Brusquement, la lumière grise devint crue, se mêlant d'éclats de voix inconnues. La porte s'ouvrit. La liberté peut-être ? Plutôt un petit galop pour que le sang circule mieux dans les artères, avant ce qu'il ne peut imaginer. L'herbe est craquante de gelée en cet hiver 1959 et ses deux cents kilos frémissent sous les coups de baguette de coudrier qui le font sortir de chez lui. La buée fuse par son nez orné d'un anneau de fer. Le coudert de la terre du Merle est là, à portée de groin.

Il s'y engouffre suivi d'une meute d'hommes et de femmes poussant des cris d'allégresse meurtrière en brandissant des bâtons. Pourquoi tant de hâte ce matin ? Et déjà, c'est le retour. Que se passe-t-il ? Voilà qu'on le saisit, qu'on l'attrape vigoureusement et qu'il se retrouve immobilisé sur un banc. Il secoue sa grosse tête en essayant de se défaire de ses adversaires. Mais Fernand d'un côté, Marcel de l'autre le tiennent fermement. Il pousse de petits cris aigus qui traduisent son angoisse porcine. Un bruit étrange... C'est le couteau que l'on aiguise sur la pierre et déjà la fin des rires et le raidissement des assistants qui bloquent leur respiration et leurs muscles pour laisser faire le travail du tueur. L'acier de la lame cherche la veine jugulaire. On lui a tourné la tête au-dessus d'une bassine et son groin fait face à la grosse figure de la Claudine qui respire son souffle, le visage emperlé de fines gouttes de sueur. En un instant, le sang gicle dans le récipient. La Claudine tourne avec une grande cuillère de bois sa vie, qui s'écoule par spasmes en éclaboussant au passage son visage poupin et couperosé de mille gouttelettes rouges. Pour elle, il s'agit de recueillir précieusement ce qui fera le boudin, les « gogues », comme on dit parfois, et que l'on parfume d'un subtil mélange d'oignons piqués de clous de girofle, de laurier et de persil, pour les manger les jours suivants grillés au feu de bois du « cantou ».

Son agonie s'exprime en soubresauts qui se transmettent aux jambes en un tremblement. Sa vie fout le camp et il achève de se vider dans la grasale sous l'air radieux des assistants, satisfaits de l'œuvre du tueur qui, comme de coutume, a bien fait son travail et en recevra pour le prix sa part de viande. Il n'a plus que des réflexes nerveux. C'est fini, place aux dépeceurs. On le hisse avec un palan à la grande poutre de la grange, la tête en bas, recueillant les dernières gouttes d'une vie passée dans l'odeur tiède de la *pourcatière*. Les hommes s'affairent avec des tampons de paille enflammée. On lui brûle la couenne et Fournier, l'adjoint au maire, la lui racle consciencieusement avec un coutelas bien aiguisé qu'il essuie de temps à autre sur un chiffon.

Au cri perçant de l'animal qui sent la mort, partagé entre l'horreur et la curiosité de la cérémonie barbare, Paul s'est enfui dans la maison, se bouchant les oreilles. Sébastien est resté, stoïque, mais la tête tournée, ne consentant à tenir une patte que parce qu'il ne peut pas faire autrement, laissant aux autres ces gestes séculaires et meurtriers. Il n'a repris quelque contenance que quand les femmes ont commencé à laver le cochon à l'eau tiède tandis que le tueur réaffûte ses couteaux pour le pourfendre enfin. Maintenant il est bien propre, bien rose. On l'a couché sur une grande table faite de larges planches reposant sur des tréteaux dressés. Le tueur commence à le démembrer consciencieusement : pieds, tête, jambons sont scientifiquement séparés du tronc que l'on ouvre bientôt, le couteau tenu à poings fermés et qui libère dans la foulée la masse des boyaux chauds et malodorants qu'une bassine recueille. Déjà on lui prélève le filet et, une fois la couenne et le lard enlevés, il ne reste plus que des côtelettes encore attachées à ce qui constituait jadis son échine. Le tueur essuie son front d'un grand mouchoir à carreaux, le béret repoussé en arrière. Il a fait bel ouvrage...

Alors commence le vrai travail des femmes ; il va durer la journée entière ! À elles, en effet, la Claudine en tête, d'aller laver les boyaux au ruisseau. Ils doivent devenir clairs pour faire saucisses, saucissons et boudins. Avec les plus gros, la Nénette concoctera quelques andouilles parfumées au laurier, que l'on appelle ici saucisson de couenne, avec la viande moulue au hachoir et préalablement assaisonnée. Quant à la peau de son ventre, sa ventrêche, une fois la graisse sortie, elle servira à faire le *grillou,* cette rillette que l'on met dans un bocal après l'avoir fait cuire...

La cuisine ressemble à une ruche bourdonnante : ça entre, ça sort, ça s'interpelle, ça s'agite en tous sens, à grand renfort de bassines, de torchons, des boîtes à sertir et de bocaux de verre que les femmes sortent des armoires où ils séjournaient depuis le cochon dernier. À midi, dans l'ardeur du travail, ils n'ont eu qu'à peine le temps de manger sur le pouce. Comme dit Sébastien, « on se rattrapera ce soir » avec un de ces vrais repas de cochonnailles tenant surtout d'une orgie de viande fraîche. Paul mémorisa, de ce jour nouveau pour lui, le souvenir d'une journée pleine de cris, de rires, de canons de vin rouge bus pour donner du cœur au ventre et à l'ouvrage. Jamais il n'avait participé à une telle fête.

Au dîner, Sébastien leur servit des tranches de filet grillé parfumé d'une branche de thym fraîchement cueillie dans un coin abrité du jardin. Le vin aidant, Fournier, toujours rigolard, chanta *Montagnes Pyrénées* bientôt suivi de *Se canto*, reprit en cœur par une assistance braillarde, gavée de cochon frais et de vin de Sainte-Rapine. Tandis qu'ils dégustaient une croustade que Marcel avait portée, le feu brûlait longuement dans l'âtre, nourri pour l'occasion de bonnes bûches de chêne. La Houchane avait retrouvé la douceur des jours de fête et, en partant, Jeannot de Lespinassou avait un peu de mal à mettre les pieds sur les pédales du vélo tandis que le Pierrot de Lespine cherchait son chemin dans la nuit.

Paul s'endormit vite, oubliant même d'enlever sa chemise. C'est le froid qui, vers les deux heures du matin le fit, dans un demi-sommeil, rentrer à moitié habillé dans les draps du lit. Le coq chanta comme à l'accoutumée, mais il ne se réveilla pas pour autant, épuisé par cette journée pleine et trop vécue. Il fallut que dix heures passent pour qu'il ouvrît enfin un œil. L'air froid de la chambre non chauffée lui brûla les poumons. On eût dit une lame d'acier qui pénétrait à l'intérieur de sa poitrine. L'aube, blême, s'était levée depuis longtemps et derrière les rideaux rouge et blanc, à travers les volets, le jour transpirait. Les cris du cochon défunt résonnaient encore dans ses oreilles et ses yeux étaient pleins d'images sanglantes et charcutières. Confusément, il redoutait que la grande salle du bas ait conservé l'odeur fade de la mort. Il savait qu'il restait encore ce matin un peu de travail à faire. C'est d'ailleurs pour cette raison que Sébastien lui avait fait manquer les cours du lundi ; ce qu'il n'avait pas contesté. La Claudine avait bien promis de remonter à la Houchane et Sébastien lui-même avait annoncé qu'il descendrait en ville le lendemain, sortant la traction pour l'occasion, le coffre plein de boîtes à faire sertir. La cuisinière marchait depuis longtemps sans doute et son grand-père avait dû aller faire l'étable. Paul s'étira avec un plaisir de chat, plein de la candeur entreprenante de ses jeunes années. Sa Houchane n'était-elle pas porteuse de ces espérances folles, génératrices d'illusions à réaliser aujourd'hui ou demain ?

Hilda et Jason avaient déserté la cuisine, pour une fois. Seule, en bas, la Claudine, le visage poupin, l'air concentré, moulinait consciencieusement de la viande dans un hachoir en fer-blanc dont elle changeait les grilles selon les préparations qui s'entassaient dans des grasales après avoir été assaisonnées, parfumées de laurier et de thym, pour se transformer ensuite en pâtés à manger toute l'année. Les mains dans la chair à saucisses, les manches relevées, son corps rond ceint d'un tablier bleu, elle pétrissait fébrilement. Elle leva à peine la tête à son pas descendant les marches de l'escalier, toute préoccupée par son œuvre charcutière. Paul avala un bol de café fumant dans l'odeur fadasse de la chair moulue. C'est à ce moment-là que Sébastien entra, engoncé dans sa grosse veste de velours, le béret sur la tête.

— Ah, tu t'es levé quand même !

— Tu as besoin que je t'aide ?

— Prends plutôt les boîtes et mets-les dans la panière. Il faut les porter à la voiture, fit Sébastien en désignant les conserves qui s'entassaient sur la table.

Dans la grange, à côté de la maison, la traction, débarrassée de sa bâche, le coffre ouvert, attendait son chargement. C'était un modèle avec de petites trappes rectangulaires sur le capot et une roue de secours moulée en forme, à l'arrière. Une onze normale de couleur noire dont la calandre s'ornait des célèbres chevrons. Un gros volant de Bakélite noire à branches disposées en triangle dominait un cadran unique, rectangulaire, servant de compteur de vitesse. Il voisinait au tableau de bord avec un curieux levier tordu pour passer les trois vitesses avant et la marche arrière. Les essuie-glaces, haut perchés, balayaient péniblement et par saccades, quand il pleuvait, un pare-brise droit que la mode des vitres cintrées rendait maintenant quelque peu vieillot. Sébastien avait acheté sa traction en 1936 et elle ne l'avait jamais trahi, démarrant fidèlement en cet été 1944, au moment de la Libération, pour accomplir quelques missions de liaison, après plusieurs années passées dans une grange discrète, sous des bottes de paille, à l'abri des regards et des convoitises des Allemands et de leurs sbires. Faiblement kilométrée, elle sentait encore le neuf et les sièges étaient soigneusement protégés par des couvertures à carreaux écossais verts et bleus se terminant par de longues franges. Un peu maniaque sans doute, Sébastien lustrait périodiquement la carrosserie à coups de cette brosse odorante qu'il appelait une Nénette.

Le coffre bâillait comme une gueule ouverte, engloutissant les cageots de boîtes à sertir qu'il porterait chez le ferblantier. Sébastien le savait bon ouvrier. Toujours vêtu d'une blouse grise, la casquette vissée sur un crâne chauve avant l'heure, il était aussi un bon taillandier, n'ayant pas son pareil pour l'affûtage des aciers même les plus rétifs. La vitrine en bois verni de son magasin détaillait couteaux et sécateurs et faisait baver plus d'un adolescent en quête d'une identité acquise à bon compte par la possession d'une lame, symbole de l'homme accompli et adulte. Sébastien, quand il descendait en ville, se plaisait à les voir faire du lèche-vitrine avec leurs visages boutonneux, à peine sortis de la tendre enfance. Pour eux, l'époque des épiciers qui vendaient des bonbons à cinq sous s'était soudain transformée en même temps que les cratères avaient envahi leurs figures. Ils avaient changé de boutique, souvent juste traversé la rue. Encore quelques années et ces enfants d'employés ou de petits fonctionnaires iraient, quelques pas de porte plus loin, chez le marchand de couleurs, qui vendait aussi des cartouches de chasse, s'approvisionner en munitions en faisant claquer un vieux douze sur quelque lapin à queue blanche, détalant dans l'aube d'un petit matin, sous l'œil attendri de leur père, instructeur de leurs pas dans ce début de vie d'homme.

Le coffre était plein et Paul empilait maintenant les cageots avec précaution sur les sièges arrière. Son grand-père recouvrit le tout d'un grand drap blanc.

— Demain matin, tu ne prendras pas le car. Je t'emmènerai au lycée en allant apporter les boîtes, comme ça, tu te lèveras moins tôt.

Paul leva la tête, surpris de l'initiative de son grand-père, lui qui répugnait tant à sortir de sa Houchane, surtout pour se rendre en ville, ce lieu qui lui rappelait trop un passé avec lequel il avait voulu rompre définitivement pour retrouver le parfum de son enfance, de ces joies simples, faites de petits bonheurs et de souffrances, de ces quêtes éternelles dans la montagne, de ces émerveillements toujours renouvelés, quand, au détour d'un taillis, se révélait le charme d'un vallon discret ou d'une estive abandonnée, peuplée des derniers râles des genêts.

Hilda avait dû sentir quelque chose d'inhabituel : elle les avait suivis jusqu'à la porte de la grange et les contemplait maintenant assise sur son derrière, les oreilles pointées en interrogation. Paul savourait ces instants de vie contrastant tellement avec son vécu monotone du lycée, simplement rythmé par la cloche qui marquait le début et la fin des cours. Et c'est en proie à cette tranquille béatitude qu'il s'englua le visage dans une somptueuse toile d'araignée qui avait colonisé, en toute quiétude, ce coin de la grange.

— Ah, putain ! Behhh... Saleté ! s'exclama-t-il, surpris.

— Ah, tu as attrapé une *tataragne.* Tu sais ce qu'on dit ? Araignée du matin, chagrin ! Araignée du midi, souci et araignée du soir, espoir ! Il faut la tuer pour le savoir...

— Ben celle-là, elle doit être grosse. Ah, la salope, j'en ai partout.

— Grosse, noire et velue ? La prochaine fois, petit, tu baisseras la tête en passant près de la poutre, il y en a toujours eu une, là. Faut croire qu'elles doivent s'y plaire, dit Sébastien amusé en désignant la grossière jointure de l'assemblage tenon-mortaise que la contrefiche faisait avec la panne et qui était bloquée à l'ancienne par un corbeau, cette pièce de bois trapézoïdale, dans le langage des charpentiers d'autrefois.

La Claudine avait fini et s'employait à nettoyer les instruments de la mise en conserve. Elle savait que Sébastien la garderait à déjeuner et elle ne se pressait plus pour rincer les grilles du hachoir à viande qui ne resservirait que l'an prochain. Ses gros doigts avaient une agilité surprenante malgré leur aspect boudiné. Il y avait bien longtemps qu'elle ne pouvait plus enlever l'alliance de son mariage pourtant usée jusqu'à la corde. Elle l'avait conservée après le décès précoce de son Joseph de mari qui tétait trop la chopine. Son alliance n'avait pas grandi avec elle et même si elle lui entaillait la chair parfois de son jonc d'or aminci par une vie de labeur, elle la gardait en mémoire d'autrefois.

— Dis, Sébastien ! Faudra dire à ton garçon qu'il m'aide à essuyer les grilles... Que je vais pas les faire toute seule, grogna-t-elle, le tablier en bataille, les manches retroussées, les bras dans une bassine en fer-blanc qui débordait de mousse, le visage tout congestionné.

Sébastien haussa les épaules, habitué aux remarques aigres-douces de la Claudine qui par ailleurs était bonne voisine et femme de devoir. Elle n'avait pas son pareil pour poser les ventouses, après les avoir garnies d'une boule de coton enflammée, sur le dos de celui qui avait pris un coup de froid. Sébastien mit quelques bûches dans la cuisinière pour maintenir le feu et faire bouillir les pieds du cochon que l'on mangerait à midi avec cette fameuse sauce rémoulade dont sa grand-mère lui avait transmis le savoir-faire. La Claudine achevait d'essuyer les grilles du hachoir d'un torchon déjà bien humide. Elle les posait au fur et à mesure sur une plaque de tôle avant de les exposer quelques instants à la chaleur du « cantou » pour qu'aucune trace d'eau ne subsiste et de les enduire d'une fine couche d'huile de table afin de les préserver de la corrosion jusqu'à l'année prochaine.

Sébastien était parti fendre du bois car, en ces jours de cochonnailles, la cuisinière était plus vorace que d'habitude. Paul caressait Jason qui s'étirait à loisir. Pour lui, cette journée de dimanche passa bien vite. Après avoir dégusté les pieds du cochon gélatineux à souhait, accompagnés de quelques « talhous » et assortis de la fameuse sauce rémoulade, Paul se souvint qu'il avait une version latine à finir pour le lendemain. Le Gaffiot sur les genoux, au « cantou », il s'échina sur un passage de Cicéron sous l'œil narquois et amusé de son grand-père qui fumait une cigarette de gris, consciencieusement roulé dans une feuille de RIZLA†. La fumée formait des volutes parfumées et le lycée aurait pu lui paraître lointain s'il n'avait su que demain, M. Maillot relèverait les préparations données en ricanant d'une bouche mauvaise comme de coutume, jouissant presque de savoir qu'ainsi il avait gâché une partie de leur week-end. Maillot se savait détesté depuis des années, mais il n'en avait cure. Un costume de ratine grise ou une veste en velours marron lui servait d'uniforme. Il promenait une serviette usée, râpée à souhait et qui devait dater de ses débuts dans la carrière. Le fiel qu'il distillait, ses ricanements et sa morgue finissaient par être sa raison de vivre et son visage osseux et jaunâtre, ses yeux bleu délavé derrière des lunettes rondes à monture d'acier reflétaient toute l'amertume d'une existence mal vécue. Des bruits couraient sur lui : pour certains, son pas traînant, qui obéissait à une cadence très particulière, était à coup sûr un souvenir de prison où son passé supposé de collabo devait l'avoir entraîné ! Pourtant celui qui passait pour un salaud intégral arborait au revers de sa veste quelques rubans prestigieux : une croix de guerre, la trace rouge d'une Légion d'honneur ne pouvaient en faire un mauvais homme. Comment ses élèves auraient-ils pu connaître sa conduite héroïque lors de la Grande Guerre ! Mais Cicéron, Pline ou Tacite étaient si difficiles à traduire que d'aucuns l'habillaient par vengeance de notes souvent méritées, d'un costume peu flatteur et alimentaient à loisir les rumeurs les plus folles.

Sébastien fumait tranquillement, rallumant périodiquement sa cigarette roulée dans un nuage bleu qui s'élevait et se mélangeait au panache noirâtre de son briquet à essence. Les yeux mi-clos, il goûtait enfin quelque repos après le temps du cochon. La Claudine était partie depuis longtemps et Paul avait fini sa version latine. Le chat sur les genoux, les pieds appuyés sur un chenet, Sébastien rêvait doucement, savourant les dernières heures d'une journée bien pleine : il aimait ces gestes répétés qui ancrent et enracinent votre descendance par l'usage et lui fait sentir, par là même, qu'elle est un peu plus d'ici. La fin janvier s'étirait en une lune rousse marquée par des nuits glacées qui faisaient crisser l'herbe dans les prés. Les feux de bois devaient faire plus que réchauffer : ils étaient ce parfum d'hiver, de vie et d'Histoire, mais aussi promesse d'un avenir qui ne manquerait pas de se réveiller dans quelques semaines au printemps naissant. En attendant, de somptueuses stalactites ornaient les toits de la Houchane, se décrochant parfois au vent mauvais pour s'écraser au sol en un bruit de verre cassé.

Le lendemain à six heures du matin, Sébastien réveilla Paul. Il avait revêtu sa grosse canadienne de toile au col de fourrure, et ainsi, le béret sur la tête, il ressemblait, avec quelques années de plus, à ces chefs maquisards prêts à recevoir quelque parachutage anglais... Pour lui, il est vrai, le temps s'était arrêté en 1940. Il avait déjà bu le café et fait l'étable. Ce matin-là, Sébastien descendait en ville et, en soi, c'était un événement. Paul le soupçonna d'avoir fait chauffer la traction pour qu'elle démarre plus facilement devant lui, malgré l'heure matinale et la fraîcheur de la température. La voiture tournait comme une vraie horloge, avec ce bruit si onctueux des onze d'avant-guerre. La grange sentait les gaz d'échappement et la paille fraîche. Paul avait le cartable à l'épaule. La portière s'ouvrit en bâillant et il se cala sur le siège. C'était la deuxième fois qu'il montait avec son grand-père depuis le mois d'octobre. Sébastien, malgré son âge, conduisait d'une manière rapide et sûre, peut-être plus vite même que lorsqu'il l'avait amené à la Houchane la première fois. Il enchaînait les virages sans effort, dominant une route qu'il connaissait par cœur. Pourtant, il n'était pas pressé ce matin-là et ils avaient tout le temps d'arriver au lycée mais, à l'aube d'une nouvelle décennie, peut-être voulait-il se convaincre lui-même qu'il était capable des mêmes performances qu'hier. La traction obéissait et il n'était que sept heures et demie quand ils parvinrent devant la porte du lycée, à la lumière jaunâtre des gros phares qui ornaient les ailes de la voiture.

Pour Paul, la vie s'arrêtait un peu là, à la porte rouge du vieux bâtiment. Un autre monde commençait ici, celui des études monotones et subies, un espace sans imaginaire où il ne serait plus que le numéro 927. Où étaient les feux de la Houchane ? Où était Hilda qui commençait à perdre ses poils, printemps oblige, et lui avait ainsi assuré une bonne semaine de souvenirs à les récolter patiemment sur le bleu de sa capote ? Ces poils-là, il les garderait précieusement, comme un trésor secret, sans les partager avec ses condisciples comme il faisait pour les friandises. Comment auraient-ils compris, d'ailleurs, qu'ils étaient désormais le témoignage de sa vie, de lui-même, de son enracinement à une terre qui, hier encore, n'était rien et qui, aujourd'hui, était son monde d'espérance.

Les marches de chêne usées du grand escalier couinaient sous les pas des potaches matinaux. La journée, la semaine, la quinzaine promettait d'être longue ! Il faudrait tenir sûrement jusqu'aux vacances de Carnaval, à ces jours où le soleil commencerait à se montrer un peu plus prodigue de ses rayons. Mais, d'ici-là, il devrait subir M. Maillot et son rire sarcastique qui, le matin de huit à neuf, vous mettait tout de suite dans l'ambiance d'un lycée que beaucoup d'internes considéraient comme une prison, ce qui pouvait peut-être excuser les bêtises qu'ils y faisaient. Paul rangea tristement son sac dans son armoire en bois verni. Déjà, la cloche sonnait et il se hâta de quitter le dortoir.

La semaine passa et puis une autre encore... Vint enfin cette mi-février et ces vacances que tous, même les externes, attendaient avec l'impatience d'une libération. Un pâle jour froid tombait quand il franchit vers dix-sept heures les portes de la liberté. Là-bas, au bout des allées, Marcel le chauffeur, la casquette en arrière, le mégot de gris à moitié éteint, était au rendez-vous dans son car. La glace avait envahi les fossés de la route et le sol, gelé en profondeur, sonnait sous le talon. L'air, expiré à pleins poumons par leurs jeunes poitrines, se transformait en une buée fugace tandis que le froid vif faisait rosir leurs oreilles, seules parties émergeantes des têtes emmaillotées de cache-nez écossais ou de passe-montagne marron.

Les jours avaient beau avoir rallongé depuis janvier, il faisait quand même nuit lorsque les sapins noirs de la Houchane lui apparurent après un bon quart d'heure de marche depuis le Grand Chêne. Paul poussa la lourde porte à double battant. Il suspendit son duffle-coat dans l'entrée, à la patère, avant d'entrer dans la salle. Sébastien l'attendait au coin du feu en fumant. Hilda lui fit de grandes fêtes.

— Ah, tu arrives ! Tu as eu froid pour monter ?

— Oui, mais, tu sais, j'ai marché vite...

— C'est vrai qu'à ton âge, c'est pas comme moi, on a encore de bonnes jambes ! Chauffe-toi, je vais te préparer un vin ferré. Ça te ragaillardira un peu !

— Un vin quoi ?

— Attends, tu vas voir...

Sébastien versa une bonne rasade de vin de Sainte-Rapine dans une casserole en aluminium, déformée par les feux successifs et dont la queue avait une fâcheuse propension à tourner. Il fit chauffer le vin sur la cuisinière noire qui exhalait cette douceur domestique contrastant avec l'air de dehors, vif et piquant. En même temps, il avait mis le pique-feu à rougir entre les tisons du cantou. Quand la casserole se mit à chanter et le liquide à frémir, il en remplit deux verres et, avec une autorité toute patriarcale, il y plongea le tisonnier porté au rouge qui grésilla en fumant.

— Allez, bois vite...

Le liquide brûlant descendit en Paul, l'irriguant d'un feu revigorant à l'alchimie mystérieuse qui l'inonda des tripes aux extrémités du corps. Entre deux gorgées, Sébastien lui dit :

— Tu dois avoir faim avec le peu qu'ils te donnent au lycée, je vais te faire à manger. Assieds-toi Paul !

C'était bien la première fois que son grand-père l'appelait par son prénom et cela sonnait comme une reconnaissance, comme si, maintenant, à ses yeux, il était vraiment d'ici, de ce pays, comme si ses racines étaient à nouveau retrouvées, comme si le lien indissoluble avec sa terre était à jamais renoué.

— Les poules ont recommencé à pondre. Tu veux deux coucous à la « cansalàdo » avec une crêpe ?

— Une crêpe de sarrasin ?

— Bien sûr une crêpe de gabach ! Savignac m'a monté un peu de farine ce matin. Je la lui avais commandée et, comme ça, il était sûr de me vendre un peu de saucisse fraîche et de la cansalàdo.

— Tu as fini le lard du cochon ?

— Non, du lard, j'en ai suffisamment ici.

Le « lard », on n'employait pas ce mot ici, dans le pays. « Ben y'a du lard... », cette expression remonta du fond de sa mémoire et Paul lut dans son regard, miroir des images de sa vie, l'intensité des souvenirs passés.

— Ça te rappelle quelque chose ? fit Paul.

— Oui, tu vois, ça me rappelle la Champagne en 1918... Je cantonnais chez un paysan qui nous logeait dans sa grange pleine de bonne paille. Oh, on était pas si mal ! Il y faisait chaud, au moins, et c'était plus propre que chez lui. Tous les soirs, quand il rentrait du travail des champs après avoir fait souvent un détour par la cave, il demandait à sa femme ce qu'il y avait à manger.

Et celle-ci lui répondait invariablement : « Ben y'a du lard... » C'était tous les jours pareil, sauf quand il avait bu, et c'était souvent le cas, alors, il se mettait à la battre en jurant comme un charretier « Cent vingt-cinq tonnerres ! Cent vingt-cinq tonnerres... ! » et il la cognait si fort qu'il lui arrivait de temps à autre de lui casser une chaise sur le dos. Parfois, elle lui collait aussi quelques marrons. Tu vois l'ambiance ! Alors, avec des copains, on l'avait surnommé « Cent vingt-cinq tonnerres ». Il n'était pas mauvais bougre, les jours ordinaires, et puis il avait une fille, la Marthe, plutôt jolie, un peu ronde, et à qui les copains faisaient du gringue pour qu'elle nous apporte du lait et des patates, en cachette, quand son père ronflait et cuvait ses cuites.

On a passé deux ou trois mois chez lui, on n'était pas malheureux. C'était avant la grande offensive du mois d'août 18, celle de Foch et des chars, celle qui devait nous mener à la victoire. Les Allemands étaient épuisés par quatre années de guerre et de privations. Ils se rendaient en masse, on les culbutait dans la foulée. Je me souviens un petit matin d'avoir traversé un bout d'une de leurs tranchées, encombrée de débris humains et de fusils cassés. Notre artillerie les avait sonnés. Là, adossé à un tas d'immondices, il y avait un boche, tout seul. Son casque avait glissé par terre et découvrait des cheveux ras. Sa capote *feldgrau* était maculée de boue. Je me souviens, il tenait fermement entre ses doigts raidis une photo jaune et cornée. Il y avait là une femme encore jeune, deux enfants, petits, les siens sans doute. Il avait les yeux grands ouverts et sa dernière pensée avait dû être pour eux. Une plaie béante au côté droit, il était mort en les regardant, les emportant au fond de lui-même dans un dernier réflexe d'homme au seuil du grand saut. Sébastien se tut. Comment pourrait-il jamais oublier ?

Hilda, au garde-à-vous, attendait, stoïque, les miettes

qui pourraient tomber. Ne voyant rien venir, elle manifestait de temps à autre des signes d'impatience, frémissant de jappements mal contenus.

— Tu sais que j'ai raconté l'histoire de ton ami Descat à mes copains du lycée ?

— Ah bon !

— Eh bien, ils m'ont pas cru... Ils n'ont pas cru qu'il avait chanté devant la tranchée des boches et que les autres n'avaient pas tiré. Ils n'ont pas cru qu'ils étaient sortis tous pour s'embrasser.

— Peut-être que eux, ils auraient tiré, fit Sébastien en haussant les épaules tandis que les images, puissantes et immortelles, lui revenaient.

Il revoyait la préparation des assauts, cette terre qui tremblait, le pilonnage des 75 qui écrasait ceux d'en face et qu'il imaginait, comme eux, en pareille circonstance, la tête casquée, rentrée dans les épaules, attendant la mort dans l'apocalypse déchaînée. Le ciel avait disparu, l'air vibrait, féroce et dantesque. Une fin du monde où l'azur noir se parsemait de traits de feu et puis, eux, là, dans le boyau, le sergent-major à leur tête, le sifflet aux lèvres, l'œil sur la montre pour donner le départ, mais tous avec la peur au ventre. D'un geste mécanique, ils avaient ajusté leur baïonnette, la bouche encore mauvaise de la gorgée de gnole avalée pour se donner du courage.

Sébastien n'avait jamais pu oublier son premier assaut à la baïonnette, ni le regard du premier soldat allemand qui s'était trouvé en face de lui, après cette course folle de plusieurs centaines de mètres dans le paysage lunaire et défoncé par les trous d'obus, au milieu des balles sifflantes du *no man's land.* Il se rappelait le regard déterminé, terrorisé aussi, de cet homme casqué qu'il avait rencontré par hasard, en face de lui, sur cette terre de Champagne. Un instant, la rencontre avait interpellé leur conscience commune, mais le combat autour d'eux les poussait l'un contre l'autre et, dans le fracas des armes entrechoquées, il avait esquivé le coup d'estoc et embroché nerveusement le corps qui s'offrait en face. Un coup sec en arrière pour se dégager tandis que l'autre, les yeux ouverts, les mains sur le ventre, basculait dans la terre fétide. Et déjà un autre se présentait. C'était ça, tuer ou être tué... Il fallait avancer coûte que coûte et il avait dû en piquer sept ou huit avant de s'arrêter pour sauter en vainqueur dans la tranchée adverse, le corps en sueur, le cœur au bord des lèvres, ivre de dégoût et de rage. Il avait vomi longuement. Plus tard dans son trou, le soir, à l'écart des autres, seul, il avait pleuré, revoyant le regard terrorisé du premier, car pour les autres, il avait oublié dans le feu de l'action. Toute sa vie, ces images le hanteraient, source de son pacifisme de 1936 et ces souvenirs, à l'issue de ce corps-à-corps, seraient comme des rats, ils le rongeraient au quotidien à tout jamais.

Sébastien se versa une rasade de rouge, partagé entre tristesse et besoin de témoigner car son passé, longtemps enfoui, lui revenait à présent au soir de sa vie, par vagues qu'il contrôlait mal. Paul s'était régalé avec ses œufs, plongeant avec délectation dans les jaunes des mouillettes de pain noir à croûte épaisse. Hilda, déçue de n'avoir rien eu, avait émigré au coin de l'âtre, choisissant au moins de se chauffer les pattes aux dernières flammes du « cantou ». Sébastien avait fait quelques efforts culinaires : en compulsant le grand carnet noir de sa mère, il avait retrouvé la recette de la tarte Tatin. Quelques pommes ridées du pré de Marie et, même sans l'avoir renversé, ce dessert cuit au four de la cuisinière était présentable, les fruits confits à souhait et le sucre bien caramélisé. Paul repoussa son assiette d'un air repu. Il avait fait honneur au repas plus qu'à ceux de la cantine.

— Tu as assez mangé, petit ?

Pour Sébastien, qui avait accumulé, par retrouvailles,

les sensations et les jugements anciens, cette question avait une importance presque historique. En effet, bien au-delà de la gastronomie, elle impliquait une notion de ventre plein, d'intime satisfaction marquée parfois d'un rot échappé qui signifiait une plénitude accomplie. Vers les neuf heures du soir, Paul grimpa les escaliers. Pouvait-il se douter, en entendant les marches grincer sous son pas, que Sébastien, son grand-père, durant une semaine, s'était acharné à les faire briller pour que sa Houchane retrouve son odeur de bonne maison entretenue. La chambre était toujours aussi fraîche, faute de feu et les pieds se pelotonnaient naturellement sur la brique, chauffée au four de la cuisinière, toujours enveloppée de son sac de toile à matelas. Le lit grinçait, mais la couette de plume était accueillante. Sébastien avait vraiment fait un effort et même les meubles, la grande armoire, étaient cirés et exhalaient le parfum de la vie qui passe. Paul sentait ses racines s'enfoncer dans la terre de ses ancêtres comme la cire dans la profondeur des meubles. Il s'endormit d'un seul coup, sans rêves ni remords, avec juste l'avenir devant lui et les grands sapins noirs de la Houchane formant le décor.

Les jours suivants, Sébastien lui raconta bien d'autres histoires sur la guerre, reconstruisant un passé qui était le sien, renouant les fils d'une histoire qui avait l'épaisseur du vécu et souvent celle du tragique. À travers lui, Paul se sentait appartenir de plus en plus à un autre temps. Il finissait par n'avoir plus d'âge. Ses camarades de lycée étaient bien incapables de comprendre les raisons de cette force nouvelle qui l'habitait et lui donnait des certitudes que l'on a d'ordinaire que plus tard, à l'âge mûr. Son regard sur la vie portait désormais plus loin, il atteignait les confins de l'horizon, imprégnés de toute la philosophie que Sébastien avait pu lui transmettre.

Même si les jours avaient commencé à rallonger sensiblement, les vacances de février passèrent trop vite à son gré. Il fendit pas mal de bois, en rentra autant à coups de brouette dans le bûcher, apprit à affûter une hache et à en affiner le fil à la pierre en grès. À quatorze ans, Paul avait la force de fendre, cette rage de faire éclater les souches, cette volonté d'être demain à travers les feux de bois qu'il préparait aujourd'hui. Un soir, Sébastien lui parla de la pêche à la truite et de ces belles dames mouchetées qui se débattaient dans le courant du ruisseau, l'Arget, prises par gourmandise à la séduction d'un *cuquet.* Soudain les bécasses lui parurent loin. Le temps de la chasse était terminé pour cette saison, mais ce n'était que partie remise. Dans quelques mois reviendrait le temps des mordorées, voletantes derrière les touffes de buis et de fougères rousses, givrées par les frimas de novembre.

Le soleil pouvait bien se lever tard en ce mois de février 1959, ces images éternelles étaient à jamais gravées en lui, comme le symbole de la vie vécue. Il ne lui restait plus qu'à attendre cette autre ouverture au bord du ruisseau, mais, d'ici là, il savait qu'il lui faudrait à nouveau reprendre le chemin du lycée, celui d'un monde où les choses de la vie n'avaient pas le même goût.

11

La naissance du printemps

La mi-mars arriva en deux semaines sans qu'on y prenne garde. À des signes imperceptibles on pouvait apercevoir le printemps pointer le bout de son nez. Les spectres neigeux de l'hiver s'éloignaient, laissant exploser çà et là un foisonnement de bourgeons et de senteurs diaphanes. Les premières jonquilles commençaient à poindre. On entendait à nouveau les piaillements plaintifs des volées de moineaux. Sébastien les surnommait les charretiers, en disant qu'ils n'arrêtaient jamais de jurer en construisant leur nid. Là-haut, à la Houchane, l'air prenait soudain une odeur de bois vert, de feuilles tendres et de mousses humides. C'était comme l'espoir d'un monde neuf, prometteur de richesses et d'abondance, de bonnes joies et de bonnes peines, comme une nouvelle jeunesse qui insufflait même à l'air un parfum d'avenir. Dans la grande salle, au plafond, les saucissons suspendus finissaient de suinter, à travers leur peau jaune, l'excédent de graisse dont ils étaient gorgés, sous le regard blasé de Jason. Ils oscillaient sous la brise printanière qui entrait par la croisée ouverte. Au-delà, dans la « pourcatière », un petit cochon encore bien propre avait remplacé l'autre, occis en janvier dernier par la main experte du tueur et dont les dépouilles méconnaissables hantaient le saloir, suspendues à des baguettes de noisetier fraîchement coupées, aérées par le vent de mars.

Quelques nuages gris et difformes, héritage d'un hiver encore proche, accrochaient toujours la cime des sapins, mais avec plus de lenteur, moins de précipitation. Leur course dans le ciel s'était ralentie et ils ne faisaient plus que s'attarder un peu, sentant leur mort proche avec la naissance du printemps. De touffe en arbre, d'arbre en bois, de bois en forêt, la nature s'ébrouait au sortir de sa torpeur hivernale. À présent ce n'était pas de la bruine qui tombait mais l'air mouillait la peau en un brouillard humide. Il aurait pu être triste ce temps-là, mais comme l'herbe commençait déjà à reverdir par plaques, il était porteur d'espérance pour une nature qui s'éveillait. Quelques jours encore et les martinets viendraient commencer leur ballet aérien. La vie recommençait, amorçant un nouveau cycle, mystère d'un monde toujours renouvelé.

La pile de bois, dans le bûcher à côté de la maison, avait bien diminué depuis que Paul était arrivé à la Houchane au début de l'automne dernier et des premiers feux. Pourtant, à trois reprises déjà, Sébastien avait bien sorti quelques cordes du taillis de Serrelongue. L'opération hivernale, menée par un jour de grand soleil, avait mobilisé les vaches et le traîneau car la pente n'était pas négligeable.

À grand renfort de jurons et de ce *macarel* qu'il affectionnait particulièrement, la Poumée et la Marquise, dans les « tires » boueuses bordées de noisetiers déplumés, progressaient, glissant dans les ornières chaotiques. Sébastien devant, l'aiguillon à la main, commandait la manœuvre, tandis que Paul, juché sur les patins du traîneau, s'efforçait tel un Esquimau du Grand Nord de le guider dans les rails de terre humide. Il est vrai que dans la rigueur de l'hiver, la cheminée et la cuisinière consommaient pas mal de bois mais ce n'était pas ce qui manquait depuis que les anciennes estives avaient été abandonnées à la friche. Son grand-père se souvenait pourtant dans sa jeunesse de les avoir vues cultivées, ces terres aujourd'hui déshéritées. « On y faisait du gabach » lui avait alors raconté Sébastien... C'est-à-dire de ce blé noir qui, au printemps, fleurissait en blanc et que les abeilles mutines se plaisaient à butiner pour le bonheur des hommes car elles donnaient ainsi un miel très parfumé. À cette époque, les hommes moissonnaient encore à la faux ces terres pentues et, derrière eux, les femmes cassées en deux, confectionnaient les javelles, empilant les gerbes soigneusement, la dernière prenant place sur le dessus pour couvrir les autres. Et Paul les avait imaginées ces femmes d'alors, toutes vêtues de noir, souvent de manière précoce par la perte répétée de parents proches, le fichu sur la tête, courbées sur la glèbe, liant d'une main experte la gerbe que la faux avait cueillie et ramassée.

Paul était arrivé en ce début d'après-midi du samedi après la fin de la classe. Le concierge avait ouvert les portes de la liberté à midi trente, après le repas pris à la cantine, et Paul avait retrouvé les habitudes de fin de semaine : Marcel était fidèle au poste et son vieux car attendait les potaches sur la promenade. La statue de bronze de Lakanal, le conventionnel qui avait tant fait pour l'instruction publique, les saluait sur son socle de pierre blanche. Le vieux Chausson le déposa au Grand Chêne. Les fossés commençaient déjà à reverdir. La Houchane était au bout de la route et, malgré les nuages gris qui obscurcissaient le ciel, les lendemains paraissaient clairs pour le petit-fils de Sébastien qui montait d'un cœur léger vers sa terre. Son grand-père l'attendait sur un banc ripoliné de vert, à l'abri du vent, la cigarette roulée dans le papier RIZLA† à demi consumée aux lèvres.

— *Es arribat lou drôle ?*

— *Suy crevat,* Sébastien ! fit Paul. Il faisait exprès de s'exprimer dans ce patois que son grand-père lui avait appris, sachant le plaisir qu'il lui ferait.

— *Qui fa ré ! Qui fa ré !* À ton âge on devrait pourtant avoir les jambes solides...

— C'est loin le Grand Chêne, tu sais !

— Moi, à ton âge, je faisais chaque semaine le trajet à pied jusqu'à l'École normale. Y'avait pas de car à l'époque et bien heureux quand on trouvait une charrette pour nous remonter.

— C'est plus pareil maintenant...

— Oui, mais il faut pas trop se plaindre quand même ! Allez, rentre au lieu de philosopher. Tu as faim ?

— Non, pas vraiment. Ils nous ont donné une omelette avant de partir, à la cantine.

— Ici aussi les poules recommencent à pondre, mais les œufs de leurs poules valent pas ceux des miennes. Tu veux pas manger un morceau ?

— Juste du pain et de la confiture plutôt...

Le forsythia commençait à se parer de crosses jaunes devant la porte et l'herbe neuve poussait dru entre les pierres disjointes de la cour. La naissance du printemps n'était pas loin.

— Demain, tu sais que c'est l'ouverture ? On partira de bonne heure, mais je t'ai attendu pour préparer le matériel cet après-midi. Allez, viens manger...

Sur la table de la Houchane, Sébastien avait mis un couvert pour lui, lui qui était désormais son espérance et son prolongement dans l'histoire des hommes. Un maigre feu entretenu par deux tisons se consumait dans la cheminée en émettant des volutes de fumée épisodiques.

— Tu as fait du ménage ?

Paul regardait la pile de journaux, près de l'antique poste de radio, qui avait diminué au coin de la cheminée. La grande cuisine de la Houchane semblait soudain moins encombrée, sans être pour autant plus rangée.

— Tu sais, les choses n'ont de prix que pour ceux qui en ont le goût. Souvent, on jette aux orties les souvenirs des morts parce qu'ils n'ont pas la même importance pour les vivants qui restent ou, bien mieux, on se partage leurs dépouilles. Et le tri nous semble facile, mais devant l'Histoire, il est souvent inexact. Ce qui compte maintenant n'est pas ce qui comptait avant. Tiens, ici dans la vallée, on gardait tout parce qu'on n'avait rien et on s'enrichissait de cette masse d'inutilités qui pourrait un jour servir et qui, en attendant, s'entassait pêle-mêle dans les caves et les greniers. Cette semaine, moi j'ai voulu t'éviter de faire des choix, alors j'ai pris les devants en faisant un peu de ménage, comme tu dis. Une génération ne chasse pas simplement l'autre si elle sait fructifier sur les rameaux anciens comme les vignes de Sainte-Rapine. Tu vois, il faut savoir élaguer, tailler dans la masse de ces inutilités que notre conservatisme quotidien nous fait accumuler...

Paul avait coupé une large tranche de pain de la grande tourte et il mastiquait en silence sa tartine de confiture de mûres odorantes en écoutant Sébastien.

— Ah ! Je vais aller chercher le matériel maintenant...

Son grand-père revint quelques instants plus tard portant deux cannes à pêche et un panier en osier. C'étaient des gaules en bambou, coupées en un lieu mystérieux dont les générations s'étaient transmises le secret car le bambou était rare et recherché en ce pays de chaînons calcaires. Elles avaient séché plusieurs années durant, pendues au faîte du toit, un poids de balance Roberval accroché au sillon en guise de lest pour en assurer la rectitude. Leur longueur, modeste, n'excédait pas trois mètres. Sébastien, bon bricoleur, leur avait adjoint un talon de diamètre plus gros qui s'emmanchait par une vieille virole de cuivre jaune, jadis peinte en vert mais passablement écaillée maintenant. Grâce à cet ajout, il pouvait atteindre des postes plus éloignés mais, surtout, se faire moins voir à terrain découvert, de l'œil perçant des dames mouchetées. Les deux cannes n'avaient pas d'anneaux, mais Sébastien avait eu la patience infinie, à l'aide d'une mince tige de fer chauffée au rouge du feu du « cantou » un soir d'hiver, de percer leur intérieur pour qu'un fil puisse y coulisser librement, ce qui évitait de s'accrocher dans les branches et dans les ronces. Un petit moulinet en fer tout simple, contenant quelques dizaines de mètres de crin, complétait l'équipement.

— Je parie que tu sais pas monter un hameçon ou faire un bas de ligne, dit Sébastien, goguenard, de l'air entendu de celui qui sait par expérience.

— Ben non... la seule fois où je suis allé à la pêche, c'était à Orléans. Au foyer on nous avait prêté des cannes toutes prêtes...

Sébastien sortit de son panier en osier vert une boîte en fer déformée dont le couvercle, mal ajusté, était maintenu par un large élastique noir taillé dans une chambre à air. Sous les yeux de son petit-fils, il déploya sur la table de la cuisine tout un assortiment de boîtes, de bobines en Bakélite rouge et de tubes en tout genre. Paul contemplait ces trésors avec curiosité, soupesant ces objets au fur et à mesure que son grand-père les déballait.

— Ne me mélange pas tout surtout ! À la pêche, l'ordre c'est essentiel...

Mouillant son doigt d'un peu de salive pour saisir un hameçon sans se piquer, Sébastien, avec des gestes mesurés et précis, réalisa une boucle puis, rapidement, entoura la tige de fer, tira sur le bout qui dépassait pour nouer le tout et d'un coup de dents coupa le surplus de crin.

— Tu vois, pour la truite, il te faut prendre un

numéro douze et du quatorze centième. Si ton fil est trop gros, elles vont le voir et iront se cacher sous les pierres. S'il est trop fin, elles te le casseront facilement. Ça, c'est pas compliqué à comprendre, mais le secret d'une bonne pêche, c'est surtout ta plombée, c'est-à-dire le nombre de plombs et la manière dont tu les mets. Moi, tu vois, je fais d'abord une plombée standard, trois puis deux et un à dix centimètres de l'hameçon ; mais ensuite je l'adapte au bord du ruisseau selon l'état de l'eau le matin.

— Tu l'adaptes ?

— Oui, j'en ajoute ou j'en enlève, car il faut que ton appât se présente naturellement. Elles sont si méfiantes, tu sais !

— Mais tu mets quoi au bout ? Des asticots ?

— Non, ça c'est bon pour les gens de la ville. Ils peuvent bien les acheter au litre, c'est pas pour autant qu'ils prennent davantage de poissons. Moi, je pêche aux cuquets... On les appelle aussi les porte-bois.

— Et tu les trouves où ?

— Je les ramasse au bord de la rivière, le matin même, sous les pierres. Et elles aiment ça...

— Et tu mets pas de bouchon ?

— Jamais ! Ta ligne, elle ne doit pas flotter, sinon, ça te diminue la sensation de la touche !

— Mais comment t'accroches pas ?

— Je mets deux fils de laine, vois-tu, un sombre et un clair noués ensemble pour savoir où passe mon fil et c'est tout. Quand il y en a une qui pique, je te promets qu'on la sent bien. C'est ce qu'on appelle le toc...

Paul écoutait, mémorisant les gestes et les phrases de cette science neuve dont il ignorait tout et qu'il aurait à exercer demain, sous l'œil attentif de Sébastien. En attendant, sur un plioir en liège patiné, son grand-père enroulait les montures achevées, bloquant les fils terminaux avec une punaise. La fin du jour était presque là et le soleil déclinait vite, sonnant l'heure des feux de bois. Son travail achevé, Sébastien, après avoir tout rangé, se préoccupa de tremper la soupe qui, depuis le milieu de l'après-midi, mijotait sur la cuisinière noire. Le faitout d'aluminium exhalait une odeur appétissante de choux, de pommes de terre et de navets.

— J'ai acheté de la saucisse fraîche à Savignac. On la mange grillée ou tu la préfères à la poêle ?

— Oh, comme tu veux...

Sébastien s'affairait aux fourneaux pendant que Paul mettait le couvert à même le bois de la table. Jason et Hilda les avait rejoints, fidèles au poste pour le repas, quémandant du regard et parfois d'une voix impatiente ces reliquats qui tardaient à venir. Eux aussi étaient la Houchane.

Au coin du feu, Sébastien se plut, le soir, à conter à Paul quelques fines parties de pêche de jadis, dans des ruisseaux encore vierges de toute présence urbaine, au temps de son enfance. Il lui raconta avoir rencontré Léon Foch, roi du toc et grand *pescaire* devant l'Éternel, qui ce jour-là avait pris plus de cent vingt truites. Il lui montra même le livre que celui-ci avait écrit quelques années plus tard, comme un talisman, un témoignage de ces années bénies où la nature était encore abondante et généreuse. Et, vers les dix heures, quand Paul monta au lit, il avait la tête suffisamment enflammée de tous ces récits pour avoir du mal à s'endormir comme il convient à la veille d'une « ouverture à la truite ». Que le lit était bon et frais ! Mais qu'il lui tardait d'être à demain...

Il ne faisait pas encore jour, quand Sébastien, entrant sans plus hésiter dans sa chambre, le réveilla en tapotant la couette d'un air complice.

— Allez petit... ! *Se cal levat pichou...*

Le café chauffait sur la cuisinière et les tartines furent

vite avalées. Les premières lueurs de l'aube commençaient à poindre. Une vague clarté faisait paraître les sapins de la Houchane plus sombres, comme des colosses immobiles, gardiens des temps révolus et protecteurs de ceux à venir. Un rayon de lune s'attardait là-bas, baignant la soulane d'ombres mystérieuses, jouant à cache-cache entre les bosquets de hêtres et de mélèzes. Dehors, l'air frais avait la pureté de l'acier et le givre printanier avait légèrement blanchi les pierres de la vieille cour pavée.

— J'aime les senteurs de ces petits matins, tu vois, celles qui te mettent le cœur plein d'allégresse, ces aubes glorieuses et parfois incertaines qui, comme à regret, se lèvent sur le théâtre de la vie, ces préambules qui illuminent de leurs promesses nos jours d'espérance, se laissa aller à dire Sébastien.

Paul l'écoutait religieusement. Son grand-père portait sa vieille veste qui avait fait tant de campagnes de chasse et de pêche que sa couleur, délavée par la pluie et brûlée par le soleil, était devenue indéfinissable, se fondant naturellement dans le paysage, mieux que ne l'aurait fait aucune autre tenue de camouflage. Il avait simplement ajouté à son accoutrement habituel une méchante musette de toile qui avait dû être kaki au temps de sa splendeur. Paul, sur le pas de la porte, huma l'air froid de ce petit matin de mars, si proche de la naissance du printemps. Ce matin-là, il l'avait attendu pendant des jours, avec impatience et frénésie, mesurant le temps qu'il avait à passer au lycée. En salle de perm, en cours de latin ou d'anglais, son cœur battait plus fort quand il y songeait. Certes, il savait qu'il ne serait à coup sûr que spectateur car il manquait totalement d'expérience, mais suivre, c'était déjà participer et partager. Il observerait Sébastien et, instrumenté par lui, il saurait « faire » un jour prochain. D'ici là, il lui fallait apprendre de lui les gestes utiles et ceux qui étaient superflus. Ce matin-là, c'était presque une cérémonie religieuse qui l'attendait. Une étape de plus dans sa progression initiatique, à la découverte du monde vrai et de l'expérience des hommes. Ce matin-là, Paul allait enfin connaître sa première ouverture.

Ah, les truites ! Il y en avait, certes, bien moins que Sébastien ne lui en avait promis le soir, devant le feu de bois, à l'heure où la bûche de hêtre finit par mourir dans un craquement à rendre l'âme. Son grand-père lui avait raconté presque autant d'histoires là-dessus que sur la chasse aux palombes ou la poursuite des perdreaux. Maintenant l'heure était venue et Sébastien, dans la grange qui jouxtait la maison, avait décroché les cannes à pêche préparées la veille. Paul tira la double porte de la Houchane. Il fit tourner la grosse clé et la cacha dans le mur derrière cette pierre de grès qui pivotait sur elle-même, cachette simple et rustique des paysans d'autrefois. Un ciel clair, dégagé des nuages, remplaçait progressivement le jour triste. L'air commençait à sentir le printemps. Un air délicieux et subtil, un mélange de fleurs et de bourgeons sucrés auquel les abeilles ne pouvaient guère résister. Dans quelques heures, sous les rayons du soleil, cet air serait diaphane, inspirateur des poètes, et deviendrait par ses saveurs porteur des rêves fous de l'adolescence.

Ils cheminaient lentement le long de la vieille « carretière » à moitié engloutie sous la végétation. Dire qu'autrefois on s'y croisait presque à deux attelages ! La nature avait repris ses droits année après année, tragiquement, menaçant la pérennité des hommes qui s'accrochaient encore à leur terre. Saison après saison, la ronce furtive avait grignoté les bas-côtés, sans avoir l'air de rien, et l'ortie plantureuse mais urticante colonisait par plaques entières les secteurs les plus humides. En quelques décennies, le chemin s'était bouché inexorablement pour n'être plus qu'un modeste sentier où il fallait, l'été, écarter les fougères pour progresser. Au bout, on débouchait sur la ferme du Ferradou dont le panorama s'offrait aux regards comme une corolle de fleurs au mois de mai. C'était une modeste habitation, un parallélépipède de pierres sèches, çà et là jointes à la chaux. Deux pins noirs lui donnaient un air de grande demeure, mais c'était un bout du monde. Dans la cour, quelques poules picoraient et la mare accueillait deux ou trois canards. En contrebas, à droite, un labour fraîchement effectué produirait un peu de maïs pour nourrir les volailles de l'année prochaine.

Matthieu Astre était ici métayer depuis toujours. Il avait pris naturellement la suite de son père pour le compte de riches propriétaires qui habitaient Toulouse, ne venaient jamais le voir, mais ne manquaient pas pourtant de lui réclamer les deux douzaines d'œufs à Pâques, les trois paires de poulets de la Saint-Michel, et les deux chapons de Noël qu'ils empochaient, en prime, au titre de redevance d'un bail à mi-fruits, conclu dans la nuit des temps et renouvelé tacitement depuis, faute de désaccord ou de contestation avoués. Matthieu avait aussi quelques chèvres et la confection régulière de ces *cabécous*, que Savignac lui achetait peu cher afin de les revendre un bon prix, lui avait donné cette odeur tenace de bouc et de biquette qui aurait empêché une narine sensible de l'approcher à dix mètres. Il est vrai que le ruisseau était bien loin et qu'il se lavait peu, économisant l'eau du puits, surtout en été. N'ayant ni femme ni enfant, sa crasse ne le gênait guère, même quand elle partait par plaques comme les écailles d'un reptile. Le béret toujours sur la tête, l'œil bleu et malicieux, on n'aurait pu lui donner d'âge et son habit avait acquis à l'usage une couleur indéterminée, passe-muraille du temps.

Au-delà d'un pré humide et frais où les herbes de l'an précédent, jaunies par un hiver froid, disputaient encore la place aux jeunes pousses d'un printemps tout neuf, Paul entendit la chanson du ruisseau. Ils passèrent une haie de pommiers abandonnés et colonisés par le gui, les merles et les corneilles, descendirent la pente un peu raide mais courte d'un léger talweg. Le chemin serpentait encore entre quelques matàs épais qui frissonnaient au vent de mars. Au détour de l'un d'entre eux, il aperçut l'Arget : c'était un modeste ruisseau pas plus large qu'un mauvais chemin vicinal. Il coulait en cascades aux fils d'argent entre les pierres moussues de granit gris, usées par les siècles et les crues. Le pâle soleil de mars se reflétait à peine dans son eau cristalline et glacée qui courait au milieu d'un sous-bois abandonné depuis longtemps de la fréquentation des hommes. Mais là, sous les pierres, dans cette nature simplement animée du clapotis régulier de l'eau, il y avait des truites, lui avait dit Sébastien.

En arrivant, sans faire de bruit et en levant bien les pieds comme le lui avait recommandé son grand-père, attentif à ne pas faire résonner le pas ou trébucher sur un mauvais caillou, Paul avait embrassé le paysage du regard, mais il n'avait pas vu de truites. Il avait l'impression de surprendre un monde vivant et jamais il n'aurait supposé l'existence de ce ru cristallin, serpentant entre deux rives légèrement encaissées d'un talus couvert de buis vert. Il n'avait promené qu'un coup d'œil d'ensemble sur cette palpitation de la Création et de l'Univers. Son attention étant détournée par le bruissement de l'eau, il n'avait pas prêté de regard à la fuite nerveuse de ces quelques traits noirs, qui, sous l'eau, quittaient leur poste de chasse pour rejoindre des cachettes plus sûres, entre deux pierres, sous une racine ou dans la profondeur d'un trou caché de la berge.

Sébastien s'était mis à la recherche des cuquets. Très en aval des coups qu'il voulait pêcher, il retourna quelques pierres plates, arrachant par poignées les porte-bois à leur milieu naturel. Il les stocka au fur et à mesure dans une boîte en fer-blanc au couvercle grossièrement ajouré par quelques coups de pointe, dans un lit de mousse humide pour les conserver à la fraîcheur. Puis cette quête achevée, un peu en retrait du ruisseau, il monta sa ligne. Il noua les bouts de laine qui lui serviraient de guide-fil, et, saisissant l'hameçon entre pouce et index, il y accrocha un premier cuquet pénétré, sans le crever, à travers le corps par le biais d'un orifice naturel secret. Un deuxième, placé tête-bêche, mais juste agrafé entre chair et peau, donnait au montage la vie et l'illusion nécessaires pour tromper la méfiance d'une truite à l'appétit aiguisé par le jeûne hivernal. L'opération terminée, sans bruit, Sébastien s'approcha de la rive, courbé sur lui-même, essayant de se confondre avec la végétation et le terrain. Paul, derrière une touffe de buis, le regardait. Sébastien lui avait bien dit de rester en retrait, d'observer et, surtout, de ne pas bouger. Certes, il pouvait parler, mais l'instant ne s'y prêtait guère, tant la tension était forte. La canne de bambou refendue, délicatement maniée, fit choir l'appât dans un petit remous et la ligne, aussitôt emportée par le courant, le fil bien tendu, dévia jusqu'à une pierre. Au-delà du caillou à demi submergé, à la sortie d'un petit courant, un frémissement agita brusquement le fil en une secousse nerveuse qui l'instant d'après, sous le coup de poignet de Sébastien se transforma en une gerbe d'eau imprévue, comme si on avait soudain jeté une pierre. Paul entraperçut un dos noir, un ventre d'argent et déjà la truite était hors de l'eau, promptement ramenée à terre, sur l'herbe de la berge, par un Sébastien dont les yeux brillaient de malice et de satisfaction. En un tour de main, il avait saisi la truite et l'ongle de son pouce s'enfonça dans le crâne cartilagineux, abrégeant ses souffrances tandis que sa tête faisait soudain un drôle d'angle avec le reste du corps, les ouïes laissant apparaître un peu de sang. Elle était morte quand Sébastien la montra glorieusement à Paul. Il l'avait imaginée gigantesque dans sa lutte, mais il la trouva petite en cet instant.

— Elle est belle, non ?

— Je l'aurais crue plus grosse au début !

— Oh, elle fait bien vingt et un ou vingt-deux et c'est déjà joli ici. Essaye d'en prendre une, toi, fit Sébastien d'un air de défi en regardant son petit-fils, la canne à ses pieds.

Piqué au vif, Paul s'en fut un peu plus haut, vers l'amont, là où les buis étaient plus touffus. Il cueillit quelques porte-bois sous les pierres plates et il essaya d'en piquer un comme il avait vu faire Sébastien. Mais le cuquet éclata entre ses doigts, larve soudain visqueuse, jaunâtre et collante. Le deuxième, sorti de sa gangue de gravier à force d'ongles, n'eut guère un meilleur sort et seule sa tête noire s'accrochait correctement à l'hameçon. Un peu contrarié, il tenta d'en mettre un troisième qui gigota quelques instants avant de raidir définitivement les pattes. Exaspéré par cet état de choses, passant outre les difficultés, Paul lança la ligne dans les remous, au milieu de l'écume.

Subrepticement, Sébastien était revenu vers lui. À une vingtaine de mètres en arrière, le corps émergeant à moitié des buis, il l'observait avec indulgence. Il le laissait faire ses premières armes sans intervenir. Il savait ce qu'elles supposaient de fils cassés et d'hameçons perdus, mais l'expérience était à ce prix, son apprentissage et ses progrès aussi. Comme il s'y attendait, en fin de courant, la ligne de Paul s'enferra dans une mauvaise branche à demi enfouie qu'il n'avait pas su négocier d'un coup de poignet. Le fil se tendit, le sillon se courba... trop tard ! Il était accroché !

— Ne t'énerve pas, petit... Inutile de tirer ! Réfléchis

plutôt... Descends un peu vers l'aval, oui vers là... Attends, je vais t'aider... Ne bouge pas.

Sébastien avait posé sa canne contre le tronc d'un acacia épineux. Il repéra sans difficulté le fil de Paul et, une simple traction, sans même mettre un pied dans l'eau, le libéra de sa fâcheuse posture. Un petit sourire lui plissa les lèvres.

— Tu vois, c'est pas compliqué...

— Non ! Quand on sait faire, bien sûr !

— Tiens, viens par là, je vais te montrer. Tiens regarde là, il y en a une...

— Là ? où ça ? fit Paul en parcourant les eaux claires du ruisseau qui coulait entre les pierres.

— Ici, sous le caillou rond... Tu vas lancer un peu plus haut, tu gardes le fil bien tendu... Allez, vas-y maintenant ! Oui, comme ça, laisse couler... Oui, c'est bien, attention à ta profondeur. Laisse-la aller sous le caillou... Tu la sens ?

— Non.

— Oh, ça m'étonne. Elle doit y être pourtant !

— On dirait que je suis accroché.

— Mais non, lève un poil, fais-lui goûter le cuquet... Qu'elle ait l'impression qu'il lui échappe...

— Ah, putain, ça y est...

— Tu en tiens une, petit, ferre-la bien. Allez, sors-la, elle est à toi.

Un fuseau sombre tacheté de noir frétillait déjà dans l'air de ce mois de mars en des sauts désespérés, tordant sa queue dans tous les sens. Paul posa précipitamment la canne dans l'herbe au risque de faire quelques perruques dans les branches d'acacia qui débourraient juste. C'était sa première truite, elle n'était pas bien longue, mais elle lui parut la plus belle pourtant. Il sentit entre ses doigts la vie frémissante qui palpitait comme les cascades du ruisseau qui s'écoulait.

— Oh, c'est une *fario*, fit Sébastien.

Paul essayait bien de mettre fin à ses souffrances comme il l'avait vu faire, mais peu pressée de trépasser, elle lui filait entre les doigts, glissante de mucus, seulement piégée par ce méchant hameçon qui lui traversait le cartilage de la bouche.

— Prends-la par les ouïes, vite...

— Elle m'échappe, oh purée...

— Mets-toi un peu de sable dans la main, tu la tiendras mieux !

Paul finit par la maîtriser. Il sentait cette vie palpitante de nageoires et de coups de queue dans la paume de sa main mouillée. Il avait pris sa première truite et, tandis qu'il la tenait à bout de bras, son regard fier valait pour Sébastien tous les remerciements du monde.

De roncier en bosquet d'acacias, ils remontèrent le ruisseau, au fil des accrochages de Paul et des prises de Sébastien. Dans ces lieux sauvages, il n'y avait sur le tronc des arbres nulle trace de ces rencontres furtives que les adolescents immortalisent par des initiales gravées dans le bois, formant génération après génération des cicatrices d'amour refermées par le temps, témoignages de rêves, de bonheurs fugaces de ces années de fin d'enfance qui sont emportés par les torrents de la vie et de l'Histoire. Ainsi, quand le soleil ce soir se coucherait, immuable, un chien pourrait bien hurler, là-bas dans la vallée, et les épouvantails, dépenaillés, grimacer dans leur champ, au fil du vent de mars, personne ne serait là pour les contempler car, depuis longtemps, les hommes avaient abandonné ces lieux.

Vers les onze heures, quand ils regagnèrent la Houchane, Paul était fourbu, mais heureux : il avait pris deux truites, les premières de sa vie. Sébastien, bien sûr, en alignait plus d'une dizaine comme d'habitude. Elles s'entassaient sur un lit d'herbe fraîche dans son panier en osier. Jason, sentant le poisson, vint se frotter entre leurs jambes longuement, la queue en point d'interrogation. La grande porte ouverte, Sébastien se préoccupa tout de suite de ranimer les braises du cantou et de la cuisinière qui se mouraient. Paul s'était laissé tomber sur la chaise de Cataline. Quelle ouverture ! Il se sentait un peu plus riche et sa main tremblait encore au souvenir des frémissements saccadés des belles captives du matin. Il pourrait en raconter des émotions, demain lundi, aux copains du lycée !

— On va quand même les goûter, fit Sébastien en déposant les truites dans un grand plat de porcelaine ovale, ultime rescapé d'une série reçue en cadeau de mariage.

— Elles sont pas trop fraîches ?

— Oh, elles retourneront la queue ! Je vais te les faire à la mode des braconniers d'ici. Mets la table en attendant.

Sébastien força le feu dans la cheminée en y jetant force de brassées de bois pour obtenir une braise épaisse. Quand les dernières flammes s'éteignirent, il enfila les quatre plus grosses truites, après les avoir vidées et séchées avec des bouchons d'herbes, sur des baguettes de noisetier vert coupées sur le talus derrière la maison. Et elles se mirent à grésiller ardemment tandis qu'il les arrosait de temps à autre d'un peu de vin blanc extrait d'une bouteille poussiéreuse. Jason suivait tous ces préparatifs au garde-à-vous, tournant la tête au moindre geste. Ils les dégustèrent à même la pique de bois, les « rouségant », comme disait Sébastien du bout des dents, se délectant de la chair et de la peau à demi grillée. Deux talhous au beurre complétèrent leur repas, achevant de caler leur estomac creusé par cette longue traque. Repu, Paul repoussa son assiette et étira ses jambes.

— Repose-toi un peu, Pitchou, après quoi, si tu as encore des jambes, je t'emmènerai aux morilles. C'est la saison et ce petit soleil pourrait bien en avoir fait sortir quelques-unes.

Sébastien lui paraissait increvable, indestructible, immortel face à l'éternité, un roc. Déjà il débarrassait la table, presque pressé de l'entraîner vers de nouveaux horizons, vers de nouvelles découvertes. Mesurait-il le temps qui passe ? Hilda, elle, s'était couchée tranquillement devant la cuisinière noire, les pattes étendues, en pleine décontraction.

— Alors, tu viens faire un tour aux morilles ?

— Maintenant ?

— Eh oui ! Maintenant ! elles ne t'attendront pas, c'est la bonne heure pour les voir.

— C'est que je suis fatigué...

— Oh, à ton âge, on a le temps d'être fatigué. Tu dormiras mieux ce soir.

— Et tu crois qu'il y en a, au moins ?

— Sûrement, sinon je n'irais pas moi-même.

Il était presque deux heures de l'après-midi et le soleil était encore haut. Sébastien l'avait entraîné dans un bois proche de la Houchane encore paré des stigmates de l'hiver. Au sol, parmi les troncs d'arbres dégarnis, le tapis des feuilles brunes de l'automne dernier achevait de pourrir, se parsemant çà et là de larges plaques d'herbes tendres et grasses, encombrées de fleurs blanches et jaunes. Par endroits, quelques pieds de violettes sauvages égayaient le sol d'une note bleue. Même les ronces se sentaient rajeunir et lançaient leurs stolons printaniers à la conquête du sous-bois. L'air était doux et un soleil tendre prolongeait leur marche d'une ombre furtive. Les yeux rivés au sol, écarquillés, Paul avançait à grandes enjambées mécaniques.

— Oh, ne va pas si vite. Regarde donc où tu passes, fit Sébastien.

Paul leva la tête et s'arrêta. Son grand-père était un peu en arrière, la main appuyée sur le tronc droit d'un frêne solitaire. Il n'était pas essoufflé mais promenait un œil souverain et perçant à l'horizon du sol et du pied des arbres.

— Il devrait y en avoir par ici... cette « costière » a toujours été bonne. Tu sais, les morilles, elles aiment bien les endroits comme ça, bien exposés et bien drainés.

— Moi, je vois rien...

— Peut-être qu'il te faudrait mieux regarder !

Sébastien fouillait le sol du regard et son instinct aguerri par des années de quête lui disait qu'il allait trouver quelque chose. Dans l'amoncellement des feuilles sombres à moitié décomposées, au pied d'un ormeau, ses yeux à demi plissés distinguèrent soudain une forme tronconique.

— *Té*, tu la vois celle-là ?

Paul regardait sans rien distinguer. Il avait beau balayer le sol de loin ou de près, il n'y avait là qu'une litière à demi décomposée.

— Où ça ?

— Là devant toi, là devant, fit Sébastien.

Il écarta doucement quelques feuilles rousses qui laissèrent apparaître le haut du chapeau d'une morille. Elle était jaune brun, bien ajourée de multiples alvéoles géométriques, le pied clair et charnu, transpirant de la vie qui renaissait en cette fin mars.

— Faut avoir de bons yeux !

— Attention où tu marches. Quand il y en a une, il y en a souvent d'autres. Parfois même tout un *rédol*...

Ils progressaient à pas de loup, comme s'il s'agissait d'une traque mystérieuse où le gibier eût pu s'enfuir, alerté par le bruit. Parvenus à l'orée du petit bois, ils empruntèrent un modeste sentier pour gagner une autre partie de la costière. Là, sur une plaque de terre humide où l'herbe était absente, Sébastien montra une trace furtive à Paul.

— Regarde, le goupil est passé par là...

— Et à quoi tu le vois ?

— Les pas sont l'un derrière l'autre... Ça, c'est un renard ! Tu sais, ils marchent exactement comme les chats. Si c'était un lièvre ou un lapin, la trace serait pas pareille. Les oreillards, ça saute, ça détale, ça ne trottine pas...

Paul opina, enregistrant la leçon, cette science simple que la fréquentation de l'asphalte des villes n'avait pas pu lui apprendre. La deuxième costière était un talus en pente douce tout aussi baigné de soleil que la première. Sébastien la lui fit aborder par le bas, lui expliquant du geste qu'ils verraient mieux ainsi les morilles que s'ils avaient juste le nez dessus. Leurs pas crissaient sur les feuilles. Et, dans un cirque en demi-lune, planté d'ormeaux et de noisetiers sauvages, sur un sol exempt de toutes ronces, seulement parsemé de quelques fleurs blanches aux pétales immaculés, Paul découvrit ce que son grand-père appelait un rédol. Il y avait là une bonne trentaine de morilles de tailles différentes, mélangeant le jaune et le gris, soit groupées en bouquets, soit solitaires, mais toujours dessinant un arc de cercle comme si on les avait positionnées à dessein. L'air sentait bon et Paul, à les voir, ressentit l'émotion intense de celui qui trouve enfin ce qu'il cherche.

— Tu vois, je te l'avais bien dit qu'il y en aurait quelques-unes !

Sébastien sortit son couteau et, précautionneusement, les coupa au pied avec délicatesse. Elles allèrent rejoindre dans le panier en osier verni les premières qu'ils avaient trouvées. Certaines étaient de la taille d'un poing et la jubilation le submergea devant cette récolte qui lui donnait envie de parcourir toute la montagne.

— Pas la peine d'aller plus haut ! C'est pas bon par

là... On va plutôt redescendre, va... D'ailleurs, le soleil commence à baisser et il faut que je fasse l'étable en bas.

Ils prirent le chemin du retour, parmi les genêts en fleur et les bruyères odorantes. Le petit sentier qui serpentait les ramenait à la Houchane. Il était près de quatre heures de l'après-midi quand Paul poussa le portail de la cour. En arrivant, Sébastien versa le contenu du panier sur la table de bois. Il entrepris de nettoyer les champignons. Puis, il expliqua à Paul comment confectionner des cordes avec un fil et une aiguille. Il lui montra comment traverser soigneusement, de manière successive, le pied des morilles, comment les espacer pour qu'elles puissent sécher individuellement sans que les vers de l'une ne se communiquent à l'autre. Au bout du compte, il réalisa un bon mètre cinquante qu'il suspendit au plafond, le fil reposant sur des clous déjà plantés. Les morilles dessinaient des festons, ainsi, parallèles aux saucissons du cochon tué en janvier. Il fallait les laisser sécher pour que leur arôme se concentre, lui dit Sébastien.

L'horloge égrenait le temps, immuable. C'était ça, la Houchane, pensa Paul en songeant que le lendemain matin, vers les six heures, il lui faudrait quitter ce monde-là. Le car l'emmènerait vers le lycée, vers la ville.

La soirée se passa très calmement devant le feu de bois. Paul demanda à Sébastien s'il pouvait allumer la radio. Sans rien dire, son grand-père tourna le bouton de Bakélite. Le vieux poste à lampes à la caisse de bois monumentale grésillait un peu. Mais, l'orchestre musette, qui jouait les polkas et autres mazurkas du dimanche soir sous la baguette véloce de Jean Bentaberry, était audible malgré tout. Paul regardait Sébastien. Il ne détestait pas cette musique, au fond, elle était celle de sa jeunesse. N'avait-il pas en son temps interdit tout air de jazz ou de tango, lors de son mariage, car trop moderne à ses yeux ? Mais ces airs-là le replongeaient dans son passé douloureux, dans un monde qu'il avait voulu fuir en remontant à la Houchane en 1940. Comment pouvait-il pardonner, lui, l'ancien professeur, la trahison lâchement consentie de ses collègues de l'université qui n'avaient pas levé le petit doigt pour le défendre lors de sa révocation pour non-obéissance au régime de Vichy, parce qu'il était fils de paysan, pur produit de l'école républicaine et non pas issu, comme la plupart d'entre eux, de ces milieux de mandarins qui, comme les ronces avec leurs stolons, propulsent la carrière de leurs enfants. Il n'était pas, lui, issu de l'*alma mater* et si on avait toléré sa présence sur les bancs de l'université, on lui avait fait payer ainsi la jalousie que sa carrière concurrentielle avait pu susciter pour d'autres, moins brillants.

Vers les dix heures, Sébastien l'envoya au lit en lui rappelant que le lendemain matin il faudrait aller au lycée. Ils grimpèrent l'escalier en silence. La chambre était toujours aussi froide et les draps de fil si humides que la brique parvenait à peine à les réchauffer. Paul éteignit la faible ampoule montée sur un pied de lampe en régule. Il se pelotonna frileusement sous la couette.

Le ciel était encore bien sombre ce matin-là, quand, le petit déjeuner vite avalé, le car le prit de bonne heure pour l'emmener loin de ce chez-lui qu'il n'aurait pas imaginé quelques mois plus tôt, lui qui avait vécu ballotté de foyer en foyer, au fil du bon vouloir des assistantes sociales et des places libres pour l'accueillir. Paul avait presque la gueule de bois, manquant de sommeil dans le vieux car qui cahotait en descendant vers la ville, se remplissant à chaque arrêt d'une faune de lycéens tout aussi endormis que lui et aussi peu empressés sur le chemin du retour. Ils imaginaient déjà la gueule de bouledogue du pion qui les accueillerait, hargneux de s'être levé tôt lui aussi. Mais cette tête renfrognée n'était rien à côté de la perspective de celle de M. Maillot. Une tête, une trogne, une hure... Brrr, il en frissonnait par avance.

La semaine et les suivantes seraient difficiles. Paul le savait. Le temps des compositions n'allait pas tarder en ce trimestre finissant. « Il te faut en mettre un coup... », lui avait dit Sébastien avec un sourire qui cachait toute son expérience passée d'élève et de pédagogue. Ne l'avait-il pas surpris, le soir même, avant le repas, traduisant pour le plaisir, mais à voix basse, un texte latin de Pline que lui-même avait abordé en butant sur les difficultés grammaticales, qui conjuguaient l'imparfaite maîtrise de la cinquième déclinaison, de la voix passive et de quelques adverbes vicieux.

Paul se souvenait de la chanson du ruisseau, de l'eau gargouillant entre les pierres, des truites frémissantes de vie, des morilles discrètes qui dessinaient des festons au plafond de la Houchane. Il emportait les saveurs de l'air parfumé d'un printemps qu'il avait vu naître et qui allait lui manquer là-bas, en ville. Il savait qu'il ne remonterait pas à la maison avant une quinzaine au moins.

— Je t'attends pour les pommes de terre..., lui avait dit Sébastien, comme on fait une promesse ou un serment.

Il avait un rendez-vous avec sa terre pour quelque chose qui le projetait dans le temps, pour une récolte à semer et à faire, pour ce cycle éternel de la nature qui, de la vie à la mort, conduit les hommes depuis l'aube des temps sur le chemin des saisons et des jours.

12

Vers le mois de Marie

Le temps passait lentement dans la monotonie du travail scolaire. Les jours succédaient aux jours, pluvieux, nuageux, ensoleillés, la perm se remplissait au fil des heures pour se vider en fin de journée. Et enfin arriva ce samedi de libération de la fin avril, ce samedi des vacances, ce samedi de la liberté qu'ils attendaient tous, souvent depuis le Carnaval, en rongeant leur frein, en esclaves dociles. Nombre des pensionnaires, franchi la grande porte de chêne ripolinée de rouge, allaient en s'égaillant sur la promenade, dans un méli-mélo de gibecières et de sarraus, chantant à tue-tête sous les branches aux bourgeons turgescents des platanes en pleine poussée de sève printanière, telle une volée de potaches partis en goguette.

Paul avait le cœur en fête en quittant le lycée. Le travail que les professeurs avaient distribué, de peur qu'ils s'ennuient peut-être, lui paraissait léger et anodin, tout comme la rentrée une perspective lointaine. Sébastien lui avait écrit en milieu de semaine qu'il viendrait exceptionnellement le chercher en voiture. La traction serait de sortie et il se sentirait un peu comme un de ces internes que les parents anxieux viennent prendre à la porte du lycée. On viendrait l'attendre lui aussi, lui qui avait si souvent pris les transports en commun pour rejoindre le foyer où il était placé par nécessité familiale. Ainsi il était autre, différent de ce qu'il avait été, d'autant plus que celui qui l'attendrait, était Sébastien, son grand-père.

À proximité du lycée, en haut de Villote, près de la Caisse d'épargne, Sébastien avait garé la traction noire. Une écharpe négligemment nouée autour du cou, il avait troqué son éternel béret pour un chapeau de feutre gris, comme on les portait vingt ans auparavant. Adossé à l'aile rebondie du véhicule, il avait une autre allure, plus jeune, mais le même regard souverain sur le monde environnant. Il attendait Paul. Une petite pluie fine tombait d'un ciel gris mais le fond de l'air était doux en cette fin d'avril.

— Ah, te voilà, petit ! Allez, monte vite, j'ai quelques courses à faire.

Paul jeta son sac sur la banquette arrière, et la traction démarra. Par les petites rues, Sébastien gagna la place Freycinet où il eut, comme d'habitude, du mal à trouver une place pour stationner. Il pesta bien un peu contre ces commerçants qui garaient leur véhicule devant leur boutique et s'étonnaient ensuite de voir leur clientèle s'éloigner. À pied, ils descendirent chez le droguiste pour acheter de l'huile de pied de bœuf pour imperméabiliser les chaussures, puis continuèrent vers la graineterie où Sébastien fit provision de semences de radis, de pois et de haricots qu'il lui fallait renouveler. Quelques cyclistes slalomaient sur le bitume, entre les excréments frais que les chiens avaient laissé tomber. Là, au coin de la rue de la Comédie, les chats, affamés sans doute, avaient pillé une poubelle qui étalait son contenu sur la chaussée. Ils terminèrent leurs achats par une visite chez le quincaillier. Son magasin, tout en longueur, recelait une foule de trésors cachés baignant dans une pénombre propice à exciter l'imagination des bricoleurs avertis ou à satisfaire les plus exigeants clients. Rangés dans de petits tiroirs soigneusement étiquetés, vis, pointes, écrous attendaient tout un chacun.

Il était près de six heures du soir quand ils finirent leurs emplettes et retrouvèrent la traction. Un chat de gouttière avait laissé ses traces de pas, cheminant sur la peinture noire de la carrosserie, ce qui fit grogner Sébastien qui aimait bien tenir sa voiture. Cela l'obligerait à passer un coup de nénette de retour à la Houchane.

— Ce soir, on va manger chez mon cousin Charlou. Allez, monte, il doit nous attendre et je parie que sa femme nous a fait un civet.

Le soleil déclinant était passé par-dessus la crête de la Devèze. Charlou habitait Ganac, un petit village distant de quelques kilomètres, à la sortie de la ville. Comme Marie, sa femme, il était instituteur, sorti d'une promotion de l'École normale, voisine de celle de Sébastien. Il avait pris sa retraite depuis une bonne dizaine d'années. La chasse au lièvre, la pêche à la truite, la montagne et les chiens occupaient son temps quotidien et il vivait dans une maisonnette construite au temps de la loi Loucheur, en bordure de la grande route, à deux pas de l'école où lui et sa femme avaient fait leur carrière. Charlou était une fine gâchette, passionné de chasse, habile bécassier. Ses anciens élèves, devenus quadragénaires, se rappelaient avec émotion comment depuis sa salle de classe, avec un calibre vingt, à l'automne, il descendait les grives qui faisaient étape dans le sorbier de la cour de l'école. Il envoyait ensuite un *gafet* rapide quérir ce qu'il avait tué de main de maître tandis qu'il continuait sa leçon, imperturbable, trônant derrière le bureau, sur l'estrade. Devenu retraité, le soir, au lit avec sa femme, ils se récitaient mutuellement la liste des départements français et s'amusaient à se poser des colles sur les noms des sous-préfectures.

Sans enfants, avec des neveux pour seule descendance, ils s'étaient dévoués leur vie durant pour les enfants des autres, construisant leur existence autour de cette école où ils étaient logés par nécessité de service.

Leur maison, bâtie pour la retraite, en pierre du pays, avec son jardinet sur le devant plein de roses et d'hortensias, était d'une propreté immaculée. Elle sentait bon la IIIe République, le goût du savoir que l'on accumulait sans honte, comme en témoignait l'encyclopédie Quillet dans le salon. Les parquets de chêne brillaient, les meubles exhalaient l'encaustique et ici, il fallait mettre les patins, comme Sébastien l'avait expliqué à Paul. Bien sûr, les chiens n'avaient pas le droit d'entrer dans la cuisine comme le faisait Hilda à la Houchane. Là, sur le buffet de la salle à manger, leur vie, entrée dans sa dernière ligne droite, étalait en quelques photos ses moments importants : un service militaire dans les zouaves, leur mariage, quelques jours de vacances à Oléron, une partie de chasse au sanglier animée, la communion du petit-neveu...

Cinq ans avant l'âge de la retraite, Charlou et sa femme s'étaient vu décerner les palmes académiques pour service rendu à l'instruction publique et un joli ruban violet ornait le revers de leur veste. Ils portaient avec fierté ces rubans, conquis sur le front des troupes enseignées, car cette décoration n'était pas galvaudée par quelque magouille rampante ou courbette servile, dans l'antichambre feutrée d'un cabinet ministériel ou rectoral. Elle symbolisait leur valeur et ils ne l'avaient pas demandée. Bien sûr, d'autres plus jeunes les avaient eues avant eux et peut-être avait-on mis un peu plus de temps à reconnaître leur mérite, mais il est vrai qu'ils n'étaient que de simples instituteurs de village ! Sébastien, lui, ne portait aucun ruban à la boutonnière, par choix.

Dans la salle à manger, une horloge murale en bois clair verni, style années trente égrenait le temps qui passe comme ce sable qui file entre les doigts de la main, à l'image de la vie qui s'écoule. Marie n'avait pas sa pareille pour réussir le civet de lapin, et comme elle savait Sébastien gourmand, elle lui en préparait un à chacune de ses visites. L'odeur qui embaumait la cuisine ne laissait pas de doute en arrivant. Tandis que les hommes dégustaient un verre de ce muscat de Rivesaltes que Charlou allait chercher là-bas tous les ans avec sa 4 CV, Marie mettait la dernière main à ce qui promettait d'être un régal parfumé de laurier et d'oignons piqués de clous de girofle.

À table, la conversation tourna comme d'habitude sur les chiens, les bécasses de l'année précédente, les truites qui étaient moins nombreuses que jadis, le jardin où le travail n'allait pas manquer maintenant... Charlou prit aussi des nouvelles de ceux de là-haut, de Fernand de Rieupeyroux, du Pierrot de L'Espine ou du Matthieu du Ferradou. Il les connaissait tous, étant de la même génération. La soirée s'étirait et, après une copieuse charlotte aux pommes, Sébastien donna l'heure du départ. La nuit était tombée depuis belle lurette et les phares de la traction cognaient dans l'obscurité leur pinceau jaune sur des ombres inconnues qui se révélaient être les silhouettes fugitives des arbres sur le bas-côté. Il y avait une bonne demi-heure de route, serpentant dans la montagne, à accomplir ainsi pour parvenir au Grand Chêne et prendre enfin le chemin qui menait à la Houchane. Hilda, bonne gardienne, les attendait de pied ferme en jappant, peu habituée à ces escapades nocturnes de la part de son maître, d'ordinaire plus casanier.

— Allez petit, au lit maintenant, fit Sébastien. Demain, il nous faut planter les pommes de terre...

La couette était moelleuse et Paul s'endormit d'un seul coup, épuisé par la fatigue de la journée. Il n'entendit même pas Hilda faire crisser les marches de l'escalier en montant et se faufiler subrepticement, par la porte mal fermée de la chambre, sur la descente de lit pour y passer une nuit d'autant plus délicieuse qu'elle connaissait le parfum de l'interdit. Il n'entendit même pas le chant du coq matinal et quand il ouvrit un œil, il était neuf heures passées. Que le lit était bon en ce matin de cette fin d'avril qui marquait le début des vacances de Pâques ! Hilda avait jugé bon de déguerpir. Seules quelques touffes de poils blancs trahissaient le souvenir de son séjour nocturne.

Sébastien s'était levé très tôt pour vaquer à ses obligations matinales. Il avait donné aux poules, au cochon, aux lapins... Il avait accompli ce tour usuel et quotidien qui faisait de son travail à la Houchane un éternel toujours recommencé. Paul se servit un grand bol de lait tiède et odorant propre à faire fuir par son odeur crémeuse un amateur de breuvages pasteurisés. Assis dans le fauteuil de Sébastien, devant la cheminée où un tison fumait en un panache épisodique, il trempa avec délectation une large tranche de pain bis dans la mousse laiteuse. Les pieds appuyés sur les chenets, il s'étirait avec tout le plaisir qui convient aux premiers jours de vacances.

Sébastien avait sorti les vaches de l'étable vers les dix heures, le temps que la terre sèche un peu après la rosée de la nuit. La Noireaute, la laitière, mise au pré, la Marquise et la Poumée avaient pris le joug par habitude, en dodelinant leur tête bientôt ceinturée par les lanières de cuir brun soigneusement graissées pour les rendre plus souples et réfractaires à la sécheresse de la poussière des labours. Sébastien avait vérifié leurs fers par réflexe puis attelé le double brabant. Les versoirs étaient bien propres après un hiver passé dans l'appentis à côté de la grange. Il avait aussi graissé les commandes de l'outil sans excès, l'essuyant longuement en novembre à la fin des travaux de l'année dernière. Il était prêt à planter les pommes de terre, les « truffes » comme il disait, dans ce Champ-Haut, inaugurant ainsi, en un nouveau cycle la succession des travaux du printemps tout neuf.

Paul était sorti sur le perron. Les touffes de jonquilles

étaient maintenant fanées, mais la glycine, aux grappes bleues qui couraient sur l'un des côtés de la façade de la Houchane, embaumait l'air en donnant au temps la dimension du présent.

— Attends-moi, Sébastien, je vais t'aider...

— Eh ! Je t'attendais justement !

— Et les patates, elles sont où ?

— Figure-toi que j'en ai déjà porté un sac là-haut...

— Tu en plantes beaucoup ?

— Oh, une trentaine de kilos ! Pour moi ça suffit au Champ-Haut !

— Tu les fais pas un peu tard, tes patates, fin avril ?

— C'est qu'ici, tu sais, il y a des gelées tardives... Celles pour le cochon, je les ai déjà faites à la Grande Terre la semaine dernière. Allez, on y va. Le travail se fait pas avec la langue ! Allez hue, la Poumée..., commanda Sébastien pour que les vaches s'ébranlent.

Les vaches connaissaient le chemin par cœur : à travers une haie de genêts en fleur, la « carretière » était en état de résistance contre l'attaque sournoise des ronces agressives. Elle menait au Champ-Haut. C'était là une terrasse tout en longueur, bien exposée, au milieu des bruyères et à l'abri d'un bosquet de hêtres qui se paraient de leurs premières feuilles. La terre y était légère et des générations de paysans l'avaient soigneusement débarrassée de ses cailloux en les empilant patiemment pour constituer des murets qui clôturaient à présent le champ. Sébastien montra à Paul comment procéder pour la plantation, lui expliquant que l'on coupait les grosses pommes de terre en deux pour économiser la semence. Puis, après avoir mis son attelage en configuration, il commença la ronde des sillons au pas lent des bêtes. Sébastien n'avait pas son pareil pour les faire bien rectilignes et profonds, comme tirés au cordeau. Toutes les quatre raies, Paul, préposé à l'enfouissement des « truffes », se baissait pour déposer dans le creux tracé la semence, les *grilhs* vers le haut, qui étaient recouverts par le labour suivant. Dans cette position, le dos courbé sur la glèbe, les reins ne tardaient pas à être douloureux pour qui se pliait et se redressait souvent. Sébastien piquait un branquet de noisetier au bout de chaque sillon planté pour mieux en matérialiser la place. Le sac mettait bien du temps à se vider et Paul avait le dos cassé par l'effort. Le soleil commençait à devenir haut dans le ciel et les premières chaleurs, auxquelles les rigueurs de l'hiver n'avaient pas préparé les corps, accentuaient la pénibilité du travail. Ils avaient à peine fini quand midi sonna enfin aux clochers des églises des villages, dans la vallée. Les bêtes ne se firent pas prier pour prendre le chemin du retour. Elles aussi aspiraient à un peu de fraîcheur, poursuivies par quelques mouches piquantes, malgré la toile de sac dont Sébastien leur avait couvert le front pour protéger leurs yeux.

Dans la cour abritée de la Houchane, les rosiers se paraient de boutons non éclos encore qui, dans quinze jours ou trois semaines, donneraient les premières roses de mai : roses rouges de velours ou roses jaune soleil, elles étaient souvent sang et or comme les couleurs du pays, ces roses qui pour beaucoup dataient de Cataline. Autrefois, avait expliqué Sébastien, on faisait des couronnes de ces premières roses en les liant à un cerceau de noisetier tendre en l'honneur de la Sainte Vierge dont le mois de Marie, le mois de mai, marquait justement la fête. Et les enfants sous les premiers rayons d'un chaud soleil dansaient en chantant alors « Prends ma couronne, je te la donne... Au ciel tu me la rendras ! » Pimpante ritournelle de cette époque où toute la vallée était palpitante de leurs cris de joie. Ce temps-là était celui des roses odorantes, des folles espérances d'un été prometteur de fruits juteux qui conjugueraient la saveur de la vie et la plénitude des êtres rassasiés par les récoltes nouvelles.

La maison était fraîche et Paul s'affala dans le grand fauteuil. Hilda vint lui lécher les mains et quérir quelques caresses de la fraîcheur de sa truffe. À côté du buffet, la pendule continuait d'égrener le temps. Sébastien avait suspendu sa veste dans l'entrée. Sa chemisette de nylon bleu laissait apparaître une touffe de poils gris de sa poitrine.

« Mets la table ! On va manger maintenant... J'ai trouvé un bout de bavette hier soir chez Savignac, dans son magasin en ville, avant que tu n'arrives, et il me reste encore des échalotes de l'an dernier. Eh ! Regarde aussi dans le garde-manger, il y a un peu de *grèichilhous* pour commencer... »

— De quoi ?..., fit Paul.

— Des fritons, si tu préfères.

Sébastien était toujours très actif malgré son âge et le travail de la terre ne semblait pas avoir de prise sur son corps noueux. « Moi et le repos, on n'habite pas ensemble », disait-il souvent.

Il avait disparu dans la souillarde pour préparer le repas. Paul avait sorti le pain à la croûte brune du tiroir du bout de la table en faisant coulisser la planche qui le fermait. Il en taillait de larges tranches tandis que la farine parsemait ses doigts en suivant le fil du couteau. Assise sur son arrière-train, Hilda suivait ses gestes de la tête. Une bonne odeur d'oignon frit commençait à remplir l'air, mettant l'eau à la bouche en cette heure où les estomacs crient famine. Sébastien faisait revenir la viande au milieu des échalotes avant d'y verser un peu de vin pour que l'amalgame fasse une sauce courte qui accompagnerait la bavette. Sur le feu d'à côté, deux poignées de riz, jetées avec une feuille de laurier dans une casserole d'aluminium bosselée, s'apprêtaient à compléter le repas. Tandis que tout se préparait, pour se récompenser du travail accompli, Sébastien vint boire un verre de vin. Il fit claquer sa langue en signe de satisfaction, appréciant la saveur un peu âpre du raisin de sa vigne.

— Ça ressusciterait un hérétique !

— Un quoi ?

— Un hérétique... Un païen si tu préfères, enfin quelqu'un qui ne croit pas en l'Église de Rome.

— L'Église de Rome ? Il y en a plusieurs... ?

— Oh ! toi, tu n'as jamais été au catéchisme !

— Non... Je crois qu'on m'a baptisé, mais c'est tout. Tu sais, dans le foyer où j'étais, on parlait pas de ça et je me suis jamais posé de question.

— Eh bien, tu vois, ici dans le pays, on s'est battu pour Dieu autrefois et les guerres de religion ont été atroces : on s'est étripé à qui mieux mieux entre catholiques et protestants, on a persécuté les cathares et leurs bonshommes au nom d'un Seigneur qui était le même, mais que les hommes interprétaient différemment parce qu'une autre conception du pouvoir y était associée. Même que les pèlerins d'ici, autrefois tu vois, ils montaient à genoux par le chemin de Notre-Dame. Faut croire qu'ils avaient beaucoup à se faire pardonner pour aller ainsi de la Barbacane à l'École normale d'aujourd'hui !

L'École normale ! Cette évocation lui brisait le cœur. Sébastien y avait fait ses classes avant la guerre de 14 et Pétain l'avait fait fermer en 1940 parce qu'elle était le symbole d'une République que les nouveaux maîtres de la France haïssaient. Il avait fallu attendre la Libération pour voir de nouvelles générations d'élèves-maîtres sortir de ces mêmes murs, remplis des souvenirs des hussards noirs de la République qui avaient grandi sous les sapins de la cour d'honneur.

— C'est bien compliqué pour toi tout ça. Allez, passe à table...

Ils mangèrent dans le seul bruit d'un feu de bois qui miaulait en émettant des panaches de fumée. Sébastien mastiquait en silence, prenant le temps de goûter les choses et l'instant qui passe. Les échalotes mijotées dans la sauce au vin avaient donné à la viande, puis au riz, un goût de terroir profond. Hilda et Jason étaient au garde-à-vous, chacun d'un côté de la table, quémandant les *pelàhes* qui tardaient à venir. Le vin de Sainte-Rapine coulait tout seul, frais et léger de ses neuf degrés à peine, dans la cruche de terre vernissée. Peut-être la récolte de cette année serait-elle plus abondante, si les merles et les grives se contentaient d'un tribut plus modeste.

— Tu veux du fromage ? fit Sébastien.

— C'est toi qui l'as fait ?

— Non, j'ai acheté du comté en ville...

— Merci, ça va comme ça.

— Tu es fatigué, va te reposer là-haut, va... On débarrassera plus tard.

Paul caressa la tête d'Hilda, arrangea les tisons qui émettaient quelques fumerolles dans l'âtre avant de monter l'escalier. Sur le palier, juste avant d'entrer dans sa chambre pour y faire une petite sieste, Paul, d'un geste machinal écarta la tenture rouge à côté du vieux coffre de mariage d'un ancêtre lointain. Là, une petite porte basse, faite de mauvaises planches, se laissait deviner dans la pénombre. Un antique loquet en bloquait l'accès et il fallait se courber en deux pour la franchir et pénétrer ainsi dans une sorte de soupente tout en longueur. À la lumière indirecte d'un œil de bœuf, orné de toiles d'araignées, dans ce qui servait de grenier, Paul découvrit un amoncellement de malles, de meubles des années trente, de cartons bien ficelés. Il y avait là une salle à manger Henri II complète, avec ses chaises aux montants tarabiscotés et leurs assises de cuir craquelé, une chambre du même cru et des caisses, encore des caisses, un monceau de caisses. Toute une existence enfouie pour une histoire que l'on avait voulu oublier.

Il était là, sur le pas de la porte, comme à l'entrée

d'un tombeau inviolé, l'émotion aux lèvres, avec le même sentiment des premiers découvreurs de pyramides, face à un monde mystérieux et nouveau qui l'attirait, mais dont il n'osait briser la magie. Il n'entendit pas monter Sébastien derrière lui.

— Tu cherches quelque chose ?

— Non, enfin... je connaissais pas cette pièce...

— Et tu te poses des questions, bien sûr ! Ici, tu vois, ce sont les souvenirs d'avant, du temps où j'étais un autre ! Dans les malles, il y a mes livres... Oh, tu peux fouiller, à toi je n'ai rien à cacher. Tu y trouveras des photos aussi, celles de ta grand-mère, celles de ta mère, Sylvie, quand elle était petite, quand nous formions une famille. Tu trouveras les sources de ce passé qu'on t'a caché et ces souvenirs t'appartiennent comme toi, tu appartiens à la Houchane, mais ça tu l'as déjà compris !

Sébastien ouvrit une grande valise de cuir brun. Il exhiba une longue robe noire assortie d'une écharpe jaune à triple rang d'hermine, sa toge de professeur d'université...

— Tu sais ce que c'est, ça ? Aujourd'hui on ne la porte plus ! Ça Paul, c'est la gloire qu'une République passée m'a conférée parce que j'étais l'un de ses enfants et qu'un régime de circonstances m'a retiré un jour. Mais la disparition de ce régime n'a pas lavé l'affront. Pour moi, maintenant, tout cela n'existe plus. J'ai refermé une parenthèse en 1940 et, si tu n'étais pas revenu ainsi parfumer ma mémoire, je n'aurais sûrement jamais eu l'occasion de revenir dans cette pièce qui est un peu le tombeau de mes souvenirs. Allez va, referme vite ! Ça ne présente pas beaucoup d'intérêt et ceux qui nous ont trahis alors nous gouvernent toujours pour la plupart. Combien de ces hauts fonctionnaires, serviteurs zélés et administrateurs sans conscience sont passés du service du gouvernement de Paul Raynaud à celui de Pétain et de Laval, pour se rallier à de Gaulle en juin 44 et servir sans état d'âme cette IVe République qui vient de mourir. Ferme la porte, la Houchane n'est pas là, elle est dans la terre, dans les bois, dans l'odeur de la glycine ou le parfum des roses, elle est dans les truites que tu as prises, dans les palombes que tu as ramassées, dans l'oie que tu as tuée... Le reste ne sent plus que la poussière de l'Histoire, a souvent le goût des petites trahisons et des grandes lâchetés de ceux qui, pour rester au pouvoir, sont prêts à toutes les compromissions. Mais si ça t'intéresse, je te descendrai l'album photo de cette époque-là. Va faire la sieste maintenant, moi les patates m'ont crevé. Il va être temps que tu prennes la relève.

Le passé se télescopait avec le présent dans la tête de Paul tandis qu'il entrait dans sa chambre. Il ne comprenait pas tout et sa perception de cette histoire que Sébastien lui faisait découvrir était bien incomplète. Il s'allongea sans se déshabiller sur le dessus-de-lit. Malgré la lumière qui rentrait à flots, il ne fut pas long à trouver un sommeil réparateur, les reins cassés par la plantation des patates.

Il était cinq heures passées quand Paul ouvrit un œil, émergeant de sa torpeur, la tête lourde d'un sommeil inhabituel. Il sortit de sa chambre un peu vaseux et l'escalier couina sous ses pas tandis que sa main glissait naturellement sur la rampe. En bas, il trouva la grande salle vide, un reste de feu se mourant, effondré sur ses cendres. Même Hilda et Jason semblaient avoir déserté la maison. Son regard erra de la chaise de Cataline au poste de radio dont il caressa du plat de la main l'ébénisterie d'acajou. L'horloge marquait le temps. Paul était comme ces sismographes qui enregistrent les vibrations d'un événement, témoin de l'Histoire vécue et acteur immobile d'un passé retrouvé. Il savait qu'il avait tant à apprendre de Sébastien encore pour devenir lui-même source de mémoire. Il se promenait lentement dans la pièce et, par touches, sa connaissance du temps jadis s'enrichissait de mille détails de la vie écoulée. Perdu dans ses rêves, il n'entendit pas Sébastien rentrer, Hilda sur ses talons.

— Ah, tu t'es levé... *Es pas trop lèu* !

— Les patates... Elles m'ont eu, Sébastien.

— Et moi, à mon âge, fit son grand-père en redressant son corps sec, j'ai déjà fait l'étable. Toi, tu pourrais aller donner aux poules... Tu sais faire ?

— Bien sûr que je sais ! C'est toi qui m'as appris à doser le maïs avec le blé et l'avoine...

Paul parti, Sébastien ranima le feu de quelques branquets enflammés puis il se lava longuement les mains dans l'évier de pierre au savon de Marseille qui nichait dans un trou maçonné du mur. Son petit-fils commençait à lui ressembler et cela n'était pas pour lui déplaire. « Le greffon a pris », lui avait dit Pierrot de L'Espine un soir de la semaine précédente, venu pour briser sa solitude et bavarder un peu. Et Sébastien avait souri à cette comparaison végétale, mais si juste au fond. L'arrivée de Paul avait bousculé une existence qu'il croyait finie. Il s'était soudain senti investi d'une mission qui le dépassait lui-même et transcendait tous les gestes simples de sa vie. Il avait un héritier, et sa terre, celle des siens, ne serait pas comme celle des autres : elle ne serait pas condamnée à la ronce et aux genêts, à l'oubli et à l'abandon. Sébastien s'affaira pour préparer le repas : quelques radis fraîchement cueillis au jardin, une salade de la même provenance, un peu de pâté, deux ou trois tranches de *cambajou* et un bout de fromage feraient bien l'affaire.

Paul arriva, le sourire aux lèvres, une demi-douzaine d'œufs lovés dans le bas du chandail retourné quand l'horloge marqua six heures et quart.

— J'ai trouvé des coucous !

— Ah ! Et tu sais de quand ils datent ?...

— Ben non, mais ils étaient dans le chaudron, là où elles pondent !

— Alors ceux-là, ils sont sûrement d'aujourd'hui... Marque la date dessus au crayon et mets-les au garde-manger.

Les œufs rangés et le couvert mis, Paul tisonna la cuisinière, la garnissant à nouveau de ces bûches courtes, coupées spécialement à trente centimètres pour qu'elles rentrent dans le foyer. Sébastien apporta les victuailles sur la table, ouvrit le tiroir pour en extraire la miche et en tailler de larges tranches avec son Laguiole. Il ramassa les miettes tombées d'un revers de main pour les donner à Hilda.

— Allez petit, c'est prêt, on passe à table...

Ils s'installèrent l'un face à l'autre, Paul le dos au feu, la chienne assise à ses côtés, déjà prête à mendier quelques reliefs. Ils se passaient les plats en silence quand, entre deux bouchées, Paul lui demanda :

— Tu as vu Fernand cette semaine ?

— Oui, il est passé un soir chercher de la présure pour le fromage...

— Ah bon ! Dis-moi, Fernand de Rieupeyroux, il est de ton âge ?

— Pourquoi cette question ? Tu le trouves jeune ou c'est moi que tu trouves trop vieux ?

— Non, comme ça. Vous parlez souvent de la guerre ensemble...

— Ma foi, c'est qu'on l'a faite tous les deux, mais il est un peu plus jeune que moi, si c'est ce que tu veux savoir. Il est parti en 17, je crois, et si tu vas au monument aux morts de Brassac, tu liras le nom de ses deux frères et de tant d'autres. Frédéric fut tué en septembre 1915 et Victorien, mort en décembre de la même année. Tu vois, d'une famille pleine et solide de trois garçons dans la force de l'âge, il n'en est resté qu'un seul...

— Pourquoi il est parti ? Il était jeune ?

— Il s'est engagé volontaire en 17, pour choisir son arme, sachant que, de toute façon, il allait partir. Mais, finalement, il a atterri dans l'infanterie, la reine des batailles, comme ses frères qui y sont restés !

— Et alors ?

— Un soir, il y a longtemps de ça, il m'a montré son portefeuille en me disant : « Tu vois, cette éraflure, ce sillon sombre, là... Eh bien, c'est la trace de la balle qui a tué mon frère Frédéric. » On y voyait encore une auréole brune sur le cuir clair, le sang d'un cœur explosé en pleine jeunesse, en Argonne, très loin de la terre d'ici. Et son frère Victorien, qui était dans le même régiment, avait recueilli le portefeuille de son aîné et le portait à son tour quand il fut tué trois mois plus tard d'une balle en plein front. Je ne sais pas comment Fernand l'a récupéré, mais il le porte depuis comme un talisman.

— Tu n'as jamais voulu revenir là où tu avais été pendant la guerre ?

— Non, je n'ai jamais voulu revoir ces paysages. J'y ai connu trop de misère, de souffrance et de malheur. Pour moi ces lieux sont à jamais maudits, associés à mes camarades, aux balles sifflantes des shrapnells, au gaz moutarde. Là où j'ai été, je n'ai jamais voulu y retourner car c'est là où s'est joué le dernier acte de la vie pour beaucoup d'entre nous.

— Tu n'as jamais revu « Cent vingt-cinq tonnerres » et sa fille Marthe ?

— Ah, tu t'en souviens de celui-là !... Non, je ne les ai pas revus, pas plus que je n'ai voulu fréquenter les associations d'anciens combattants, trop politisées à mon goût. J'ai essayé d'oublier simplement un vécu que je n'ai pu cependant chasser de ma mémoire. Et tu sais, Fernand est comme moi. Lui aussi, jusqu'à son dernier souffle, il aura les images de ce passé en tête. Comment veux-tu qu'il en soit autrement ?

— Vous avez eu de la chance tous les deux...

— Oui, c'est vrai, fit Sébastien, mais cela a modifié notre vision des choses. Si tu savais le séisme que cette guerre a provoqué dans mon âme d'instituteur ! Il m'a fallu beaucoup de temps, moi-même, pour la juger tant j'étais idéaliste, plein des valeurs qu'on m'avait enseignées à l'école laïque, de ce nécessaire et légitime besoin de revanche. J'avais foi dans le scientisme que mes maîtres de l'École normale m'ont inculqué, moi le fils de Jules Ferry, et je suis tombé de haut, dans l'après-guerre, en découvrant les magouilles des mercantis, leurs tromperies de crapules, après avoir pataugé dans la boue et la fange des tranchées. Comment veux-tu qu'on oublie ce qu'on a vécu ? fit Sébastien en faisant claquer la lame de son couteau, signe qu'il en avait assez dit.

Sébastien ne desserra pas les dents le reste de la soirée, perdu dans ses rêves, ses souvenirs et ses regrets peut-être. Avait-il trop parlé aujourd'hui ? Paul n'avait pas envie de le questionner davantage non plus. À chaque jour sa part de révélations et de compréhension de ce passé qu'il sentait si présent. Il était un peu plus de dix heures quand Paul, étouffant un bâillement, annonça qu'il montait au lit. Sébastien leva à peine la tête. Où était-il en cet instant ? Dans les tranchées en Champagne ? En train de faire cours à l'université ? Jouant avec Sylvie, sa mère, dont il ne conservait qu'un souvenir diffus. Mais Paul n'était pas à l'âge où on s'encombre la tête de questions inutiles. Les marches du vieil escalier gémissaient sous son pas en montant dans la chambre. Les reins encore meurtris par l'épisode des pommes de terre, malgré la sieste réparatrice, il s'endormit sans s'en rendre compte.

Les vacances de Pâques passèrent bien vite au rythme des parties de pêche, des *courrejôlo* à sarcler au jardin. Ils semèrent les haricots et les petits pois à ramer, dans une terre fraîchement bêchée dès le matin, par un Sébastien qui paraissait inusable. Le temps, en effet, ne semblait pas avoir de prise sur lui, même si, sous l'effort, il sortait son mouchoir à carreaux pour essuyer la sueur qui perlait à son front. À midi, les premières chaleurs dispensaient Sébastien d'allumer le feu de bois et il avait mis en marche un antique réchaud, alimenté par une bouteille de gaz, qui charbonnait quelque peu avant d'émettre une flamme claire. Il suffisait bien, cependant, pour faire cuire un morceau de saucisse ou réchauffer le café du matin.

Déjà la première semaine de mai, il fallut à nouveau pour Paul reprendre le chemin du lycée. Marcel et son vieux car étaient immuables, fidèles au rendez-vous. Le chauffeur avait simplement troqué son blouson de cuir pour une chemisette de cotonnade à manches courtes, signe que les beaux jours approchaient, mais la casquette était toujours sur sa tête et la cigarette fichée à la commissure des lèvres. Les feuilles nouvelles apparaissaient sur les platanes de la promenade et les pigeons roucoulaient tout autour de la statue de Lakanal, se relayant pour surveiller leur première couvée qui venait juste d'éclore dans les trous des immeubles d'en face. Les bêtes et les hommes commençaient déjà à souffrir des premières chaleurs, prémices d'un été proche et torride. On était entré de plain-pied dans le mois de Marie, celui des communions solennelles et des confirmations. Au bord de l'Arget, les éclosions allaient bon train, gobées par des truites voraces qui sautaient haut en l'air pour retomber en geysers d'écume. Les sous-bois laissaient apparaître profusion de feuilles tendres ondulant au fil d'un vent plus chaud de jour en jour. Mais, de temps à autre, une bonne averse de pluie froide venait rappeler que l'été se ferait encore attendre quelques semaines.

Paul avait presque le cœur léger en reprenant le chemin de l'école : il ne restait plus que deux gros mois avant les grandes vacances et ce rituel qu'était la distribution des prix. Dans les prés, les grillons s'essayaient à chanter, annonciateurs de l'été proche, synonymes de ces jours prolongés à la Houchane, un lieu qu'il n'aurait jamais pensé connaître quand il hantait les foyers de l'Assistance publique. Il avait trouvé une terre...

13

Quand chantent les grillons

Et le soleil brillait très haut, presque au zénith en ce samedi de la mi-juin vers midi et demi : il faisait scintiller en une myriade d'éclairs les tessons de bouteilles verts et tranchants qui ornaient ici et là les murs entourant les bâtiments, afin de dissuader les éventuelles évasions de quelques potaches fugueurs. Enfin la grande porte rouge s'ouvrit pour Paul après trois semaines d'enfermement au lycée. Certes, il aurait dû normalement sortir la semaine précédente, mais sa participation bête à un de ces chahuts traditionnels d'internes, le soir au dortoir, lui avait valu, comme à bien d'autres, une retenue pour le samedi après-midi mise par le surveillant général, l'homme à la canne, bientôt doublée d'une autre, pour le dimanche, de la part du censeur. Et voilà comment une banale bataille de « pelochons » qui avait dégénéré, se soldant par quelques carreaux cassés, lui avait fait rater une partie de pêche sur les bords de l'Arget. Sébastien lui avait écrit en milieu de semaine. Les premiers cèpes de fleurs commençaient à arriver, disait-il, et Paul l'avait imaginé, Hilda sur les talons, parcourant les bois, le panier d'osier au bras, le matin de bonne heure, lui qui ne voyait ici de la nature que les rares brins d'herbe de la cour d'honneur et dont le seul chant des ruisseaux se limitait aux gargouillis étouffés du bassin où s'ébattaient trois ou quatre poissons rouges.

Le tour de clé donné par le concierge à la grande porte déclencha, dans la joie de la liberté retrouvée, un grand brouhaha et une quasi-bousculade chez les plus jeunes des pensionnaires. L'été semblait imminent et déjà l'encre violette séchait plus vite dans les encriers de porcelaine blanche. L'air chaud sentait le temps des examens de cette fin d'année, synonyme des vacances et des grandes espérances.

Les Pyrénées, vertes d'un printemps accompli, se découpaient dans un ciel bleu azur et le chemin, depuis le Grand Chêne, la gibecière sur le dos, parut bien long à Paul tant il faisait chaud cet après-midi-là. Il était en nage quand il poussa la barrière qui clôturait la cour de la Houchane où les rosiers exhalaient des senteurs épicées et diaphanes. Leurs boutons rouges et jaunes se mêlaient en une symphonie sang et or. L'herbe poussait dru entre les pierres usées par les pas de ses ancêtres dans lesquels aujourd'hui il mettait les siens. Passé la vieille porte à double battant ornée d'un marteau de fer noir, la fraîcheur de la pénombre contrastait avec l'air surchauffé du dehors.

La grande salle était déserte, Sébastien et Hilda, absents tout comme Jason, qui devait chasser quelque souris dans la tiédeur de la grange ou être à l'affût d'un nid dans l'espérance de la chute d'un oisillon. Sur la grande table de bois, à côté d'une assiette recouverte d'un tulle blanc à cause des mouches et contenant une tranche de jambon, Paul trouva sur un morceau de papier déchiré, tracé au crayon, ces quelques mots de la main de son grand-père : « Je suis au pré de Laffon. Monte m'y rejoindre avec une fourche. Casse la croûte avant. » Un cruchon de grès vernissé, un *pichèrro*, comme disait Sébastien, avait conservé à l'eau toute sa fraîcheur et il s'en désaltéra longuement avant de manger un morceau. Puis il monta dans sa chambre déposer son sac et sa gibecière. Sébastien avait pris la précaution d'entrecroiser les contrevents pour maintenir dans la pièce une température agréable car le soleil tapait dur sur la façade de pierre, faisant le bonheur des *sinsôles*, c'est-à-dire des lézards. Paul redescendit l'escalier d'un pas léger. Il ferma la porte de la Houchane, cachant la clé derrière la pierre qui tourne et, la fourche sur l'épaule, après avoir contourné la grange, il prit la direction du pré de Laffon.

On l'appelait ainsi, cette terre, parce que l'arrière-grand-père l'avait achetée en son temps à un voisin du même nom qui partait s'installer en ville pour y tenter sa chance et échapper à la médiocrité d'une existence de labeur rural rythmée par l'alternance des saisons. Et le nom était resté, par-delà les générations. On disait le « pré de Laffon » bien que ce Laffon-là soit mort depuis longtemps, sans avoir fait fortune naturellement, après avoir grossi le prolétariat urbain qui s'entassait au chef-lieu du département, exerçant des petits métiers, souvent avant de partir plus loin pour un exode définitif.

Le chemin serpentait entre ronces et fougères tendres sur près de cinq cents mètres au-delà de la Houchane. De loin, en haut de ce champ étroit, tout en pente comme beaucoup de terres du pays, Paul aperçut la haute silhouette de Sébastien. Vêtu d'une chemisette bleue à gros carreaux et à manches courtes, le pantalon retenu par de larges bretelles, le béret vissé sur la tête, la fourche à la main, il remuait un foin sec et odorant faisant voleter des myriades de sauterelles grises et vertes.

— *Ah, es arribat, pichou !* C'est pas trop tôt. *Té*, tu vas m'aider !

— J'ai monté la fourche comme tu m'avais dit...

— Tu as déjeuné ?

— Oui, ça va.

— Alors, *va pla* ! Tiens, prends l'autre rang et aère-moi cette pasture. Je l'ai coupée hier et je compte bien la rentrer demain après-midi quand le soleil sera repassé dessus. Secoue-la bien pour qu'elle prenne l'air...

Si le pré de Laffon n'était large que de quelques dizaines de mètres, il était par contre tout en longueur et, jadis, il avait dû correspondre à une de ces innombrables terrasses, fruit de la patience méthodique des hommes qui avaient empilé des pierres jusqu'à en faire des murs pour retenir la terre. Ainsi les rangées n'en finissaient pas sous ce soleil de juin qui se révélait déjà implacable. Paul transpirait à grosses gouttes, épongeant régulièrement son front d'un mouchoir bientôt trempé. Sébastien, qui avait pourtant commencé au même moment, avait pris plusieurs longueurs d'avance et, malgré son âge, il ne semblait pas affecté outre mesure par la chaleur. Hilda, la gueule ouverte et la langue pendante, avait préféré la fraîcheur d'une touffe de fougères dont elle avait, en se couchant en rond, comme ses ancêtres de jadis, écrasant les roseaux, fait un lit « caninement » acceptable. Elle les suivait du regard, chassant de temps à autre une mouche agressive d'un claquement sec de ses mâchoires qui résonnaient dans le vide.

Fourche après fourche, les andains s'étiraient en une senteur de foin chaud et parfumé. Les lignes de Paul dessinaient parfois des scolioses face à celles de Sébastien bien droites. L'angélus de sept heures sonna en bas, dans la vallée, alors qu'ils achevaient leur besogne. Encore une heure ou deux et le soleil disparaîtrait derrière la crête de la Devèze. Il était temps de rentrer pour donner aux bêtes. La fourche sur l'épaule, les muscles douloureux et le corps recru d'efforts, Paul suivit son grand-père dans le chemin qui descendait vers la Houchane. Les fourches de bois, taillées dans un noisetier tendre et léger, galbées au séchage et dont le manche était poli par l'usage et la transpiration des mains, retrouvèrent leur place dans la grange contre le mur, au milieu des râteaux et d'une foule d'autres instruments aratoires qui utilisaient le bois plus que le fer comme matière première, souvenir des temps d'économie.

Paul se laissa tomber sur la chaise de Cataline, goûtant la fraîcheur de la maison, le repos mérité. Le temps de boire un verre d'eau et déjà Sébastien était prêt à repartir. Pour lui, la journée n'était pas terminée : Poumée, Marquise, la Noireaute, les lapins, les poules, le cochon attendaient, et Paul réalisa qu'il avait aussi sa part à accomplir dans ce quotidien qui lui appartenait maintenant.

— Attends... je vais t'aider, lança-t-il quand son grand-père sortit.

La chaleur du jour commençait à décroître au fil de ces gestes simples et répétitifs qui garnissaient de grains et de foin les mangeoires et les râteliers. Le soleil disparu, les grands sapins dressaient leur haute silhouette sombre, dominant la maison, sentinelles du temps immuable qui accueillait généreusement, année après année, dans l'épaisseur de leurs branches, les couvaisons répétées de mésanges et de rouges-gorges. Seules les pierres gardaient trace de la chaleur de la journée mais les sinsôles, comme disait Sébastien, avaient regagné leur trou creusé dans le mortier à chaux qui liait les cailloux du mur. Sébastien referma la porte de la grange.

— Allez, à l'oustal, Pitchou... je porterai le bidon de lait après, à la fraîche. Maintenant on va dîner.

— Et qu'est-ce qu'on mange ?

— Je t'ai fait des pois au jambon...

— Des pois du jardin ?

— Tu crois pas que je vais en acheter, en cette saison ? Je les ai cueillis ce matin et ils ont mijoté sur la cuisinière un paire d'heures, comme ma grand-mère les faisait, avec des *cébètes*, de l'oignon frais si tu préfères.

— Ils sont sûrement meilleurs que ceux de la cantine alors...

— Parce que tu les compares avec la mixture que tu avales là-bas ? fit Sébastien, vexé.

— Non, c'est pas ce que je veux dire, murmura Paul.

Hilda, fidèle, les attendait devant la porte de la maison, remuant la queue en signe de contentement de les voir revenir. Paul mit la table, sortit la grande miche, en tailla deux larges tranches, tandis que Sébastien s'affairait à faire réchauffer le fricot d'où s'échappait déjà une odeur sublime de jambon et d'oignons cuits. Ils passèrent à table dans le silence troublé des raclements de chaises et des bruits domestiques de soupe avalée. Plus tard, Paul trouva que le vin de Sainte-Rapine allait bien avec ce plat qui transpirait le travail et le savoir-faire des hommes. D'un seul coup, par la magie des saveurs mélangées, le temps prenait une autre dimension, celle des saisons et des années écoulées qui, par-delà les papilles, comme l'or des alchimistes, se transmutait en un parfum d'Histoire, de vécu et d'éternité.

— Dis, on ira à la pêche demain matin ?

— Non... pas le temps ! J'aurai besoin de toi pour couper les prés du Pareygot et celui de la Lande. Ça m'évitera de demander à Matthieu du Ferradou et à Pierrot de l'Espine de descendre comme d'habitude.

Ils viennent t'aider chaque fois ?

— Oui, bien sûr... pour les grands travaux, ici c'est la règle ! On se donne un coup de main mutuellement. Mais si l'usage de la réciprocité a perduré ici, tu vois, dans la plaine, par contre, il a disparu avec la mécanisation et cette dictature des rendements qui oppose « les terres de biens aux terres de rien », nos estives envahies par les ronces, la friche et le désespoir à ces parcelles modernes, capitalistes et sans cesse agrandies de celles des paysans partis. Cette agriculture-là n'est pas la mienne : elle obéit à des comportements mercantiles qui ignorent les traditions et la mémoire des hommes. Pour eux, la terre est une entreprise, pour moi elle a une âme, celle de la nature dont les palpitations sont aussi celles de la vie.

— Moi, je préfère ton monde, Sébastien...

— Mes voisins aussi, sinon ils ne resteraient pas accrochés à leurs cailloux... Tu sais il y a pas mal à faire en ce moment. Demain matin, on partira pour la journée avec le casse-croûte. D'ailleurs, il faut que je le prépare. *Té,* débarrasse plutôt, fit Sébastien en se levant de table.

— Tu en as beaucoup à couper ?

— Toute la « pasture » qui peut rentrer dans la grange ! Les bêtes, elles mangent tous les jours.

Le corps douloureux, Paul ne se fit pas prier pour monter se coucher. Il s'endormit d'un coup, la lumière allumée, et n'entendit pas Sébastien venu l'éteindre et lui remonter le drap sur les épaules. Il ronflait encore fort quand son grand-père, le lendemain matin, vint le réveiller à neuf heures. Un coup de gant sur le visage, un bol de café mélangé de chicorée et il était prêt à partir à l'assaut de ces prairies lointaines. Sébastien avait enveloppé le déjeuner dans un torchon à carreaux, placé deux bouteilles dans un de ces paniers en osier que la Claudine tressait elle-même et qu'elle vendait au marché les jours de foire.

— On part tout de suite ?

— Attends, il faut préparer la pâtée du cochon d'abord...

Derrière la maison, s'étendait un coin de cuisine en plein air, à l'abri du vent, dévolu à cet usage. Là, dans la grande *oule* noircie par la succession des feux, l'eau commençait à frémir et l'odeur fade des patates mélangées aux céréales et aux topinambours emplissait le *récantou* qui accueillait la marmite du cochon. Une gerbe d'étincelles s'alluma sur la noirceur de la suie.

— Ah, tu vois, quand ça crépite au cul de l'oule, on dit que c'est signe de mauvais temps. Et ce soir, le *priboul,* l'orage, pourrait bien nous surprendre. Prépare pour le cochon, moi je vais atteler la Poumée et la Marquise.

Les vaches commençaient à souffrir des premières chaleurs. Sébastien avait oublié de leur couvrir la tête avec cette toile de sac qu'il leur mettait d'habitude. Aussi des essaims de mouches piquantes leur entouraient les yeux, butinant leur corps malgré les coups de queue qu'elles donnaient pour les chasser. Les prés étaient éloignés les uns des autres, les pièces, souvent de petite taille, morcelées et desservies par de mauvais chemins de plus en plus dévorés par la végétation envahissante d'une nature abandonnée. Ça et là quelques bornes de pierre, mangées par des ronces robustes, marquaient l'entrée de champs anciens. Encore quelques années et c'est le taillis qui ferait son apparition. Sur la « carretière » mal entretenue, la faucheuse, tirée par la Marquise et la Poumée, progressait lentement au rythme de ses tours de roues en fer. Sébastien, devant l'aiguillon à la main, guidait l'attelage tandis que Paul, juché sur le siège de fer ajouré, ballotté au fil des cahots, s'imaginait être le commandant d'un étrange équipage perdu dans un océan de verdure. À droite, la barre de coupe était relevée, solidement arrimée par une tringle de fer et le mécanisme d'entraînement du mouvement de la lame, graissé avant le départ, avait été débrayé à l'aide de ce court levier que son grand-père lui avait recommandé de ne pas toucher. Les pieds bien calés, Paul se laissait doucement aller au balancement de l'attelage, évitant les ronces et les fougères qui venaient s'empêtrer dans les doigts de la barre de coupe et éprouvait ainsi les sensations d'un équilibre fragile. L'herbe verte avait perdu l'humidité de la nuit et, pourtant, il n'était que dix heures du matin. La journée promettait d'être chaude, propice à bien sécher un foin fraîchement coupé.

Après vingt bonnes minutes d'un cheminement chaotique, ils parvinrent enfin à l'orée d'un pré marqué par un frêne qui s'élançait dans l'azur en bruissant sous la caresse du vent de juin. Les vaches, reconnaissant les lieux, s'arrêtèrent d'elles-mêmes, dégustant en récompense de leur effort quelques brins d'herbe arrachés au bord du chemin.

— C'est là ? demanda Paul

— Oui, mais il faut d'abord que je fasse les bordures, répondit Sébastien en montrant la faux qu'il avait emportée.

— Pourquoi ?

— Sinon on verra pas où passe la barre de coupe...

En légère déclivité, le pré de la lande était bordé dans sa partie basse de quelques acacias qui surplombaient la carretière. Sébastien en surveillait l'expansion, n'hésitant pas à en tailler régulièrement, car là où l'arbre pousse, c'est de l'herbe qui se perd, disait-il. Si quelques touffes de fougères avaient réussi subrepticement à s'implanter ici ou là, l'herbe restait de bonne qualité, abondante en graminées, parsemée de coquelicots sur lesquels virevoltaient sauterelles et papillons. Le panier du déjeuner mis à l'ombre, Sébastien affûta sa faux avec une pierre grise fixée à un court manche de bois. À la manière des paysans d'autrefois, il la gardait humide dans un étui fabriqué dans une corne de vache, suspendu à la ceinture. C'était une pierre de Saurat, une pierre naturelle, débitée de main d'homme, les meilleures qui soient dans le pays, réputées pour leur douceur. À son contact, l'acier vibrait dans un feulement cristallin qui donnait un fil régulier et tranchant à la lame.

Maniée en souplesse par Sébastien, la faux à manche de bois taillait un sillon bien net dans la végétation haute, délimitant peu à peu les contours du pré. À la fin de chaque côté, Sébastien levait sa faux, ressortait la pierre et redonnait un peu de fil à la lame, avant de repartir, couchant impitoyablement, d'un geste ample mais mesuré, fougères, vesces et graminées. Revenu à son point de départ, transpirant un peu, il s'octroya une longue goulée de limonade. Il aimait cette boisson légère, pétillante et fruitée, produite avec l'eau du ruisseau de la vallée de père en fils par une même famille de brasseurs limonadiers.

— Allez ! Maintenant on peut y aller... Amène les vaches ici !

L'aiguillon à la main, comme il l'avait vu faire, Paul fit manœuvrer les bêtes.

— Passe derrière... Laisse-moi faire le premier rang, tu monteras après..., dit Sébastien en se hissant sur le siège de fer ajouré de la faucheuse.

La barre de coupe bien à plat, le mécanisme embrayé, il commanda « hue ! » et l'attelage s'ébranla dans le bruit du *staccato* métallique de la lame qui venait buter et repartir en sens inverse, entraînée par les roues, sciant l'herbe coincée entre les doigts tandis que le « déport » en bois serrait le rang fauché pour amorcer le suivant. De temps à autre, Sébastien se retournait, contemplait la fenaison jonchant le pré, au rythme lent du pas des vaches qui fouettaient l'air de leur queue pour chasser les mouches piquantes. Les sauterelles, dérangées dans leur quiétude d'insectes, jaillissaient telles des escarbilles des feux de la Saint-Jean toute proche.

Une vie puissante et renouvelée naissait de ce labeur qui constituait un acte nourricier pour les mois à venir. Paul se sentait porté par une force invisible en suivant, derrière la faucheuse, l'herbe qui tombait par paquets. Il arpentait à grands pas gauches ces brassées odorantes, symbole d'une vie qui, par-delà la mort, semblait renaître chaque année ; une espérance nouvelle et pleine l'envahissait en une bouffée de fièvre qui le submergeait, le cœur au bord des lèvres, la bouche sèche, l'œil brillant et le menton tendu vers l'avant. Même ses mains, dont il ne savait que faire dans cette excitation fébrile, ne trouvaient plus le chemin de ses poches. Le premier tour fini, Sébastien lui céda la place sur le siège en fer. Capitaine d'un équipage dont la conduite lui échappait, Paul se laissa bercer par le cliquetis des roues et de la lame. Le soleil était écrasant et il était plus d'une heure quand la dernière rangée tomba, marquant la fin de la matinée. Sébastien détela les vaches et leur enleva le joug. Elles avaient bien mérité leur récréation. Le gargouillis du ruisseau, là-bas dans le bois, était perceptible. Quelques taons les survolaient en quête d'une proie et le crissement des grillons meublait le silence d'une nature qui, en pleine chaleur, s'assoupissait. Ils allèrent s'asseoir à l'ombre des acacias, près des fougères. Le torchon à carreaux rouges et blancs servit de nappe, accueillant les victuailles, la miche de pain, un peu de vin rouge que Sébastien avait soutiré avant de partir et la bouteille de limonade dont le cul avait trempé toute la matinée dans l'eau fraîche du ruisseau.

Paul mastiquait une tranche de pain un peu rassis et un bout de jambon au goût de fumée. Il savait que ce pays était désormais le sien, avec ses estives, ses bois, ses ruisseaux, ses prés et ses champs, il l'apprenait par les mots du quotidien, ces mots du patois d'ici, ces expressions que Sébastien employait familièrement et qui l'imprégnaient jour après jour comme la sueur la chemise des travailleurs de jadis. Ce monde était le sien, il lui collait à la peau comme la tunique de Nessus. Il était d'ici, non pas parce qu'il y était né, mais parce qu'il y avait retrouvé ses racines, et renoué ainsi les fils d'une histoire interrompue. Sa respiration était comme les cascades du ruisseau, elle haletait de pierre en pierre, rebondissant pour mieux dévaler le cours de l'Histoire, celui de la Houchane, de sa terre.

Les grillons chantaient à l'ombre de leur trou. Sébastien et Paul, repus de pain, de pâté et de jambon, l'estomac plein de limonade rafraîchie à l'eau de la source, savouraient l'heure de la sieste, adossés à un tronc d'arbre, les yeux au ciel, bercés par le crissement des élytres, un brin d'herbe entre les dents. Quelques cumulus bourgeonnants couraient les uns après les autres poussés par un vent léger et finissaient par disparaître à l'horizon.

— Tu connais la devise du grillon ? demanda Sébastien.

— Oui : « Pour vivre heureux, vivons cachés. » Pourquoi ?

— Je parie que tu sais pas les *tuster*...

— Les quoi ?

— Les faire sortir de leur trou quand ils sont cachés. C'est pas compliqué. Té, regarde... il y en a un là, tu le vois ? Tu prends un brin d'herbe, un peu ligneux, tu l'enfonces dans le trou et tu le titilles, c'est bien le diable s'il sort pas.

— Et après, quand il est sorti, tu en fais quoi ?

— Les gamins d'ici les mettaient parfois dans des cages toutes rondes, ils les amenaient chez eux et les nourrissaient d'une feuille de salade.

— Et le grillon chantait toujours ?

— Oui, mais dans le langage des grillons, peut-être bien qu'il pleurait aussi sa liberté perdue.

— C'était cruel !

— On ne s'en souciait guère... Tu sais, on n'avait pas le même rapport avec la nature que les gens des villes... et puis on faisait bien d'autres bêtises aussi...

Sébastien se tut, perdu dans ses souvenirs. Il se revoyait dans cette France du tournant du siècle, dans ce pays qui, ici en campagne, ignorait la fée Électricité, s'éclairant encore largement à la lampe Pigeon et au pétrole. Il parcourait en sabots les champs et les prés alors bien entretenus, en compagnie de quelques autres galopins du village ou des autres « bordes », eux aussi en mal de bêtises à accomplir. Les jeudis étaient propices à ces expéditions qui se soldaient souvent par des écorchures aux genoux et parfois par quelques accros dans la blouse, ce qui était l'assurance de récolter une bonne engueulade, parfois une paire de « bouffes » et même un coucher sans souper si l'on avait, en plus, laissé échapper les vaches que l'on était censé garder.

Un bourdon passa en vrombissant au-dessus de leurs têtes, tirant Sébastien de ses rêves.

— Allez petit, assez flemmardé... Il nous faut aller couper le Pareygot et faire le foin au pré de Laffon ensuite ! Ça doit être sec là-bas avec ce soleil ! Il faudrait pas que la « plèjo » me le mouille.

Les vaches, attelées de nouveau, par le même chemin envahi d'une végétation libertaire ils redescendirent vers ce pré, vers ce Pareygot que Sébastien voulait faucher. C'était une petite pièce, de forme rectangulaire, dans le creux d'un vallon bordé d'acacias. Quelques cerisiers sauvages avaient réussi à s'implanter çà et là, marquant le début de l'abandon rural. Un nuage de sauterelles grises leur souhaita la bienvenue, giclant sous les sabots des bêtes qui tiraient la faucheuse dans la chaleur lourde. Et comme pour le pré de la lande, Sébastien, infatigable, reprit la faux pour délimiter les bordures du pré, tranchant les chardons et les *agafous* d'un geste large. De temps à autre, il surveillait les nuages accumulés dans le ciel. L'air devenait plus épais et, sous un soleil qui ne présageait rien de bon, la besogne fut vite expédiée. Ce priboul, cet orage dont il lui avait parlé, n'allait pas tarder. Paul n'avait jamais vu d'orage en montagne. S'il en redoutait les effets dévastateurs, il pressentait aussi une sarabande grandiose d'éclairs que la noirceur des cumulus lui laissait augurer. Les mouches devenaient maintenant plus agressives et piquantes. Et la Marquise et la Poumée, d'ordinaire si calmes, semblaient gagnées par l'électrisation de l'atmosphère au point d'en être moins dociles. Descendus au pré de Laffon, ils rassemblèrent à la hâte l'herbe en cinq ou six gros tas qui préfiguraient les meules à ériger plus tard.

Un vent mauvais se leva alors qu'ils parvenaient juste à la Houchane. Il était temps de rentrer et les premières gouttes les surprirent alors qu'ils dételaient rapidement les bêtes. Ils n'avaient même pas rentré le joug et ses longues lanières de cuir que le ciel se zébra d'éclairs tandis que les montagnes proches se renvoyaient le fracas du tonnerre en écho qui ricochait de crête en crête. Ils se précipitèrent dans la maison sous une averse drue, transpercés de pied en cap.

— *Quelle plèjo !* fit Sébastien, s'ébrouant et riant.

Paul en aurait à raconter à ses copains de lycée, mais cette pensée, ce retour entre ces murs tristes et gris malgré le soleil de juin, fit retomber tout l'enthousiasme qu'il avait à retrouver la Houchane. Sébastien s'essuya le visage puis laissa tomber :

— C'est pas tout ! Il faut que je fasse la confiture...

Il alluma le gaz. Les cerises attendaient dans une grande bassine étamée. Sébastien les avait cueillies la veille et avait préparé les bocaux ce matin même. Depuis, le jus et le sucre formaient une croûte, solidifiant les cristaux.

— Quand est-ce qu'elle sera prête ?

— Pour ça, il faut qu'elle fasse la perle, fit Sébastien.

— La perle ?

— Oui, regarde... tu vois, dans l'assiette... il faut qu'elle goutte comme ça !

— Où tu les as cueillies ?

— Dans le pré de Léon...

— C'est où ça ?

— Vers le Champ-Bas... Oh, tu sais, c'est un peu du temps de mes parents, un peu de leur mémoire. Léon, c'était un voisin, un brave type, un pauvre bougre, un valet qui louait ses bras à la journée. Il avait économisé et, à force de travail, acheté une petite terre. C'était là tout son bien. Il y faisait son jardin...

Sébastien se tut. La mémoire revenait au fil des images

du temps passé. Il n'avait pas à plisser les yeux, les images s'imposaient à lui naturellement. Il revoyait Léon, le béret éternellement en arrière, essuyant sa sueur sur la manche de son bleu, ne se redressant qu'à la fin du rang accompli. Maintenant, la confiture bouillait dans la bassine. Sébastien l'écuma avec une petite louche. Les bocaux, en verre épais, de forme hexagonale attendaient. Bientôt un « capuchonnage » de Cellophane les chapeauterait. C'était toute une cérémonie à laquelle il se livrait. Paul, attentif, observait. Il mémorisait ces gestes éternels, la lenteur du remplissage des contenants et le parfum des contenus.

— Allez, mets la table, petit, c'est l'heure de souper !

Après une omelette au jambon, baveuse à souhait comme Sébastien les aimait, la soirée se passa simplement à écouter tomber la pluie sur le toit de tuiles romanes. Le vent bruissait dans les grands sapins, mais il mugissait parfois en des plaintes inhumaines qui semblaient sortir du fond des âges, propices à vous glacer le sang. Ces soirs-là, on comprenait mieux les angoisses de ceux d'autrefois, leurs superstitions et leurs croyances que le scientisme du siècle avait reléguées au magasin d'antiquités sans les occulter totalement. Vers neuf heures, l'orage revint avec plus de violence encore. Les éclairs succédaient aux éclairs et dans le fracas du tonnerre dont on ne distinguait plus l'origine, Paul sentit une boule se nouer au creux de l'estomac. Sans doute son visage reflétait-il l'angoisse qui commençait à l'habiter pour que Sébastien, assis sur la chaise de Cataline, au cantou éteint en cette saison, laissa simplement tomber :

— Je ne t'ai jamais raconté quand, avec Cabourdès, on pêchait à la merde ?

— Non, c'est quoi cette histoire ?

— Oh, j'étais en poste à Gaillac et ami avec le brigadier de gendarmerie qui s'appelait Cabourdès. Bon chasseur, il était aussi une fine gaule et il excellait à prendre les gardons et les goujons dans le Tarn. Un soir, après une partie un peu plus arrosée, en rigolant, il me conta un mode de pêche peu ordinaire, en usage autrefois dans le coin. Il fallait recueillir des excréments humains dans un sac et s'en servir comme appât pour les gros blancs, l'hameçon caché dans de la moelle. Il suffisait d'agiter le sac pour qu'ils accourent par bancs, disait-il...

— Et tu l'as cru ?

— Ce soir-là, on avait consommé pas mal de fine, tu sais... et puis il suffisait de trouver la matière et surtout celui qui l'agiterait pendant que nous pêcherions... On s'est pris au jeu. Et dans la semaine, Cabourdès a trouvé notre homme : un certain Baptiste, cultivateur de son métier, se chargerait de l'affaire. C'était un être simple, et je ne sais ce qu'il avait dû lui promettre pour sa besogne. Le fait est que, une semaine durant, Baptiste récolta ce qu'il fallait et, le jour dit, arriva avec la marchandise dans un sac de toile. Nous étions morts de rire rien qu'à y penser. On imaginait tous les deux sa famille obligée de sacrifier au rite de la feuillée une semaine durant. Le sac emmanché sur une longue perche, il l'agitait au commandement de Cabourdès tandis que nous trempions nos crins. Ça a duré deux ou trois heures. Le pauvre Baptiste, il s'en bouchait le nez en murmurant « *Que pudis... Que pudis... !* » et nous on riait à le voir agiter ainsi le sac.

— Et vous en avez pris ?

— Quelques-uns... mais pas plus que d'habitude peut-être. D'ailleurs, on a laissé toute notre pêche à Baptiste. Cabourdès se voyait mal ramener une telle production à sa femme et moi, je n'avais pas envie de déguster de tels poissons, vu l'appât utilisé. On avait pris un beau fou rire mais, au fond de nous-mêmes, on n'était pas très glorieux d'avoir utilisé le Baptiste pour une telle besogne. C'était sûrement notre dose de connerie humaine... Aujourd'hui, je n'oserais pas le refaire...

L'orage était en train de passer et se transformait en une bonne averse qui fouettait les vitres de la maison. L'électricité, qui avait disparu à deux ou trois reprises, obligeant à allumer la bougie, était revenue à présent. Dix heures sonnèrent à l'horloge et Sébastien envoya Paul au lit. Demain, il fallait reprendre le chemin du lycée. Il restait encore un petit mois de classe avant la fin de l'année scolaire. C'était l'époque du résultat des compositions, des conseils de classe et des passages en classe supérieure. Autant dire qu'en cette période fatidique il valait mieux se tenir à carreaux, et éviter de se faire remarquer, ne serait-ce que par quelques retards.

Le soleil était levé quand Paul se réveilla. Il aimait ces petits matins qui tressaillent d'espérance. Dehors, les blés commençaient à prendre une jolie couleur et, malgré la rosée matinale qui transformait les toiles d'araignées en d'artistiques vitraux, l'air sentait l'été tout proche, annonciateur de lourdes chaleurs et d'orages à répétition. Dans trois semaines, ce serait la distribution des prix, ultime rituel marquant la fin de l'année. D'ici là, il faudrait patienter, avec la lecture des lettres de Sébastien pour viatique. Le car le prit au Grand Chêne, comme d'habitude, mais Paul savait que la délivrance était proche et cette pensée le soutint en entrant à huit heures dans le cours de français de M. Maillot.

Paul reçut plusieurs lettres de Sébastien, presque une par semaine, toujours écrites sur ce papier à carreaux, à interligne large, d'un fin graphisme violet : son grand-père avait été à la pêche à la volante et il avait pris deux belles truites. Il l'attendait pour les écrevisses... Les premières cailles étaient arrivées et chantaient dans les blés dorés de la fin juin. Un veau était né de la Noireaute... Il avait semé une deuxième bordée de haricots, ceux qui viendraient après le 15 août, plus d'une bonne *mounjo* qui, accommodée avec un bout de saucisse de chez Savignac, ferait cet hiver de bons *estoufats.* Les jours devenus longs dans le ciel l'étaient aussi au lycée. Début juillet le surprit par la chaleur accablante d'un été qui éclatait. Même les poissons rouges dans le bassin de la cour d'honneur avaient chaud. Et thermidor, en s'annonçant torride, marquait aussi le temps de la distribution des prix.

Et ce jour-là, tant attendu des forts en thème et si redouté des cancres, car tous devaient y assister, était enfin arrivé. Une chape de plomb pesait sur les bêtes et les gens en les poussant à l'ombre salvatrice des platanes de la promenade ou vers les terrasses des cafés dont les garçons en gilet noir, la chemise blanche aux manches retroussées, débitaient force demis et limonades. Aux fontaines publiques, colonnes de fonte peintes en vert, les chiens venaient, la langue pendante, se désaltérer longuement dans le caniveau où l'eau coulait. En ce début d'après-midi, le soleil dardait dur. La fin de l'année allait sonner avec cette cérémonie qui marquait ainsi l'heure de la libération estivale pour le troupeau des potaches qui se pressaient sous les arcades de briques rouges, dans la cour, à la recherche d'un petit courant d'air pour se rafraîchir. Ils avaient tous l'air endimanché, chacun connaissant son rôle par avance, sachant sa place au palmarès. Le début des festivités était fixé à quatorze heures trente et placé sous le haut patronage de « monsieur le préfet », comme l'indiquait la phrase rituelle du carton d'invitation que les parents avaient reçu individuellement et dont un exemplaire était placardé à la vue de tous à l'abri d'un fin grillage sur le panneau d'affichage, dans la cour des platanes, en face du bureau des surveillants.

Toutes les salles de classes étaient closes et l'arrière du lycée, vu depuis la cour des vélos, avait déjà des allures de grandes vacances avec ses hautes fenêtres cintrées fermées par des volets rouges. Les grandes lampes aux globes jaunâtres et sales qui les éclairaient d'ordinaire, pendant au plafond au bout d'un long fil, étaient éteintes jusqu'au début octobre. Seules, les coursives circulaires, ceintes d'une rambarde de fer pour empêcher des chutes malencontreuses, permettaient pourtant de coupables acrobaties et de répréhensibles excentricités. Elles couraient en formant des arcades autour de la cour des platanes, bruissaient de la foule habituelle, gouailleuse et bigarrée, qui avait abandonné les blouses traditionnelles. L'heure était à la fête du savoir, à la juste récompense des efforts, à la grande messe du travail et de la réussite méritée.

Pour la circonstance, les portes ripolinées du lycée étaient toutes grandes ouvertes et l'imposante stèle de marbre noir où s'égrenaient les noms des anciens élèves tombés au champ d'honneur s'éclairait d'un rayon de soleil inconnu qui préludait aux grandes commémorations. Sur le trottoir, le concierge, un balai dans une main, une pelle dans l'autre, s'évertuait avec zèle à chasser les cyniques outrages qu'un chien négligeant avait mollement laissé tomber et qui constituaient des incongruités pour les semelles des hautes personnalités appelées à fouler ce carré de bitume. En effet, en ce jour de gloire, le député-maire, le conseiller général, l'inspecteur d'académie bien sûr, mais aussi le substitut du procureur, le colonel de gendarmerie en uniforme et même l'archiprêtre portant barrette et soutane faisaient partie, avec quelques autres, de ces incontournables invités dont les places étaient réservées par avance selon une disposition immuable fixée par un protocole strict, établi une fois pour toutes.

Pour l'instant, aucun de ces hôtes illustres n'était encore arrivé et la salle de théâtre était vide, offrant sur la scène l'alignement des sièges destinés à les accueillir. Dans la cour d'honneur, autour du jet d'eau qui « pissotait » dans la moiteur de juillet, les professeurs papotaient par groupes, les hommes en costume sombre pour l'occasion, les femmes en tailleur gris ou bleu, mais la tête chapeautée par ce qui se révélait être parfois de véritables et invraisemblables volières, dont elles étaient très fières au demeurant, et qui suscitaient de quelques élèves irrévérencieux l'imitation du chant des poules. Malheur à qui se serait fait prendre, mais la foule narquoise de ces jeunes sauvageons agglutinés rendait bien difficile l'identification du coupable, surtout face aux sourires désarmants de candeur qu'affichaient leurs visages face aux regards courroucés.

À quatorze heures trente précises, l'homme à la canne fit son apparition. À son injonction, par habitude, les rangs se formèrent sous la conduite des surveillants qui cornaquèrent ce petit monde vers la salle de théâtre pour le début de la cérémonie. Les sixièmes ouvraient la marche et prirent place devant, tandis que les matélém avec leurs visages mangés d'acné et de barbe mal rasée s'installaient sur les plus hauts gradins. Les nœuds de cravate manquaient d'expérience et godaillaient un peu. À la suite de cette jeunesse pénétrèrent les professeurs, suivis tout aussitôt des personnalités précédées par le proviseur lui-même. La scène était tout juste assez grande pour contenir cette foule. Les officiels aux uniformes chamarrés se distinguaient de la masse des complets gris et bleus. Le censeur obtint rapidement le silence, relayé par les surveillants répartis dans les travées, avant d'annoncer d'une voix forte et claire :

— Mesdames, messieurs !... Monsieur le proviseur...

Tous dans l'assistance se levèrent comme un seul homme dans un raclement de chaises déplacées pour saluer le maître des lieux, en ce jour qui sanctifiait les réussites obtenues. Le cheveu rare sur un crâne rond, le complet sombre au revers orné d'un ruban rouge et d'une rosette violette, le gilet bombé témoignant d'un léger embonpoint annonciateur d'une cinquantaine largement dépassée, monsieur le proviseur souriant, mais tendu en ce jour de gloire, face à ses invités prestigieux et obligés, se préparait à lire le discours qu'il avait composé pour la circonstance en prenant soin de faire œuvre créatrice par rapport à celui de l'an passé dont il convenait tout au moins d'éviter les mêmes poncifs.

— Heureux qui comme Ulysse a fait un beau voyage... et cette année, beaucoup d'entre vous ont conjugué les vers du poète sur les sentiers de la connaissance et du savoir... En remettant sans cesse sur le métier votre ouvrage, les succès dont vous serez auréolés dans un instant, s'ils sont assurément vôtres, sont aussi ceux de vos professeurs que je salue ici et qui ont su vous guider sur les voies de la réussite. Je sais que vous les honorez de votre respect et de votre confiance parce que leur férule fait plus que vous instruire, elle vous éduque en vous indiquant les chemins du devoir qui feront de vous les hommes de demain...

Monsieur le proviseur savait être lyrique, sans doute un vieux reste de son passé talentueux d'agrégé de lettres. Quelques effets de manches, une intonation plus accentuée, il jouait parfaitement son rôle, bien rodé par des années de fonction. Après son discours, la litanie des récompenses commença par les sixièmes.

— Prix d'excellence, sixième A1, Monredon... Prix offert par monsieur le préfet, Sabathié... Premier prix de français, Jean Marrassé... Deuxième prix de mathématiques, Piquemal...

À chaque énoncé, un lauréat se levait, gravissait les quelques marches de l'estrade et recevait d'une personnalité un livre plus ou moins volumineux. Les accessits, eux, n'avaient droit qu'à une citation, et se levaient simplement à l'appel de leur nom.

Paul supputait le palmarès car les résultats non divulgués du troisième trimestre entretenaient un certain suspense parmi les élèves et futurs lauréats. Son année, ayant commencé à la Toussaint pour cause d'arrivée tardive à la Houchane, avait été moyenne. Il pouvait raisonnablement compter sur un prix du tableau d'honneur, un deuxième prix de mathématiques dû à la bonté de M. Ladrac, un éventuel accessit en anglais chez le père Santou. Le reste était connu d'avance. Il savait qu'il n'aurait rien en sciences, encore moins en français avec Maillot. Peut-être l'histoire lui réservait-elle des surprises si sa dernière composition sur le siècle de Louis XIV avait recueilli les faveurs de son correcteur...

Après les sixièmes, ce furent les cinquièmes ; toujours par ordre les noms s'égrenaient. Il était plus de quinze heures trente quand vint enfin le tour de sa classe, la quatrième B5. Paul savait que Sébastien était là, derrière, dans la foule anonyme des parents venus assister au triomphe de leurs rejetons. Il savait aussi que son grand-père avait refusé une place d'honneur, proposée par le proviseur, parmi les personnalités sur l'estrade, en tant que professeur d'université honoraire. « Il aurait fallu que je remette la robe ! Tu te rends compte ! J'ai tiré un trait sur tout ça maintenant... La Houchane ne m'a jamais trahi, mes copains de tranchée non plus, les vivants comme les morts. Mais tu sais, je serai là, pour toi, et aussi en souvenir de mon instituteur, de Campourcy... », lui avait-il écrit la semaine précédente. Paul avait bien cherché dans la foule des hommes endimanchés la haute silhouette de son grand-père. En vain. Pourtant il était sûr qu'il viendrait, puisqu'il le lui avait dit. Il entendit enfin son nom et se leva pour gravir les marches de l'estrade afin de recevoir le livre enrubanné du prix du tableau d'honneur. C'est en regagnant sa place qu'il aperçut Sébastien, près de la porte, le chapeau à la main. Son grand-père lui fit un signe. Il eut à revenir trois fois sur les lieux du triomphe scolaire. Il avait même reçu un deuxième prix d'histoire, inespéré ! Il savait qu'il passait en troisième et les vacances pouvaient s'annoncer belles, mais il fallait attendre la fin du palmarès pour y songer.

Enfin, vers six heures, ils furent libérés et un cri jaillit des gorges juvéniles. Les grandes vacances avaient commencé. Sébastien l'attendait devant la grande porte du lycée qu'il avait passée avec tant de chagrin tous ces lundis matin. La traction noire était là, prête à l'emmener vers des horizons moins austères.

— Tu vois, Paul, je préfère mon école à la tienne... Pour nous, fils de paysans, fils des gueux de la terre, elle était porteuse de plus d'espérance et ta distribution des prix, malgré son cérémonial maintenu, n'a pas la même portée que celle de ma jeunesse. Pour nous, ce n'était pas la simple réception d'un livre récompensant le travail accompli ; elle était une consécration, un triomphe, le nôtre, mesurable certes à la hauteur et au nombre des ouvrages récoltés, mais aussi par cette couronne de laurier dont on nous ceignait le front en reconnaissance de notre valeur et de notre vertu. Le certificat d'études était un diplôme valorisant, et le brevet supérieur un titre de gloire qui nous arrachait à coup sûr au labeur de la glèbe. Instruits par nos instituteurs, formés par nos professeurs, nous abordions la vie, le regard plein de certitudes, heureux de vivre dans un pays qui était grand et fier d'apporter la civilisation à des peuples indigènes d'Afrique et d'Asie. Notre mission était claire et limpide alors, nous n'avions pas les doutes et les interrogations qui nous ont envahis dans l'après-guerre. Allez, à l'oustal... Là est la vie, et Hilda nous attend.

La traction montait vers la Houchane dans la mélodie feutrée du moteur, enchaînant les virages au fil des bosquets de hêtres et de frênes qui parsemaient la route. Sébastien regarda Paul. L'espace d'un instant, il revit l'adolescent chétif au soir de son arrivée, découvrant la grande salle de la maison. Il percevait encore son regard étonné, ce pli du front quand une bûche craquait en un jaillissement d'étincelles, ces yeux qui appréhendaient un monde qui n'était pas le sien. Paul était devenu presque un homme en l'espace de quelques mois. Et il le savait devenu plus fort que les autres car enrichi de ses souvenirs à lui, Sébastien, parce que toutes les fibres de son corps et de son âme avaient renoué avec la mémoire des hommes, parce qu'il était ce trait d'union entre ce monde que nous avons perdu et celui que nous n'avons pas encore fabriqué. Une lueur de joie passa dans les yeux de Sébastien. Il était fier de lui en cet instant. Il pouvait bien mourir. Le relais était assuré et le geste séculaire survivrait à travers lui, se transmettant au long des saisons et des jours.

Le soleil déclinait doucement par-dessus les arbres de la route. Encore quelques minutes et ils seraient à la Houchane. La Houchane ! La terre de Paul à présent... Là où il était lui-même. Sébastien déboucherait sans doute une bonne bouteille de sainte-rapine pour fêter son retour. « Ce petit vin a de l'esprit », disait l'oncle Joseph qui en avait un peu trop abusé.

Hilda attendait derrière la grande porte et quand Paul poussa le portillon de la cour, face au mur de pierres sèches, il eut le sentiment de renouer avec l'Histoire, celle des siens. À travers son existence, il aurait lui aussi un jour à transmettre cet héritage intemporel fait de petits riens sans importance, de pratiques et de gestes routiniers, de traditions surannées et d'usages désuets, mais qui finissent par constituer le fil de l'Histoire, celle de la vie qui s'écoule, des générations qui naissent, travaillent et meurent, pleurent et peinent pour un salaire modeste, mais gagné la tête haute, les reins broyés et cassés par le travail de la glèbe. Il était le fruit d'une addition de vécus, de souvenirs héroïques et souvent douloureux que le filtre du temps avait transmis, édulcorés, souvent embellis et magnifiés, toujours déformés pour mieux en faire ressortir l'extraordinaire qui, à défaut de vérité, avait acquis par la transmission orale, de génération en génération, une valeur exemplaire. Et cette patine mémorielle serait terreau de rêve pour les enfants, épaisseur humaine dont se nourriraient les lignages futurs et que l'on se remémorerait le soir, dans le rougeoiement de l'âtre déclinant, entre deux craquements de bûches, face à l'épaisseur du silence du temps.

La composition de cet ouvrage
a été réalisée par Nord Compo
à Villeneuve-d'Ascq,
l'impression et le brochage ont été effectués
sur presse Cameron dans les ateliers
de ***Bussière Camedan Imprimeries***
à Saint-Amand-Montrond (Cher),
pour le compte des Éditions Albin Michel.

Achevé d'imprimer en mai 2002.
N° d'édition : 20662. N° d'impression : 022191/4.
Dépôt légal : juin 2002.
Imprimé en France